中国科技成果转化年度报告 2022

（高等院校与科研院所篇）

中国科技评估与成果管理研究会
科 技 部 科 技 评 估 中 心　编著
中 国 科 学 技 术 信 息 研 究 所

·北京·

图书在版编目（CIP）数据

中国科技成果转化年度报告. 2022：高等院校与科研院所篇 / 中国科技评估与成果管理研究会，科技部科技评估中心，中国科学技术信息研究所编著. —北京：科学技术文献出版社，2023.4

ISBN 978-7-5235-0186-3

Ⅰ. ①中… Ⅱ. ①中… ②科… ③中… Ⅲ. ①科技成果—成果转化—研究报告—中国—2022 Ⅳ. ① F124.3

中国国家版本馆 CIP 数据核字（2023）第 067176 号

中国科技成果转化年度报告2022（高等院校与科研院所篇）

策划编辑：王梦珂 郝迎聪 责任编辑：李 鑫 责任校对：张永霞 责任出版：张志平

出 版 者 科学技术文献出版社
地 址 北京市复兴路15号 邮编 100038
编 务 部 （010）58882938，58882087（传真）
发 行 部 （010）58882868，58882870（传真）
邮 购 部 （010）58882873
官方网址 www.stdp.com.cn
发 行 者 科学技术文献出版社发行 全国各地新华书店经销
印 刷 者 北京时尚印佳彩色印刷有限公司
版 次 2023 年 4 月第 1 版 2023 年 4 月第 1 次印刷
开 本 710×1000 1/16
字 数 266千
印 张 22.5
书 号 ISBN 978-7-5235-0186-3
审 图 号 GS 京（2023）0678号
定 价 138.00元

前　言

当前，新一轮科技革命和产业变革正在加速演进，气候变化、粮食安全、能源安全等问题成为全球面临的共同挑战，科技创新进入大融通时代，促进科技成果转化已成为我国实现科技自立自强和高质量发展的迫切需求。党的十八大以来，以习近平同志为核心的党中央高度重视科技创新和科技成果转化工作，明确要求加速科技成果向现实生产力转化，挖掘创新增长新动能。2022年，习近平总书记在中国共产党第二十次全国代表大会等多个场合的讲话中对科技成果转化作出新指示，要求“以国家战略需求为导向，集聚力量进行原创性引领性科技攻关，坚决打赢关键核心技术攻坚战”“加强企业主导的产学研深度融合，强化目标导向，提高科技成果转化和产业化水平”“要加快科技体制机制改革，加大科技创新和成果转化力度”。

根据《中华人民共和国促进科技成果转化法》《实施〈中华人民共和国促进科技成果转化法〉若干规定》的要求，国家设立的研究开发机构、高等院校，有科技成果转化活动的，均要报送上一年度的科技成果转化年度报告。2017年以来，科技部、财政部积极建立和完善科技成果转化年度报告制度，旨在切实掌握研究开发机构和高等院校的科技成果转化进展、取得的成效、主要经验和存在的问题等。2022年9月，《科技部办公厅 财政部办公厅关于开展报送2021年度科技成果转化年度报告工作的通知》（国科办区〔2022〕120 号）发布，在填报截止时间内共有 3649 家单位报送了符合要求规范的 2021 年度科技成果转化年报数据，比上一年的 3554 家增加 95 家。

在科技部成果转化与区域创新司的指导下，中国科技评估与成果管理研究会、科技部科技评估中心（国家科技评估中心）、中国科学技术信息研究所综合采用数据调查、案卷研究、专家咨询、电话访谈及实地调查等定性和定量方法，对 3649 家高等院校和科研院所的科技成果转化情况进行分析研究，组织编写本报告。本报告的编写与发布，旨在使政府部门和社会公众了解国家设立的高校院所科技成果转移转化进展与成效，总结推广好的做法和经验，针对当前科技成果转移转化存在的主要问题和障碍，提出进一步完善科技成果转化政策的工作建议。希望本报告能为各部门、地方、高校院所和科研人员等提供参考，进一步释放全社会科技成果转化的热情与活力，推动科技成果转化真正落地生根。

本报告分为高校院所总体情况、高等院校、科研院所 3 篇，分别从以下维度介绍：一是通过转让、许可、作价投资方式转化科技成果的情况；二是通过技术开发、咨询、服务方式转化科技成果的情况；三是介绍其他与科技成果转化相关的情况，包括财政资金资助科技项目、兼职及离岗创业和创设参股公司、技术转移机构建设等内容。本报告中的数据源于各填报单位提交的 2017—2021 年度科技成果转化年报数据，典型工作案例源于 2022 年填报单位提交的本单位近 3 年成果转化成效，以及赋权改革、科技成果评价改革、高校专业化国家技术转移机构 3 个试点改革的成效进展，政策概述涉及的政策文本源于公开渠道搜集整理的 2022 年党中央、国务院和各部委发布的涉及科技成果转化的法律法规和政策文件。由于每年填报单位总数不同，且部分单位填报不具有连续性，因此本报告中涉及“比上一年变化率”的统计口径为同时填报了2021年和2020年年度报告的3306家单位相应数据。编委会在2021年年度报告数据核对过程中发现，部分单位的单位性质及个别数据有误，与填报单位进行了确认并更正，因此本年度报告中显示的2017—2021年个别数据与往年已发布报告中的数据略有出入。

《中国科技成果转化年度报告（高等院校与科研院所篇）》已连续出版发布5年，基于前期的工作基础及分析需求，今年对年度报告的内容进行了进一步优化完善，主要包括以下两个方面：一是新增“获得财政资金资助的科技项目情况”相关指标。新获立项批复的科技项目产生的技术是高校院所后续几年进行科技成果转化的重要成果来源，对该指标的跟踪有助于科技成果转化的体量分析和趋势判断。二是将成果转化相关试点工作成效纳入本次工作案例。本次工作案例选取了“赋予科研人员职务科技成果所有权或长期使用权试点”“科技成果评价改革试点”“首批高校专业化国家技术转移机构建设试点”3个试点进展成效。

在年度报告的填报和编写过程中，虽然编委会不断进行优化和完善，但是由于近年来每年均有填报指标更新，且填报单位有所不同，导致不同报送主体对填报指标的认识存在一定差异，个别数据的填报工作仍存在一定不足。随着数据的逐年积累，研究分析方法仍有进一步的优化空间，科技成果转化对经济社会的贡献和影响有待进一步梳理和总结。本报告以反映客观数据为主，有待社会各界一起进行深入研究。报告难免存在疏漏，恳请各位读者批评指正！

本报告在编写过程中得到了吴寿仁、陈柏强、刘群彦、高静、王晓津等多位专家的大力支持，在此表示衷心感谢。

编　者
2023 年 2 月

目　录

第一篇　总体情况

第二篇 高等院校

第三篇 科研院所

附 录

第一篇

总体情况

第一章
概　况

本篇对 2021 年 3649 家研究开发机构（以下简称“科研院所”）[①] 和高等院校（科研院所和高等院校统称为“高校院所”[②]）的科技成果转化进展和成效[③]，工作案例，存在的主要问题及相关建议，2022 年国家、部门和地方出台的支持科技成果转化的相关政策进行了研究分析。2021 年高校院所科技成果转化总体进展主要数据如表 1-1-1 所示。

---

① 本报告中“科研院所”指修订后的《中华人民共和国促进科技成果转化法》中“研究开发机构”。

② 科研院所和高等院校统称“高校院所”。

③ 本篇涉及各维度总数（包括图表）分别指 2021 年 3649 家、2020 年 3554 家、2019 年 3447 家、2018 年 3198 家、2017 年 3393 家、2016 年 2589 家高校院所相对应总数。今年年度报告在数据核对过程中发现，部分单位的单位性质及个别数据有误，联系填报单位进行更正，因此本年年度报告中显示的 2016—2020 年个别数据会与往年已发布报告中的数据略有变化。

表 1-1-1 2021 年高校院所科技成果转化总体进展主要数据

指标名称		2021 年	比上一年变化率[①]
总体概况	总合同[②]项数 / 项	564 616	21.5%
	总合同金额 / 万元	15 818 324.2	24.4%
	合同当年到账金额[③] / 万元	10 169 256.3	23.5%
高等院校概况	总合同项数 / 项	270 527	22.0%
	总合同金额 / 万元	10 860 805.3	31.6%
	合同当年到账金额 / 万元	6 950 990.2	28.0%
科研院所概况	总合同项数 / 项	294 089	21.1%
	总合同金额 / 万元	4 957 518.9	10.3%
	合同当年到账金额 / 万元	3 218 266.1	14.1%
以转让、许可、作价投资方式转化科技成果	合同项数 / 项	23 333	10.3%
	合同金额 / 万元	2 274 039.6	11.1%
	合同当年到账金额（转让、许可）/ 万元	704 947.8	28.1%
	财政资助项目产生的科技成果转化合同金额 / 万元	827 810.1	19.2%
	中央财政资助项目产生的科技成果转化合同金额 / 万元	737 697.0	17.2%
	个人获得的现金和股权奖励金额 / 万元	807 268.3	43.2%
	奖励人次 / 万人次	7.6	11.5%
	人均奖励金额 / 万元	10.7	28.4%

① 比上一年变化率：报告中涉及“比上一年”变化率的统计口径是同时填报了 2021 年和 2020 年年度报告的 3306 家高校院所相应数据。

② 本报告中科技成果转化“总合同”如无特指，包含以转让、许可、作价投资和技术开发、咨询、服务方式转化科技成果的合同总项数。

③ 合同当年到账金额：当年新签订和往年签订的合同在当年实际到账的总金额，本报告统计数据未含以作价投资方式转化科技成果的合同到账情况。

续表

<table>
<tr><th colspan="2">指标名称</th><th>2021 年</th><th>比上一年变化率</th></tr>
<tr><td rowspan="3">以技术开发、咨询、服务[①]方式转化科技成果</td><td>合同项数 / 项</td><td>541 283</td><td>22.1%</td></tr>
<tr><td>合同金额 / 万元</td><td>13 544 284.6</td><td>27.0%</td></tr>
<tr><td>当年到账金额 / 万元</td><td>9 464 308.5</td><td>23.1%</td></tr>
<tr><td rowspan="6">获得财政资金资助立项批复的科技项目[②]</td><td>科技项目（课题）总金额 / 万元</td><td>18 348 681.1</td><td rowspan="6">/[③]</td></tr>
<tr><td>科技项目（课题）财政资助总金额 / 万元</td><td>14 886 176.0</td></tr>
<tr><td>科技项目（课题）中央财政资助总金额 / 万元</td><td>9 755 023.3</td></tr>
<tr><td>项目（课题）资金当年到账金额 / 万元[④]</td><td>13 725 417.5</td></tr>
<tr><td>项目（课题）财政资助资金当年到账金额 / 万元</td><td>11 903 142.6</td></tr>
<tr><td>项目（课题）中央财政资助资金当年到账金额 / 万元</td><td>7 524 686.8</td></tr>
<tr><td rowspan="6">其他[⑤]</td><td>自建技术转移机构的单位数量 / 个</td><td>871</td><td>6.4%</td></tr>
<tr><td>与市场化技术转移机构合作的单位数量 / 个</td><td>909</td><td>8.4%</td></tr>
<tr><td>与企业共建研发机构、转移机构、转化服务平台数量 / 个</td><td>13 180</td><td>11.9%</td></tr>
<tr><td>专职从事科技成果转化工作人数 / 人</td><td>15 010</td><td>12.9%</td></tr>
<tr><td>在外兼职从事成果转化人员和离岗创业人员数 / 人</td><td>15 338</td><td>9.1%</td></tr>
<tr><td>创设新公司和参股新公司数 / 个</td><td>3 415</td><td>17.6%</td></tr>
</table>

① 技术开发、咨询、服务：原指产学研合作（技术开发、技术咨询、技术服务）。

② 由于同一个科技项目可能涉及多家承担单位，项目数量可能涉及重复申报，因此不进行科技项目数累加统计。

③ 本次新增指标，无历史数据进行比较。

④ 项目（课题）资金当年到账金额：为当年新获批和往年获批的科技计划项目（课题）在当年实际到账的金额，包含财政资助资金和自筹资金的到账金额总和。

⑤ 其他指标为截至 2021 年底的机构、平台、人员、公司的数量。

一、科技成果转化总体进展

总体来看，随着我国促进科技成果转化系列政策法规的逐步落实，各高校院所科技成果转化工作已进入平稳发展阶段。

（一）转化总体情况

2021 年，本报告统计的高校院所以转让、许可、作价投资和技术开发、咨询、服务方式转化科技成果的总合同金额、总合同项数和合同当年到账金额（不含作价投资）均明显增长[①]（图 1-1-1）。3649 家高校院所以转让、许可、作价投资和技术开发、咨询、服务方式转化的总合同金额为 1581.8 亿元，比上一年增长 24.4%；总合同项数为 564 616 项，比上一年增长 21.5%；合同当年到账金额（不含作价投资）为 1016.9 亿元，比上一年增长 23.5%。

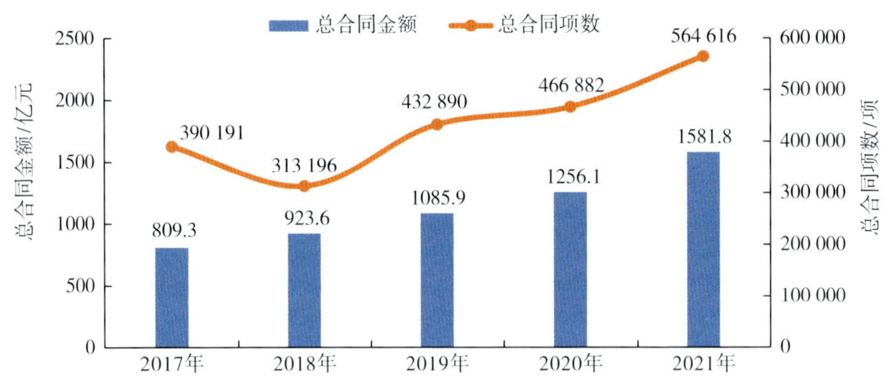

图 1-1-1　高校院所以转让、许可、作价投资和技术开发、咨询、服务方式转化科技成果的总合同金额和总合同项数

① 本报告中增长率对应表述：0 表示与上一年基本持平；0（不含）～ 10% 表示略有增长；10%（含）～ 20% 表示有所增长；20%（含）～ 40% 表示明显增长；40%（含）～ 60% 表示显著增长；60%（含）～ 100% 表示大幅增长；100%（含）以上表示按约增长 ×× 倍表述，保留 1 位小数；减少的情况按类似规则修改为 ×× 降低。

2021 年，高校院所以转让、许可、作价投资和技术开发、咨询、服务方式转化科技成果的转化均价略有增长。以转让、许可、作价投资和技术开发、咨询、服务方式转化科技成果的平均合同金额为 28.0 万元，比上一年增长 2.4%。大额科技成果项目数显著增长，单项科技成果转化合同金额 1 亿元及以上的成果有 66 项，比上一年增长 31.9%；5000 万元及以上的有 161 项，比上一年增长 54.5%；1000 万元及以上的有 1254 项，比上一年增长 40.1%。同时，2021 年有 314 家高校院所科技成果转化总合同金额超过 1 亿元，比上一年增长 17.8%。

此外，从高校院所所在地维度统计，总合同金额排在前 3 位的省份分别为北京（318.9 亿元）、江苏（163.3 亿元）、上海（150.9 亿元），总合同项数排在前 3 位的省份分别为广东（176 967 项）、北京（49 087 项）、浙江（44 524 项）。

（二）单位类型

3649 家高校院所中，按属地划分，包括中央所属单位 605 家、地方所属单位 3044 家；按单位性质划分，包括高等院校 1478 家、科研院所 2171 家（表 1–1–2）。其中，605 家中央所属高校院所科技成果转化总合同金额为 986.0 亿元，比上一年增长 22.6%，占高校院所转化总金

表 1–1–2 高校院所单位分布

类型	中央所属单位		地方所属单位		合计	
	数量 / 家	占比	数量 / 家	占比	数量 / 家	占比
高等院校	105	2.9%	1373	37.6%	1478	40.5%
科研院所	500	13.7%	1671	45.8%	2171	59.5%
合计	605	16.6%	3044	83.4%	3649	/

额的 62.3%；转化总合同项数为 150 689 项，比上一年增长 15.3%，占高校院所转化总项数的 26.7%。3044 家地方所属高校院所科技成果转化总合同金额为 595.9 亿元，比上一年增长 27.6%，占高校院所转化总金额的 37.7%；转化总合同项数为 413 927 项，比上一年增长 24.0%，占高校院所转化总项数的 73.3%。

此外，高等院校科技成果转化总合同金额为 1086.1 亿元，比上一年增长 31.6%，占高校院所转化总金额的 68.7%；转化总合同项数为 270 527 项，比上一年增长 22.0%，占高校院所转化总项数的 47.9%。科研院所科技成果转化总合同金额为 495.8 亿元，比上一年增长 10.3%，占高校院所转化总金额的 31.3%；转化总合同项数为 294 089 项，比上一年增长 21.1%，占高校院所转化总项数的 52.1%。

（三）以转让、许可、作价投资方式转化科技成果

1. 合同金额和合同项数

一是总合同金额和总合同项数均有所增长。2021 年，以转让、许可、作价投资方式转化科技成果的总合同金额为 227.4 亿元，比上一年增长 11.1%；总合同项数为 23 333 项，比上一年增长 10.3%。二是合同金额超过 1 亿元的单位数量略有增长。2021 年，以转让、许可、作价投资方式转化科技成果合同金额超过 1 亿元的高校院所有 45 家，比上一年增长 7.1%。三是财政资助项目产生的科技成果转化合同金额和合同项数均有所增长。财政资助项目以转让、许可、作价投资方式转化科技成果的合同金额为 82.8 亿元，比上一年增长 19.2%；合同项数为 3958 项，比上一年增长 14.5%。其中，中央财政资助项目产生的为 73.8 亿元，比上一年增长 17.2%；合同项数为 2478 项，比上一年增长 11.0%。

2. 平均合同金额

2021 年，以转让、许可、作价投资方式转化科技成果的平均合同金额为 97.5 万元，比上一年增长 0.7%。其中，以转让方式转化科技成果的平均合同金额为 57.0 万元，比上一年增长 17.3%；以许可方式转化科技成果的平均合同金额为 98.1 万元，比上一年下降 11.0%；以作价投资方式转化科技成果的平均合同金额为 1210.7 万元，比上一年下降 8.3%，是转让方式转化科技成果平均合同金额的 21.3 倍，是许可方式转化科技成果平均合同金额的 12.3 倍。

3. 现金和股权奖励

一是现金和股权奖励总金额显著增长。2021 年，个人获得的现金和股权奖励金额达 80.7 亿元，比上一年增长 43.2%。其中，现金奖励金额为 44.7 亿元，比上一年增长 59.3%；股权奖励为 36.0 亿元，比上一年增长 27.0%。二是研发与转化主要贡献人员获得的奖励金额明显增长，奖励总金额达 73.0 亿元，比上一年增长 37.7%，占奖励个人总金额（80.7 亿元）的 90.4%。三是奖励人次有所增长，人均奖励金额明显增长。现金和股权奖励科研人员为 7.6 万人次，比上一年增长 11.5%，人均奖励金额为 10.7 万元，比上一年增长 28.4%。

4. 转化流向

一是制造业领域成果转化最为活跃（以合同金额计，下同）。2021 年，高校院所转化至制造业的合同金额为 94.6 亿元，占转让、许可、作价投资总合同金额的 41.6%。二是科技成果主要转化至中小微其他企业。转化至中小微其他企业的合同金额为 154.4 亿元，占转让、许可、作价投资总合同金额的 67.9%。三是产出科技成果合同金额排名居前 3 位的省份分别为上海市、北京市、江苏省，承接科技成果合同金额排名居前 3 位的省份分别为上海市、江苏省、广东省。

（四）以技术开发、咨询、服务方式转化科技成果

一是合同金额和合同项数均明显增长。2021 年，高校院所以技术开发、咨询、服务方式转化科技成果的总合同金额为 1354.4 亿元，比上一年增长 27.0%，占成果转化总合同金额的 85.6%；合同项数为 541 283 项，比上一年增长 22.1%，占成果转化总合同项数的 95.9%。二是合同金额超过 1 亿元的单位数量明显增长。2021 年，高校院所以技术开发、咨询、服务方式转化科技成果合同金额超过 1 亿元的高校院所数量为 282 家，比上一年增长 20.2%。三是平均合同金额略有增长。2021 年，高校院所以技术开发、咨询、服务方式转化科技成果的平均合同金额为 25.0 万元，比上一年增长 4.1%。

二、科技成果转化政策概述

2022 年，党中央、国务院及各部委把科技成果转化工作摆在越来越重要的位置，先后修订了相关法律法规，发布了多份涵盖科技成果转化内容的政策文件[①]。在推进科技成果转移转化体制机制改革、支持科技成果转化人才队伍建设、完善成果转化支撑服务体系、推进知识产权转化运用和价值实现、提升企业技术创新能力、促进区域地方科技创新及合作、推进领域科技成果转化等 7 个方面，新发布的政策文件进一步丰富和完善了科技成果转化政策体系。

① 以官网发布时间为准，搜集到涉及成果转化 2022 年新发布政策文件共计 80 份，筛选出其中 52 份重要文件与 2017—2021 年涉及科技成果转化主要政策一起列入附录 1。

（一）推进科技成果转移转化体制机制改革

一是深入推进职务科技成果赋权改革试点工作。2022 年是职务科技成果赋权改革试点的第 3 年，国家层面出台的多个文件均提出深入推进职务科技成果赋权改革。2022 年 1 月，国务院办公厅印发的《国务院办公厅关于印发要素市场化配置综合改革试点总体方案的通知》（国办发〔2021〕51 号[①]）第五部分第十六条提出，支持开展赋予科研人员职务科技成果所有权或长期使用权试点，探索将试点经验推广到更多高校、科研院所和科技型企业。3 月，科技部、教育部、财政部、人力资源社会保障部联合编制的《〈关于扩大高校和科研院所科研相关自主权的若干意见〉问答手册》提出，对赋予科研人员职务科技成果所有权或长期使用权试点改革总体推进，下一步科技部将会同有关部门深入分析 40 家试点单位在试点过程中形成的经验，总结出可复制可推广的改革举措，适时推广。3 月，交通运输部和科技部联合印发的《交通领域科技创新中长期发展规划纲要（2021—2035 年）》（交科技发〔2022〕11 号）提出，依法健全职务科技成果产权制度，探索赋予科研人员职务科技成果所有权和长期使用权。10 月，科技部印发的《“十四五”技术要素市场专项规划》（国科发区〔2022〕263 号）提出，深入推进赋予科研人员职务科技成果所有权或长期使用权试点，探索赋权科技成果转化的管理制度、工作流程、决策机制、转化模式，完善科技成果权益分享机制。此外，2022 年以来，为建立高校院所职务科技成果区别于现行国有资产的管理制度，开展高校院所职务科技成果单列管理改革试点，一些地方陆续出台相关政策文件，推动所在地高校院所扩大科技成果管理权。

① 《国务院办公厅关于印发要素市场化配置综合改革试点总体方案的通知》（国办发〔2021〕51 号）于 2021 年 12 月 21 日成文，2022 年 1 月 6 日发布。

二是完善科技成果转化容错纠错机制。2022 年 1 月，《国务院办公厅关于印发要素市场化配置综合改革试点总体方案的通知》（国办发〔2021〕51 号）提出，完善职务科技成果转移转化容错纠错机制。10 月，科技部印发《“十四五”技术要素市场专项规划》（国科发区〔2022〕263 号）提出，建立科技成果转化尽职免责机制，推动试点单位完善科技成果转化管理流程，制定勤勉尽责的规范和细则，消除单位和科研人员顾虑，以是否符合中央精神和改革方向、是否有利于科技成果转化作为对科技成果转化活动的定性判断标准，实行审慎包容监管。

三是重视科技成果转化的社会和文化影响。2022 年 3 月，中共中央办公厅、国务院办公厅印发的《关于加强科技伦理治理的意见》提出，科技伦理是开展科学研究、技术开发等科技活动需要遵循的价值理念和行为规范。科技成果转化是对科技成果进行后续试验、开发等活动，无论是科技成果转化单位还是科技人员，都须贯彻落实《关于加强科技伦理治理的意见》，将科技伦理要求贯穿科技成果转移转化全过程。3 月，交通运输部和科技部联合印发的《交通领域科技创新中长期发展规划纲要（2021—2035 年）》（交科技发〔2022〕11 号）提出，发挥科学家和工程技术人员在科普传播中的主力军作用，推动技术研发、成果推广、教育培训与科普宣传有机结合。8 月，科技部、中央宣传部、中国科协联合印发的《“十四五”国家科学技术普及发展规划》（国科发才〔2022〕212 号），9 月，中共中央办公厅、国务院办公厅印发的《关于新时代进一步加强科学技术普及工作的意见》均提出，要发挥科普对于科技成果转化的促进作用。

（二）支持科技成果转化人才队伍建设

一是完善科研人员激励奖励制度。2022 年 10 月，中共中央办公厅、国务院办公厅印发的《关于加强新时代高技能人才队伍建设的意见》提出，完善科技成果转化收益分享机制，对在技术革新或技术攻关中做出突出贡献的高技能人才给予奖励；高技能人才可实行年薪制、协议工资制，企业可对做出突出贡献的优秀高技能人才实行特岗特酬，鼓励符合条件的企业积极运用中长期激励工具，加大对高技能人才的激励力度。9月，《人力资源社会保障部 市场监管总局 统计局关于颁布〈中华人民共和国职业分类大典（2022年版）〉的通知》（人社部发〔2022〕68号）发布，技术经理人作为新职业被纳入第二类专业技术人员，标志着长期活跃在技术转移一线的从业人员有了正式的职业身份，技术经理人队伍建设和职业化发展逐步进入规范化、制度化和体系化轨道。11月，人力资源社会保障部办公厅印发的《国有企业科技人才薪酬分配指引》（人社厅发〔2022〕54号）提出，对于从事应用研究和技术开发类的科技人才，一般以研发工作的技术指标先进性、研发效率、成果的市场价值和应用实效等作为考核指标；企业按照国家规定实行的项目收益分红、岗位分红等中长期激励和科技成果转化收益激励，发放的激励收入可据实计入工资总额，不作为工资总额预算基数。

二是开展科技人才评价试点改革。2022年11月，科技部、教育部、工信部、财政部等八部门印发的《关于开展科技人才评价改革试点的工作方案》（国科发才〔2022〕255号）提出，通过改革试点，聚焦国家重大科技创新活动，探索科技人才分类评价的新标准、新方式、新机制，突出国家使命导向，推动构建以创新价值、能力、贡献为导向的科技人才评价体系。其中，应用研究和技术开发类人才的评价以技术突破和产业贡献为导向，重点评价技术标准、技术解决方案、高质量专利、成果转化产业化、产学研深度融合成效等代表性成果，建立体现产学研和团队合作、技术创新与集成能力、成果的市场价值和应用实效、对经济社会发展贡献的评价指标，采用市场、用户、第三方深度参与的评价方式。探索设立科技成果转化岗，重点评价科技成果转化成效。

三是重申兼职创新配套政策。2022 年 3 月，科技部、教育部、财政部、人力资源社会保障部联合编制的《〈关于扩大高校和科研院所科研相关自主权的若干意见〉问答手册》（国科办政〔2022〕5 号），重申以下两项人才政策：一是兼职创新、在职创办企业人员继续享有参加职称评审、项目申报、岗位竞聘、培训、考核、奖励等各方面的权利，可以在兼职单位或者创办企业申报职称；二是经与人事关系所在单位协商一致，科研人员兼职创新或在职创办企业期间，可以实行相对灵活、弹性的工作时间。同时也明确，高等院校和科研院所应当建立制度规定或者与科技人员约定兼职、离岗从事科技成果转化活动期间和期满后的权利和义务。

（三）完善成果转化支撑服务体系

一是发展技术要素市场。2022 年 1 月，《国务院办公厅关于印发要素市场化配置综合改革试点总体方案的通知》（国办发〔2021〕51 号）第五部分提出，大力促进技术要素向现实生产力转化，包括 3 个方面的内容：健全职务科技成果产权制度，提出支持将职务科技成果通过许可方式授权中小微企业使用，推进科技成果进场交易；完善科技创新资源配置方式，提出探索对重大战略项目、重点产业链和创新链实施创新资源的协同配置，构建项目、平台、人才、资金等全要素一体化配置的创新服务体系；推进技术和资本要素融合发展，提出支持金融机构设立专业化科技金融分支机构，完善创业投资监管体制和发展政策，完善知识产权融资机制，鼓励保险公司积极开展科技保险业务。9 月，《科技部关于印发〈“十四五”技术要素市场专项规划〉的通知》（国科发区

〔2022〕263 号）提出，“十四五”期间，技术要素市场化配置改革不断深化，现代化技术要素市场体系和运行制度基本建立，市场在科技创新资源配置中发挥决定性作用，技术交易规模持续扩大，统一开放、竞争有序、制度完备、治理完善的高标准技术要素市场基本建成；到 2025 年，中国技术交易所、上海技术交易所和深圳证券交易所 3 个国家知识产权和科技成果产权交易机构基本建成，技术合同成交额达到 5 万亿元，国家科技成果转移转化示范区达到 20 家，国家技术转移区域中心达到 15 家，国家技术转移机构达到 500 家，国际技术转移中心超过 60 家，技术经理人数量突破 3 万名。

二是强化标准对科技创新的引领促进。2022 年 1 月，国务院印发的《关于印发“十四五”市场监管现代化规划的通知》（国发〔2021〕30 号）提出，健全科技成果转化为技术标准的机制，推进科技成果标准化服务平台建设。7 月，国家市场监管总局等 16 部门联合印发的《关于印发贯彻实施〈国家标准化发展纲要〉行动计划的通知》（国市监标技发〔2022〕64 号）提出，加强标准化与科技创新有效互动，要求建立重大科技项目与标准化工作联动机制，开展共性关键技术和应用类科技计划项目形成标准研究成果比率的统计工作；在新一轮国家科技计划任务布局中加强关键技术领域标准研究，将标准作为重要产出指标纳入科技计划实施体系；推动以标准研究为主的项目开展国家标准立项预审试点，加强互动发展；健全科技成果转化为标准的服务体系，建设科技成果标准化服务平台，完善国家标准化技术文件制度。

三是多地推进成果转化中试平台建设。2022 年 1 月，山东省科学技术厅《关于印发〈山东省科技成果转化中试示范基地备案管理办法（试行）〉的通知》（鲁科字〔2022〕4 号）提出，鼓励各类园区、高等院校、研究开发机构、行业龙头企业依托优质科技创新资源，建设通用性或行业性中试示范基地，面向社会提供中试服务。支持省级以上重点实验室、技术创新中心、新型研发机构、创新创业共同体及技术转移服务机构等科技创新平台联合龙头企业共同建设中试示范基地。5 月，《陕西省科学技术厅关于印发〈加快中试基地建设 推进产业链创新链深度融合实施方案〉的通知》（陕科发〔2022〕17 号）提出，从 2022 年开始，每年支持建设 5 ～ 10 家中试基地，到 2025 年，省级中试基地达到 30 家以上，基本实现重点产业链全覆盖，形成各具特色、行业共享、可持续发展的科技成果转化中试服务体系，为促进科技成果转化和实现“两链”融合发展提供有力支撑。6 月，《武汉市科技局关于印发〈加快中试基地建设 推进产业链创新链深度融合实施方案〉的通知》（武科规〔2022〕4 号），希望通过备案、建设一批科技成果转化中试平台，破解武汉中小企业的中试验证难题，提升行业和企业自主创新能力，加快推进先进适用科技成果转化和产业化应用。

（四）推动知识产权转化运用和价值实现

一是推动知识产权转化运用。2022 年 1 月，国务院知识产权战略实施工作部际联席会议办公室印发的《知识产权强国建设纲要和“十四五”规划实施年度推进计划》（国知战联办〔2021〕16 号[①]）提出多项与科技成果转移转化有关的工作要求，如健全知识产权对外转让审查制度，加强对涉及国家安全的知识产权对外转让行为的管理；深入推进高等院校和科研机构知识产权工作，建立完善职务科技成果披露制度和专利申请前评估制度，开展高校专业化国家技术转移机构建设试点，指导开展赋予科研人员职务科技成果所有权或长期使用权试点工作；推

① 《知识产权强国建设纲要和“十四五”规划实施年度推进计划》（国知战联办〔2021〕16 号）于 2021 年 12 月 27 日成文，2022 年 1 月 5 日发布。

进科技成果转化年度报告制度，完善技术合同认定和科技成果登记办法。7月，《国家知识产权局办公室关于印发专利开放许可试点工作方案的通知》（国知办函运字〔2022〕448号）提出任务要求，搭建许可信息发布平台；促进供需对接；做好定价指导等配套服务；完善激励和规范措施。12月，教育部办公厅、国家知识产权局办公室、科技部办公厅发布的《关于组织开展“百校千项”高价值专利培育转化行动的通知》提出，充分发挥国家知识产权试点示范高校作用，推动专利申请前评估、知识产权全流程管理等制度扎实落地，强化专利导航等服务支撑效能，在高校重大科研计划实施和创新平台建设过程中，挖掘一批有市场化前景的科技成果，布局形成一大批高价值专利，推动实现上千项高价值专利成果转化落地，并探索构建可推广、可复制的高校高价值专利培育和转化运用新模式和新机制，带动提升全国高校专利质量和转化运用水平，有效提升高校科技成果转化效率。

二是促进知识产权价值实现。2022年6月，国家知识产权局印发的《国家知识产权局关于知识产权政策实施提速增效 促进经济平稳健康发展的通知》（国知发运字〔2022〕25号）提出，用好知识产权质押途径支持中小微企业融资，加大受困市场主体知识产权质押贷款利息、评估、保险等有关费用补贴力度；实施专利开放许可试点降低企业获取专利技术成本，鼓励高校院所、国有企业筛选有市场化前景、应用广泛、实用性较强的专利技术参与开放许可，引导通过免费许可、分阶段许可等多种定价模式，降低市场主体技术获取成本和交易成本。

三是打造知识产权强企。2022年5月，《国家知识产权局办公室关于面向企业开展2022年度知识产权强国建设示范工作的通知》（国知办函运字〔2022〕497号）提出，促进企业提升知识产权综合能力和核心竞争力，面向企业开展2022年度知识产权强国建设示范工作，组织国家知识产权优势企业和国家知识产权示范企业申报、复核工作。10 月，国家知识产权局与工业和信息化部联合印发的《关于知识产权助力专精特新中小企业创新发展若干措施的通知》（国知发运字〔2022〕38 号）提出，提升知识产权创造水平，增强企业创新能力；促进知识产权高效运用，提高企业核心竞争力；加强知识产权保护，护航企业创新发展；强化知识产权服务保障，提升助企惠企实效。

（五）提升企业技术创新能力

一是引导支持各类企业科技创新。2022 年 1 月，《国务院办公厅关于印发要素市场化配置综合改革试点总体方案的通知》（国办发〔2021〕51 号）提出，支持行业领军企业牵头组建创新联合体，探索实施首席专家负责制；支持行业领军企业通过产品定制化研发等方式，为关键核心技术提供早期应用场景和适用环境。1 月，《科技部办公厅关于营造更好环境支持科技型中小企业研发的通知》（国科办区〔2022〕2 号）提出，到“十四五”末，形成支持科技型中小企业研发的制度体系，营造全社会支持中小企业研发的环境氛围。5 月，工信部、发改委、科技部等十一部门共同印发了《关于开展“携手行动”促进大中小企业融通创新（2022—2025 年）的通知》（工信部联企业〔2022〕54 号），旨在以创新链、产业链、供应链、数据链、资金链、服务链、人才链“七条链”为重点，促进大中小企业融通创新。8 月，《科技部　财政部关于印发〈企业技术创新能力提升行动方案（2022—2023 年）〉的通知》（国科发区〔2022〕220 号）提出 10 项行动内容，旨在聚焦企业创新能力关键环节，突出问题导向，强化精准施策，加大激励力度，优化创新服务，提振发展信心，引导支持各类企业将科技创新作为核心竞争力，为实现高水平科技自立自强、促进经济稳定增长和高质量发展提供有力支撑。

二是加强企业创新服务能力。2022 年 3 月，《工业和信息化部办公厅关于开展“一起益企”中小企业服务行动的通知》（工信厅企业函〔2022〕58 号）提出，充分发挥中小企业公共服务平台骨干支撑作用，汇聚和带动各类优质服务资源，组织服务进企业、进园区、进集群，为中小企业送政策、送管理、送技术，稳定市场预期，坚定发展信心，促进中小企业平稳健康发展。4 月，科技部火炬中心与中国银行印发《关于开展科技金融“一体两翼”助力企业创新能力提升行动的通知》（国科火字〔2022〕81 号）提出，以商业银行服务为主体，以企业金融需求为导向，积极探索政银合作新机制新模式，为科技企业提供全生命周期金融服务。9 月，《科技部关于印发〈“十四五”国家高新技术产业开发区发展规划〉的通知》（国科发区〔2022〕264 号）提出，到 2025 年“高新技术成果产出、转化和产业化机制更加完善”和“成果转化效能显著提升”的发展目标。

三是鼓励校企协同创新。2022 年 1 月，《教育部 财政部 国家发展改革委关于深入推进世界一流大学和一流学科建设的若干意见》（教研〔2022〕1 号）提出，加强高等院校、科研院所、企业等主体协同创新，建立协同组织、系统集成的高端研发平台，推动产学研用深度融合，促进科技成果转化，推进教育链、人才链、创新链与产业链有机衔接。5 月，《教育部关于印发〈加强碳达峰碳中和高等教育人才培养体系建设工作方案〉的通知》（教高函〔2022〕3 号）提出，鼓励高校联合企业，组建一批区域或者行业高校和企业联盟，适时联合相关国家组建跨国联盟，推动标准共用、技术共享、人员互通。6 月，教育部办公厅、工业和信息化部办公厅和国家知识产权局办公室联合印发的《关于组织开展“千校万企”协同创新伙伴行动的通知》（教科信厅函〔2022〕26 号）提出，利用 5 年时间聚焦国家重大战略需求和产业发展共性问题，新增布局30个左右关键核心技术集成攻关大平台和100个左右教育部工程研究中心。11月，《教育部关于印发〈绿色低碳发展国民教育体系建设实施方案〉的通知》(教发〔2022〕2号)提出，支持高校联合科技企业建立技术研发中心、产业研究院、中试基地、协同创新中心等，构建碳达峰、碳中和相关技术发展产学研全链条创新网络，围绕绿色低碳领域共性需求和难点问题，开展绿色低碳技术联合攻关，并促进科技成果转移转化。

四是进一步提高税收优惠。2022年3月，《财政部　税务总局　科技部联合发布关于进一步提高科技型中小企业研发费用税前加计扣除比例的公告》(财政部 税务总局 科技部公告2022年第16号)提出，科技型中小企业开展研发活动中实际发生的研发费用，未形成无形资产计入当期损益的，在按规定据实扣除的基础上，自2022年1月1日起，再按照实际发生额的100%在税前加计扣除；形成无形资产的，自2022年1月1日起，按照无形资产成本的200%在税前摊销。9月，《财政部 税务总局 科技部关于加大支持科技创新税前扣除力度的公告》(财政部 税务总局 科技部公告2022年第28号)提出，高新技术企业在2022年10月1日至2022年12月31日期间新购置的设备、器具，允许当年一次性全额在计算应纳税所得额时扣除，并允许在税前实行100%加计扣除；现行适用研发费用税前加计扣除比例75%的企业，在2022年10月1日至2022年12月31日期间，税前加计扣除比例提高至100%。

(六)促进区域地方科技创新及合作

一是深化跨区域科技合作机制。2022年3月，《科技部等九部门关于印发〈“十四五”东西部科技合作实施方案〉的通知》(国科发区〔2022〕25号)提出，聚焦国家科技战略与区域发展重大需求，健全东西部科技合作体系，引导创新要素跨区域有序流动和高效集聚，推动资源共享、人才交流、平台联建、联合攻关、成果转化和产业化，形成优势互补、高效协同的跨区域科技创新合作新局面。到2025年，西部地区科技创新能力显著提升，东部地区科技创新外溢效应更加明显。6月，《国务院关于印发广州南沙深化面向世界的粤港澳全面合作总体方案的通知》（国发〔2022〕13号）提出深化粤港澳互利共赢合作，加快建设科技创新产业合作基地、青年创业就业合作平台、高水平对外开放门户、规则衔接机制对接高地和高质量城市发展标杆，将南沙打造成为香港、澳门更好融入国家发展大局的重要载体和有力支撑。明确加快推动广州南沙深化粤港澳全面合作，打造立足湾区、协同港澳、面向世界的重大战略性平台，在粤港澳大湾区建设中更好发挥引领带动作用。7月，《科技部 上海市人民政府 江苏省人民政府 浙江省人民政府 安徽省人民政府《关于印发〈长三角科技创新共同体联合攻关合作机制〉的通知》（国科发规〔2022〕201号）提出，以“科创+产业”为引领，聚焦国家重大创新需求，联合突破一批关键核心技术，推动重点产业链关键核心技术自主可控；联合构建跨学科、跨领域、跨区域的若干创新联合体，实现项目、人才、基地、资金一体化配置，促进产业基础高级化和产业链现代化；探索建立跨区域协同创新的合作机制，形成一批可复制、可推广的经验，推动长三角区域成为以科技创新驱动高质量发展的强劲动力源。

二是推动地方科技创新。2022年1月，《国家发展改革委 商务部关于深圳建设中国特色社会主义先行示范区放宽市场准入若干特别措施的意见》（发改体改〔2022〕135号）提出，优化先进技术应用市场准入环境。利用深圳产业链、创新链深度融合优势，围绕先进技术应用推广，设立国际先进技术应用推进中心，以企业化市场化方式运作，对标国际一流智库，搭建世界级先进技术应用推广平台。1 月，《科技部　浙江省人民政府关于印发〈推动高质量发展建设共同富裕示范区科技创新行动方案〉的通知》（国科发区〔2022〕13 号）明确，到 2025 年，具有浙江特色的以创新型省份、创新型城市、创新型县（市）和科技园区为重要引擎的全域创新体系基本形成，建成高水平创新型省份和科技强省，成为展示新型举国体制优越性的“中国创新之窗”，浙江建设共同富裕示范区的科技创新解决方案在全国推行。7 月，《科技部办公厅　贵州省人民政府办公厅关于印发〈“科技入黔”推动高质量发展行动方案〉的通知》（国科办区〔2022〕87 号）提出，落实科技成果评价、赋予科研人员职务科技成果所有权或长期使用权、技术要素市场化配置等改革试点任务，探索开展高成长性大中型国有科技型企业股权期权激励改革，实施与技术成熟度相匹配多轮次快速融资，构建国家科技计划实施场景和成果转化部省协同联动机制。10 月，《科技部办公厅等关于允许在中关村国家自主创新示范区核心区（海淀园）的中央高等院校、科研机构及企事业单位等适用〈北京市促进科技成果转化条例〉的通知》（国科办区〔2022〕116 号）提出，允许注册地址在中关村国家自主创新示范区核心区（海淀园）的中央高等院校、科研机构及企事业单位等适用《北京市促进科技成果转化条例》。

（七）推进领域科技成果转化

一是能源领域。2022 年 1 月，《国家发展改革委　国家能源局关于印发〈“十四五”现代能源体系规划〉的通知》（发改能源〔2022〕210 号）提出，实施科技创新示范工程，加大资金和政策扶持力度；瞄准新型电力系统、安全高效储能、氢能、新一代核能体系等前沿领域，实施一批具有前瞻性、战略性的国家重大科技示范项目。3 月，国家发展改革委、国家能源局联合印发的《氢能产业发展中长期规划（2021—2035 年）》，确定氢能是未来国家能源体系的重要组成部分，是用能终端实现绿色低碳转型的重要载体；氢能产业是战略性新兴产业和未来产业重点发展方向的战略定位。5 月，《国务院办公厅转发国家发展改革委 国家能源局关于促进新时代新能源高质量发展实施方案的通知》（国办函〔2022〕39 号）提出，推进科技创新与产业升级，建立产学研一体化平台，推行“揭榜挂帅”“赛马”等机制，加大对产业智能制造和数字化升级的支持力度，编制实施智能光伏产业发展行动计划，推进高效太阳能电池、先进风电设备等关键技术突破，推动退役风电机组、光伏组件回收处理技术和相关新产业链发展。5 月，《教育部关于印发〈加强碳达峰碳中和高等教育人才培养体系建设工作方案〉的通知》（教高函〔2022〕3 号）提出，完善产教融合平台建设运行机制，针对关键重大领域，提升人才培养质量，推动科技成果快速转化。6 月，《科技部等九部门关于印发〈科技支撑碳达峰碳中和实施方案（2022—2030 年）〉的通知》，提出统筹低碳科技示范和基地建设、人才培养、低碳科技企业培育和国际合作等 10 项具体行动。8 月，工业和信息化部等五部门联合印发的《关于印发加快电力装备绿色低碳创新发展行动计划的通知》（工信部联重装〔2022〕105 号）提出，装备体系绿色升级、电力装备技术创新提升、网络化智能化转型发展、技术基础支撑保障、推广应用模式创新和电力装备对外合作六大行动 17 项具体任务。

二是农业领域。2022 年 2 月，国务院发布《关于印发“十四五”推进农业农村现代化规划的通知》（国发〔2021〕25 号）提出，促进科技与产业深度融合，加强国家农业科技创新联盟建设，支持农业企业牵头建设农业科技创新联合体或新型研发机构，加快建设国家现代农业产业科技创新中心；开展乡村振兴科技支撑行动，加强农业科技社会化服务体系建设，完善农业科技推广服务云平台，推行科技特派员制度，强化公益性农技推广机构建设。4 月，《农业农村部办公厅关于做好 2022 年基层农技推广体系改革与建设任务实施工作的通知》（农办科〔2021〕3 号）提出，加快主导品种主推技术落地应用，继续实施农业重大技术协同推广计划，打造先进农业技术示范展示平台，实施农技推广服务特聘计划，提升基层农技推广队伍素质，支持农业科技社会化服务发展，创新农业科技县域服务模式。4 月，农业农村部、国家乡村振兴局联合印发的《社会资本投资农业农村指引（2022 年）》（农办计财〔2022〕10 号）提出，农业科技创新是重点投资领域，支持企业牵头建设农业科技创新联合体或新型研发机构，引导发展技术交易市场和科技服务机构。

三是医药领域。2022 年 2 月，《国务院办公厅关于印发“十四五”中医药发展规划的通知》（国办发〔2022〕5 号）提出，建设一批中医药科技成果孵化转化基地，支持中医医院与企业、科研机构、高等院校等加强协作、共享资源，鼓励高等院校、科研院所、医疗机构建立专业化技术转移机构，在成果转化收益分配、团队组建等方面赋予科研单位和科研人员更大的自主权。3 月，《国家发展改革委 国家卫生健康委 国家中医药局关于印发有序扩大国家区域医疗中心建设工作方案的通知》（发改社会〔2022〕527 号）提出，国家区域医疗中心开展科技成果转化取得的净收入可以自主决定用于医院发展，对做出突出贡献的人员进行现金奖励计入当年本单位绩效工资总量，但不受总量限制，不纳入总量基数；以国家区域医疗中心为核心，依托“双一流”建设高校，促进医教研产融合发展；鼓励输出医院所在高校到国家区域医疗中心所在地开展医学研究生联合培养。

四是其他重点领域。2022 年 1 月，《国务院关于印发“十四五”数字经济发展规划的通知》（国发〔2021〕29 号）提出，以数字技术与各领域融合应用为导向，推动行业企业、平台企业和数字技术服务企业跨界创新，优化创新成果快速转化机制，加快创新技术的工程化、产业化。数字技术赋能各领域，数字技术与各领域的融合应用就是科技成果转化。1 月，《国务院关于印发计量发展规划（2021—2035 年）的通知》（国发〔2021〕37 号）提出，加大产学研用计量科技合作，推动计量科技成果转化应用，构建计量、质量、标准、知识产权等融合联动的计量科技成果转化服务体系。2 月，《国务院关于印发“十四五”国家应急体系规划的通知》（国发〔2021〕36 号）提出，完善应急管理领域科技成果使用、处置收益制度，健全知识、技术、管理、数据等创新要素参与利益分配的激励机制，推行科技成果处置收益和股权期权激励制度。3 月，交通运输部和科学技术部印发的《交通领域科技创新中长期发展规划纲要（2021—2035 年）》（交科技发〔2022〕11 号）提出，完善促进科技成果转化政策，培育专业技术转移机构和人才，建设科技成果中试及产业化载体，推动交通运输领域首台（套）产品购置使用按规定享受税收抵免、固定资产加速折旧等税收优惠政策。3 月，《水利部关于印发水利部重大科技项目管理办法的通知》（水国科〔2022〕122 号）提出，加强项目成果的转化和推广应用，项目形成的科技成果统一纳入水利科技成果信息平台并面向社会发布；积极运用项目成果，各项目承担单位应落实支持科技人员成果转化的激励政策。4 月，《工业和信息化部　国家发展和改革委关于产业用纺织品行业高质量发展的指导意见》（工信部联消费〔2022〕44 号）提出加快科技成果转化应用。5 月，国务院印发的《国务院关于印发气象高质量发展纲要（2022—2035 年）的通知》（国发〔2022〕11 号）提出，健全气象科技成果分类评价制度，完善气象科技成果转化应用和创新激励机制。5 月,《交通运输部关于印发〈交通运输部促进科技成果转化办法〉的通知》(交科技发〔2022〕67 号)对 2017 年出台的《交通运输部促进科技成果转化暂行办法》进行了修订。6 月,《工业和信息化部　人力资源社会保障部　生态环境部　商务部　市场监管总局关于推动轻工业高质量发展的指导意见》(工信部联消费〔2022〕68 号)提出强化科技创新战略支撑、构建高质量的供给体系、提升产业链现代化水平、深入推进绿色低碳转型、优化协调发展的产业生态等 7 个方面 25 条意见。

三、科技成果转化工作创新

在科技成果转移转化过程中，高校院所结合实际，推进赋权改革试点、完善成果转化评价体系、推进高校技术转移机构建设、建立完善尽职免责机制、推进新型研发机构建设、加强企业对接，积极探索形成符合自身特点的科技成果转化工作模式。

(一)深入推进赋权改革试点工作

自 2020 年全面启动赋予科研人员职务科技成果所有权或长期使用权试点工作以来，40 家科研院所、高等院校不断探索体制机制创新。其中，中国科学技术大学创新性地提出了“赋权 + 转让 + 约定收益”模式，科研人员在利用赋权后的职务科技成果进行作价投资时拥有完全的职务科技成果，学校通过“约定收益”的方式享受转化公司发展带来的未来收益。西安交通大学积极推进赋权改革，完成赋权项目超过 100 项，孵化高科技企业 100 余家；探索建立了面向中小企业的专利免费“开放许可”制度，降低成果走进市场的门槛，加速科技成果转化落地。

辽宁科技大学探索出具有辽宁科技大学特色的技术转移新模式，制定出一系列规章制度推动赋权改革和成果转化，并引进专业技术转化机构开拓市场、提供资金、承担风险，共同推动赋权成果转化落地。

（二）完善成果评价体系

2021 年 12 月，为落实《国务院办公厅关于完善科技成果评价机制的指导意见》（国办发〔2021〕26 号）部署要求，科技部、教育部等十部门联合启动科技成果评价改革试点工作，参与试点的高校院所从建立科技成果五元价值评价机制、完善科技成果分类评价体系等多方面进行了积极探索。其中，中国医学科学院根据五元价值评价理论优化科技量值体系，建立具有医学领域特色的科技成果五元价值评价机制，建成“中国年度重要医学进展”和“21 世纪重要医学成就”医学成果库。交通运输部公路科学研究院探索应用研究成果技术就绪度（TRL）评价方法及有效机制，助力研究院科技成果库建设。中国农业大学探索构建科研成果评价体系，从完善政策体系、创新运营模式、搭建人才队伍到加强经费保障、拓展转化渠道，全方位赋能科技成果转化，进一步释放科技创新活力，推动学校科技成果转化高质量发展。

（三）推进高校技术转移机构建设

2021 年 10 月，《科技部成果转化与区域创新司　教育部科学技术与信息化司关于首批高校专业化国家技术转移机构建设试点启动的通知》（国科区函〔2021〕77 号），确定了 20 家高校为首批高校专业化国家技术转移机构建设试点。目前，一些试点高校已经在政策、人才、资金等方面探索为技术转移机构提供了支撑保障。其中，东南大学以市场导向强化实体化运营，优化管理制度和服务流程，实施市场化激励机制，推进技术转移工作公司化实践。华中科技大学技术转移中心不断加强顶层设计和统筹规划，推动知识产权专业化服务运营，建设专兼结合的高水平专业化技术转移队伍，促进高质量成果转化。华东理工大学以技术转移机构建设发展为基础，建设知识产权全流程管理服务体系，并长期坚持产学研合作与知识产权运用相结合，促进学校研发能力进步与转化运用扩展，进一步强化科技成果转移转化能力。

（四）建立完善尽职免责机制

部分单位进一步完善尽职免责制度保障体系，消除成果转化顾虑，多维度推动科技成果转化进程。其中，浙江大学优化科技成果转化的审批流程、分级审批制度、评估方式、关联交易的定价方式等内容，完善尽职免责的管理保障体系。南京工业大学出台尽职免责规范细则，鼓励教师创办学科型公司转化科技成果，加快推动学校科技成果向产业转化，提高科研人员开展科技成果转化的积极性。北京工业大学依法依规制定了分级审批制度、公示制度、工作流程、收益分配机制、风险防控机制等，逐步完善了学校科技成果转化尽职免责机制，在大力推动学校科技成果转化进程的同时，做到勤勉尽职“有法可依、有据可查”。

（五）推进新型研发机构建设

新型研发机构全力推进科技成果转化能力建设，以产业、行业、地方需求为切入点，凸显科技成果转化服务产业发展特性。其中，深圳清华大学研究院大胆创新机制体制，采用市场化、企业化的运作方式，致力于推动先进技术研发、成果转化和产业孵化，成功打造了一个产学研资深度融合的科技服务与创新孵化体系。广东粤港澳大湾区国家纳米科技创新研究院以重大产业需求为牵引推进产业蓬勃发展，并打造六大公共技术平台推动科技成果转移转化。华南协同创新研究院以东莞重大需求为导向，汇聚华南理工大学及国内外相关科技资源，有效整合“政产学研资介”各方力量，探索“多元、融合、动态、持续”协同创新的新模式和新机制。

（六）加强企业对接与合作

一批高校院所与企业共同针对行业难点进行联合攻关，在推进行业科技发展的同时有效促进科技成果转化落地。中国矿业大学始终坚持四个面向，充分发挥学校优势科研力量，聚焦行业发展的重点、难点、痛点，组织学校科研团队通过企业调研摸底、需求定位分析、解决方案推介等方式，提前对接和谋划企业重大科技项目，与企业共同开展科技攻关，努力攻克制约行业转型升级发展的“卡脖子”技术难题，为行业企业高质量发展提供了科技支撑。中国民航科学技术研究院航科院利用其枢纽优势，聚焦民航行业发展需求，探索出科研成果转化的多种模式，有效实现了航科院内外和行业内外的科研成果转化。中国科学院天津工业生物技术研究所通过建设所企联合单元、推行大企业合作战略、推进产业联盟建设和产业基金体系建设等方式，多措并举加强与企业创新合作，科技成果转化效能持续增长。

四、科技成果转化工作建议

（一）国家层面

1. 健全科技成果转化评价体系，资源配置与评价结果挂钩

目前我国科技成果评价行业尚不成熟，科技成果交易效率较低。“破四唯”“立新标”在实际操作中进展较缓慢，科技成果转化在部分高校院所考核评价体系中权重偏低，成果转化导向仍不突出。建议加快推进科技成果评价改革试点工作，形成切实有效的科技成果转化评估方法，有效降低科技成果转化风险。构建科技成果转化评价考核制度，完善科研人员承担横向课题的考核评价政策，将科技成果转化相关指标纳入高校院所领导班子年度和任期目标考核，将吸纳技术合同成交额作为各级党委政府、园区领导班子年度和任期目标考核指标，将科技成果转化绩效与研发平台财政支持经费挂钩。

2. 进一步推进科技成果转化体制机制改革，强化政策实施落地

近年来大量科技成果转化相关政策陆续出台（见附录 1），成果转化制度体系建设不断完善。特别是赋权试点开展以来，在制度体系、专业化服务、国资管理、收益分配等方面进行深入探索，制定开展了一系列改革举措。但是部分政策实施仍存在障碍，部分科技人员和管理人员对科技成果转化实施路径认知不够，仍然存在害怕承担国有资产流失等方面顾虑。建议后续进一步开展科技成果转化体制机制改革，健全完善个税优惠、赋权参股、尽职免责等相关政策措施。进一步加强政策宣传、培训和业务指导，打消科技成果转化顾虑。组织编制科技成果转化典型案例集，加强科技成果转化工作交流研讨，为各单位科技成果转化提供良好的交流和学习平台。

（二）地方政府层面

1. 加大省市概念验证、中试环节布局，强化公共研发平台建设

高校由于科研经费有限，往往对中试等中间环节投入不足，缺乏中试和产业化研发平台，限制了科技成果转化的全面铺开。现有省市中试基地总体布局缺乏系统性，存在社会中试资源分散、企业参与动力不足、开放共享不充分等问题。建议推动建设科技成果转移转化示范区，不断完善科技成果转移转化全链条服务体系，布局建设示范基地、平台及概念验证中心，加大对高校院所开展科技成果中试、产业化实验的资金和场地支持，鼓励和引导科研单位与企业合作共建中试基地和研发中心。加快打造区域创新高地，加强重大科技创新平台基地建设，加速布局重点实验室等创新平台，构建覆盖创新创业全链条的公共研发支持体系。

2. 加强技术转移机构人才队伍建设，培育高素质技术转移人才

目前技术转移人员绝大部分不具备知识产权运营、法律财务、企业管理、商业谈判等方面的复合型专业知识和服务能力，无法满足科研人员和企业日益增长的成果转化专业需求。建议地方政府加强区域技术转移机构人才队伍建设，加强专业人才在实训实操能力方面的培养，着重考核专业人才在运营服务、实际贡献及产生的经济社会效益等方面的能力。探索建立技术转移人才培养体系，制定灵活的技术转移人才培养路径，鼓励有条件的高等院校探索技术转移专业学科设置，建立健全的技术转移人员职务晋升、职称评审、绩效考核和人才评定的考核评价机制。

3. 建立区域协同创新机制，促进科技成果转化要素自由流动

省份地区间科技成果转化有一定差距，创新投入、创新平台、高端产业、高层次的创新人才大多集中在少数地区，地区间发展不均衡，区域间协同创新尚未形成最大合力，整体协同创新程度有待进一步提高。建议加强成果转化区域战略和政策协调，推动各类创新要素在区域内流动，实现区域创新优势互补。构建跨区域技术交易市场，打造政策支撑体系基本完善、体制健全、运行高效的成果转化共同体。推进科技成果跨区域转化，为远距离的企业和大学提供良好的科技成果转化的制度环境，逐步打破行政属地的政策边界。

（三）高校院所层面

1. 强化高校院所原始创新，增加高质量源头供给

一些高校院所科研工作与市场有一定脱节，科技人员对实验室科研成果能否转化关心度不够，科技成果与企业需求匹配性不高，校企科技合作大多周期偏短、规模较小、层次偏低。建议改革高校院所研发评价机制，提高研发活动的针对性。以问题为导向，加强对科研项目立项管理，强化事前转化前景评估，确保科技成果供给从源头上更加符合企业的现实需要和产业发展需求。引导科技人员面向市场、面向企业寻找承担科研课题，鼓励科研人员下沉，密切对接企业和产业需求，鼓励科研人员与企业联合开展契合市场前景前沿性研究，实现科技成果高质高效转化。

2. 鼓励高校院所自建科技成果转移转化机构，提升成果转化服务能力

部分高校院所成立了适合自身特点的技术转移机构，科技成果转移转化不断趋向专业化。但是目前高校自建技术转移机构数量仍偏少，科技成果价值评估、投融资咨询、信用评价等专业服务缺乏，难以满足高校院所日益增长的成果转化服务需求。建议引导和扶持高校技术转移机构的发展，提高科技成果转化服务能力，不断完善在企业需求对接、新技术推广等方面的服务功能。同时，鼓励高校院所与市场化技术转移机构建立深度合作，通过技术成果交易会、洽谈会、技术培训等形式，为技术供需双方提供技术转移转化服务，加快科技成果向现实生产力转化。

3. 加强高校院所与金融机构对接合作，提升科技金融支持力度

部分地方高校院所成果转化财政拨款依赖性偏高，未建立与各类科技金融投资机构的密切合作关系，相关专项基金和多元化投融资渠道的对接经验不足，一定程度上影响了成果转化工作的开展。建议高校院所加强与金融机构对接合作，拓宽融资服务渠道，创新融资方式，积极了解金融机构推出创新的科技金融产品和服务，邀请专业的金融服务团队在高校院所进行宣讲，为高校院所提供融资方面的培训辅导，实现有转化能力的高校院所与资本的有效对接。

第二章 转让、许可、作价投资的进展成效

一、总体情况

科技成果转化活动日益活跃，以转让、许可、作价投资方式转化科技成果的合同金额和合同项数均有所增长。2021 年，3649 家高校院所以转让、许可、作价投资方式转化科技成果的合同金额为 227.4 亿元，比上一年增长 11.1%；合同项数为 23 333 项，比上一年增长 10.3%（图 1-2-1）。

图 1-2-1　高校院所以转让、许可、作价投资方式转化科技成果的合同金额和合同项数

平均合同金额比上一年略有增长。2021 年，高校院所以转让、许可、作价投资方式转化科技成果的平均合同金额为 97.5 万元，比上一年增长 0.7%。高校院所以转让、许可、作价投资方式转化科技成果的单项合同金额及其所对应的合同项数区间分布如表 1-2-1 和图 1-2-2 所示，单项合同金额在 10 万元以下的合同为 14 105 项，合同项数占比为 60.5%，该区间的合同金额为 3.7 亿元，合同金额占比为 1.6%；10 万（含）～100 万元的合同为 7062 项，合同项数占比为 30.3%，该区间的合同金额为 19.9 亿元，合同金额占比为 8.8%；100 万（含）～1000 万元的合同为 1811 项，合同项数占比为 7.8%，该区间的合同金额为 47.7 亿元，合同金额占比为 21.0%；1000 万（含）～1 亿元的合同为 318 项，合同项数占比为 1.4%，该区间的合同金额为 86.6 亿元，合同金额占比为 38.1%；1 亿元及以上的合同为 37 项，合同项数占比为 0.2%，该区间的合同金额为 69.5 亿元，合同金额占比为 30.6%。

表 1-2-1　高校院所以转让、许可、作价投资方式转化科技成果的单项合同金额及其所对应的合同项数区间分布

合同金额区间	合同项数 / 项	合同项数占比	合同金额小计 / 万元	合同金额占比
1 亿元及以上	37	0.2%	695 378.1	30.6%
1000 万（含）～1 亿元	318	1.4%	866 174.3	38.1%
100 万（含）～1000 万元	1811	7.8%	476 626.9	21.0%
10 万（含）～100 万元	7062	30.3%	199 082.6	8.8%
10 万元以下	14 105	60.5%	36 777.7	1.6%
总计	23 333	/	2 274 039.6	/

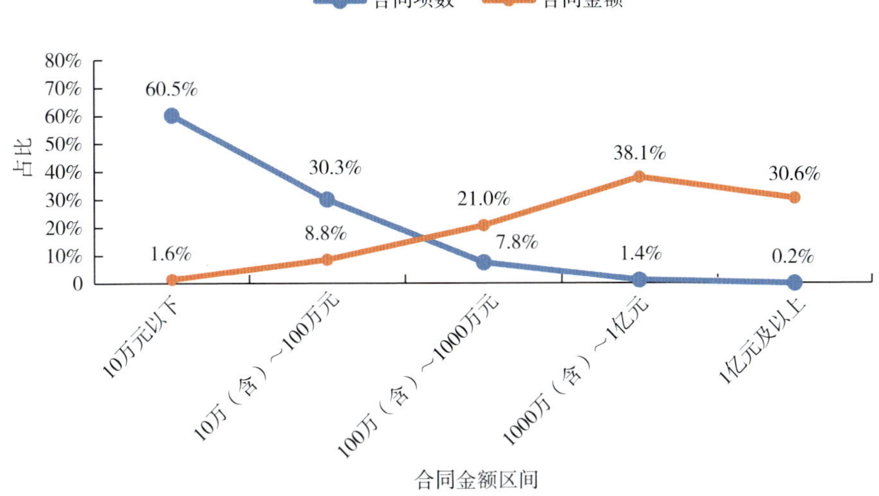

图 1-2-2 高校院所以转让、许可、作价投资方式转化科技成果的合同项数、合同金额占比分布情况

合同金额超过 1 亿元的单位数量略有增长。2021 年，以转让、许可、作价投资方式转化科技成果累计合同金额超过 1 亿元的高校院所有 45 家，比上一年增长 7.1%；超过 1000 万元的有 260 家，这 260 家高校院所的转让、许可、作价投资合同金额占 3649 家高校院所转让、许可、作价投资总合同金额的 92.3%。

转让、许可合同当年到账金额①比上一年明显增长。2021 年，高校院所以转让、许可方式转化科技成果合同当年到账金额共计 70.5 亿元，比上一年增长 28.1%（图 1-2-3）。其中，中央所属高校院所当年到账金额为 44.3 亿元，比上一年增长 40.1%；地方所属高校院所当年到账金

① “当年到账金额”为当年新签订和往年签订的合同在当年实际到账的总金额。由于科技成果转化合同对执行方式和执行周期的具体约定不同，部分转让、许可合同按执行周期进展分阶段拨付，通常情况下高校院所会基于当年实际到账金额实施奖励。因此，为了能够更加准确地反映科技成果转化产生的实时经济效益，对各单位转让、许可合同的当年到账金额进行了采集。

额为 26.2 亿元，比上一年增长 11.8%。

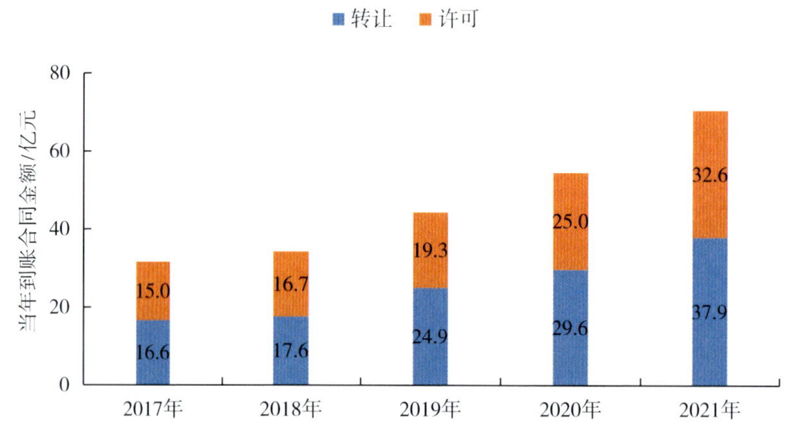

图 1-2-3　高校院所以转让、许可方式转化科技成果的当年到账合同金额

高价值成果转化效益凸显。2021 年，高校院所以转让、许可、作价投资方式转化科技成果单项合同金额超过 1 亿元的合同有 37 项（表 1-2-2），超过 5000 万元的有 85 项，超过 1000 万元的有 355 项。

将单项合同金额超过 1 亿元的科技成果按转化至单位所在地区来看[①]，其中 25 项转化至东部地区（上海市 10 项、江苏省 5 项、浙江省 3 项、广东省 3 项、山东省 2 项、北京市 2 项），2 项转化至东北地区（吉林省 1 项、辽宁省 1 项），5 项转化至中部地区（安徽省 1 项、湖南省 2 项、江西省 1 项、湖北省 1 项），4 项转化至西部地区（四川省 2 项、陕西省 1 项、重庆市 1 项），1 项转化至香港特别行政区；按转化至单

① 根据国家统计局公布的《东西中部和东北地区划分方法》，本报告中东部、中部、西部、东北地区分别指：东部地区包括北京、天津、河北、上海、江苏、浙江、福建、山东、广东和海南（10 个省、直辖市）；中部地区包括山西、安徽、江西、河南、湖北和湖南（6 个省）；西部地区包括内蒙古、广西、重庆、四川、贵州、云南、西藏、陕西、甘肃、青海、宁夏和新疆（12 个省、自治区、直辖市）；东北地区包括辽宁、吉林和黑龙江（3 个省）。

位类型[①]来看，其中5项转化至国有企业地区(3项转化至大型国有企业、2项转化至中小微国有企业)，32项转化至其他企业地区（5项转化至大型其他企业、27项转化至中小微其他企业）。

表1-2-2　高校院所以转让、许可、作价投资方式转化科技成果的单项合同金额1亿元及以上的成果分布

序号	高校院所名称	转化方式	合同项数/项
1	上海科技大学	许可	5
2	复旦大学	转让	3
		许可	2
3	上海交通大学	转让	2
		许可	1
		作价投资	1
4	中国药科大学	转让	3
5	中国科学院上海药物研究所	转让	2
6	四川大学	许可	2
7	清华大学	许可	2
8	重庆理工大学	作价投资	1
9	中山大学	转让	1
10	中南大学	转让	1
11	中国科学院长春光学精密机械与物理研究所	作价投资	1
12	中国科学院微生物研究所	许可	1
13	中国科学院金属研究所	转让	1
14	中国科学院合肥物质科学研究院	作价投资	1

① “中小微企业”和“大型企业”标准参考《统计上大中小微型企业划分办法(2017)》（国统字〔2017〕213号），“国有企业”标准参考《关于划分企业登记注册类型的规定调整的通知》（国统字〔2011〕86号），非国有企业归类为“其他企业”。

续表

序号	高校院所名称	转化方式	合同项数 / 项
15	中国科学院动物研究所	许可	1
16	武汉大学	作价投资	1
17	上海市公共卫生临床中心	转让	1
18	上海海洋大学	转让	1
19	山东大学	转让	1
20	江西中医药大学	作价投资	1
21	湖南大学	作价投资	1

（一）转让、许可、作价投资合同对比

从合同金额维度看，转让合同金额明显增长，许可和作价投资合同金额略有增长。2021 年，高校院所以转让方式转化科技成果的合同金额为 86.6 亿元，比上一年增长 23.5%；以许可方式转化科技成果的合同金额为 74.3 亿元，比上一年增长 8.9%；以作价投资方式转化科技成果的合同金额为 66.5 亿元，比上一年增长 0.1%（图 1-2-4）。

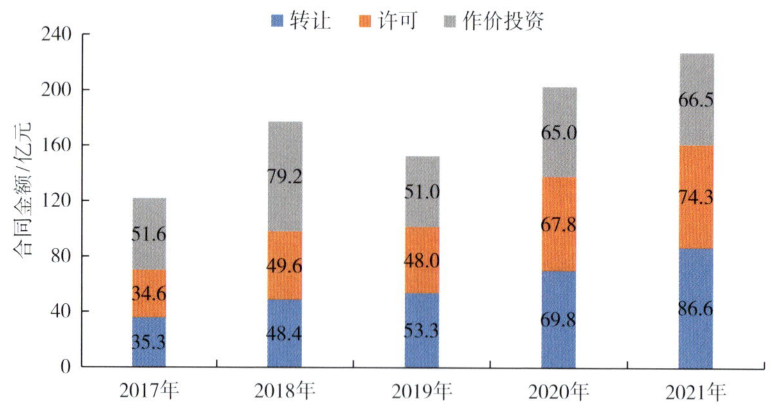

图 1-2-4　高校院所以转让、许可、作价投资方式转化科技成果的合同金额情况

作价投资方式转化科技成果的平均合同金额最高，是转让方式转化科技成果的平均合同金额的 21.3 倍，是许可方式转化科技成果的平均合同金额的 12.3 倍。2021 年，高校院所以转让方式转化科技成果的平均合同金额为 57.0 万元，比上一年增长 17.3%；以许可方式转化科技成果的平均合同金额为 98.1 万元，比上一年下降 11.0%；以作价投资方式转化科技成果的平均合同金额为 1210.7 万元，比上一年下降 8.3%（图 1–2–5）。

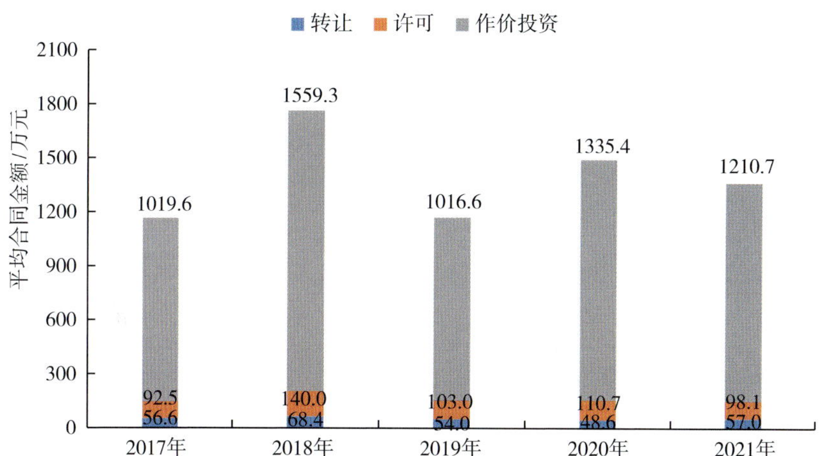

图 1–2–5　高校院所以转让、许可、作价投资方式转化科技成果的平均合同金额情况

高校院所以转让方式转化科技成果的合同项目数最多，占以转让、许可、作价投资方式转化科技成果的总合同项数（23 333 项）的 65.2%。2021 年，高校院所以转让方式转化科技成果的合同项数为 15 207 项，比上一年增长 5.3%；以许可方式转化科技成果的合同项数为 7577 项，比上一年增长 22.3%；以作价投资方式转化科技成果的合同项数为 549 项，比上一年增长 9.1%（图 1–2–6）。

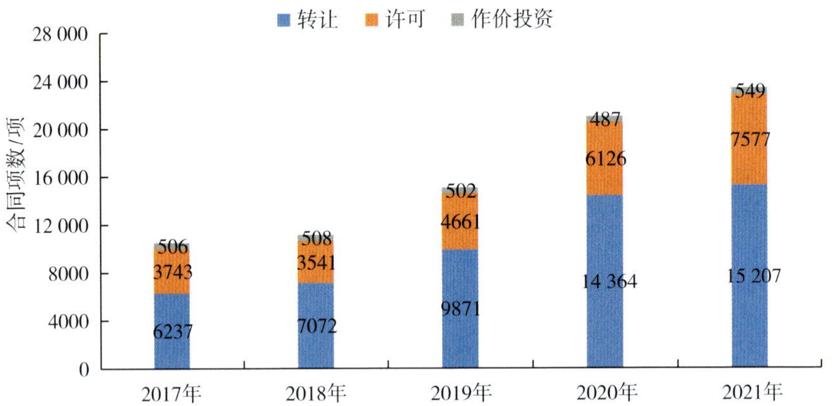

图 1-2-6　高校院所以转让、许可、作价投资方式转化科技成果的合同项数情况

（二）中央所属高校院所科技成果转化情况

中央所属高校院所以转让、许可、作价投资方式转化科技成果的合同金额和合同项数均略有增长。2021 年，中央所属高校院所以转让、许可、作价投资方式转化科技成果的合同金额为 161.4 亿元，比上一年增长 8.8%；合同项数为 6319 项，比上一年增长 6.0%（图 1-2-7）。

图 1-2-7　中央所属高校院所以转让、许可、作价投资方式转化科技成果的合同金额和合同项数情况

（三）地方所属高校院所科技成果转化情况

地方所属高校院所以转让、许可、作价投资方式转化科技成果的合同金额和合同项数均有所增长。2021 年，地方所属高校院所以转让、许可、作价投资方式转化科技成果的合同金额为 66.0 亿元，比上一年增长 17.0%；合同项数为 17 014 项，比上一年增长 12.0%（图 1–2–8）。

图 1–2–8 地方所属高校院所以转让、许可、作价投资方式转化科技成果的合同金额和合同项数情况

2021 年，地方所属高校院所以转让、许可、作价投资方式转化科技成果的合同金额排名居前 3 位的省份分别是上海市（16.3 亿元）、广东省（7.8 亿元）、山东省（6.0 亿元）（图 1–2–9）。

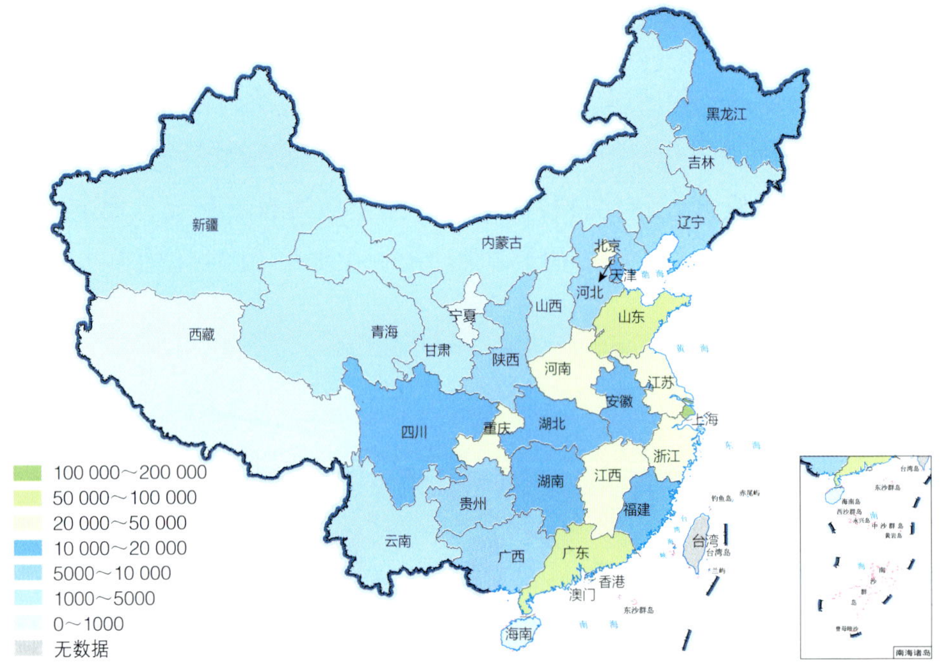

图 1-2-9　地方所属高校院所以转让、许可、作价投资方式转化科技成果的合同金额（单位：万元）区间分布

（四）各地方辖区内高校院所[①]科技成果转化情况

按照高校院所所在地统计，2021 年各地方辖区内高校院所以转让、许可、作价投资方式转化科技成果合同金额排名居前 3 位的省份地方分别是上海市（56.3 亿元）、北京市（42.1 亿元）、江苏省（16.8 亿元）（图 1-2-10）。

① 辖区数据为按照单位所在地统计的数据，是各地方所属单位及其辖区内中央所属单位相应数据的加和。

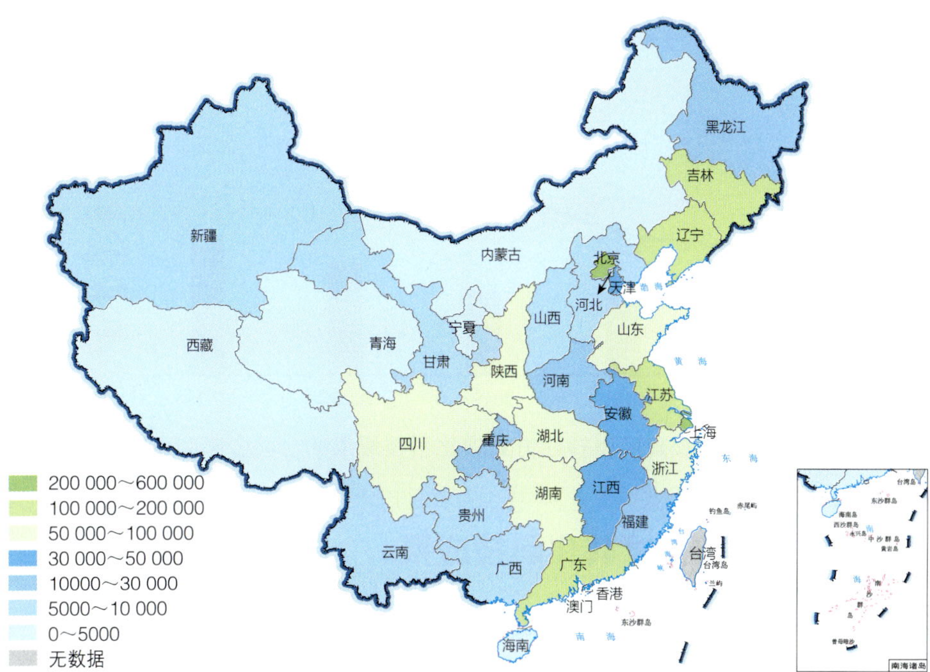

图 1-2-10　各地方辖区内高校院所以转让、许可、作价投资方式转化科技成果的合同金额（单位：万元）区间分布

二、以转让方式转化科技成果

以转让方式转化科技成果的合同金额明显增长，合同项数略有增长，平均合同金额有所增长。2021 年，高校院所以转让方式转化科技成果的合同金额为 86.6 亿元，比上一年增长 23.5%；合同项数为 15 207 项，比上一年增长 5.3%（图 1-2-11）；平均合同金额为 57.0 万元，比上一年增长 17.3%。

图 1-2-11　高校院所以转让方式转化科技成果的合同金额和合同项数

三、以许可方式转化科技成果

以许可方式转化科技成果的合同金额略有增长，合同项数明显增长，平均合同金额有所下降。2021 年，高校院所以许可方式转化科技成果的合同金额为 74.3 亿元，比上一年增长 8.9%；合同项数为 7577 项，比上一年增长 22.3%（图 1-2-12）；平均合同金额为 98.1 万元，比上一年下降 11.0%。

图 1-2-12　高校院所以许可方式转化科技成果的合同金额和合同项数

四、以作价投资方式转化科技成果

以作价投资方式转化科技成果合同金额和合同项数均略有增长，平均合同金额略有下降。2021 年，高校院所以作价投资方式转化科技成果的合同金额为 66.5 亿元，比上一年增长 0.1%；合同项数为 549 项，比上一年增长 9.1%（图 1-2-13）；平均合同金额为 1210.7 万元，比上一年下降 8.3%。

图 1-2-13　高校院所以作价投资方式转化科技成果的合同金额和合同项数

五、科技成果转化定价方式

协议定价方式是科技成果转化主要定价方式。2021 年，高校院所以转让、许可、作价投资方式转化科技成果的 23 333 项合同中，采用协议定价方式的有 22 411 项，占总数的 96.0%，总合同金额为 211.6 亿元，平均合同金额为 94.4 万元；采用拍卖方式的有 170 项，占总数的 0.7%，总合同金额为 1.6 亿元，平均合同金额为 91.6 万元；采用挂牌交易方式的有 752 项，占总数的 3.2%，总合同金额为 14.2 亿元，平均合同金额为 188.8 万元（图 1-2-14）。

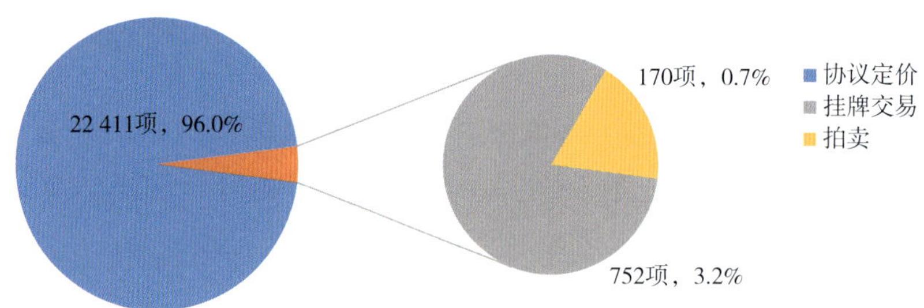

图 1-2-14　高校院所以转让、许可、作价投资方式转化科技成果的定价方式

科技成果转化定价过程中，经过评估的转化成果为 6300 项，占总数的 27.0%，总合同金额为 119.3 亿元，平均合同金额为 189.3 万元；未经过评估的转化成果为 17 033 项，占总数的 73.0%，总合同金额为 108.1 亿元，平均合同金额为 63.5 万元（图 1-2-15）。

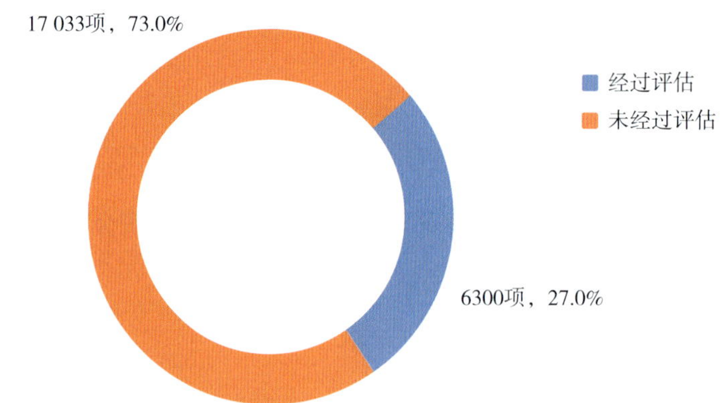

图 1-2-15　高校院所以转让、许可、作价投资方式转化科技成果的合同定价过程中的评估情况

六、科技成果转化流向

（一）转化至单位类型

科技成果主要转化至境内中小微企业。2021 年，高校院所科技成

果以转让、许可、作价投资方式转化到境内、境外的合同金额分别是225.4 亿元、2.0 亿元，占比分别为 99.1%、0.9%（图 1-2-16），科技成果以转让、许可、作价投资方式转化到境内、境外的合同项数分别是 23 311 项、22 项，占比分别为 99.9%、0.1%（图 1-2-17）。

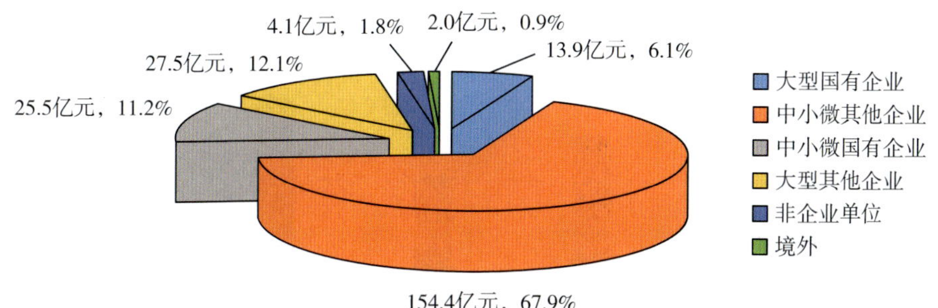

图 1-2-16　高校院所与境内外单位签订的以转让、许可、作价投资方式转化的科技成果转化去向、合同金额及占比情况

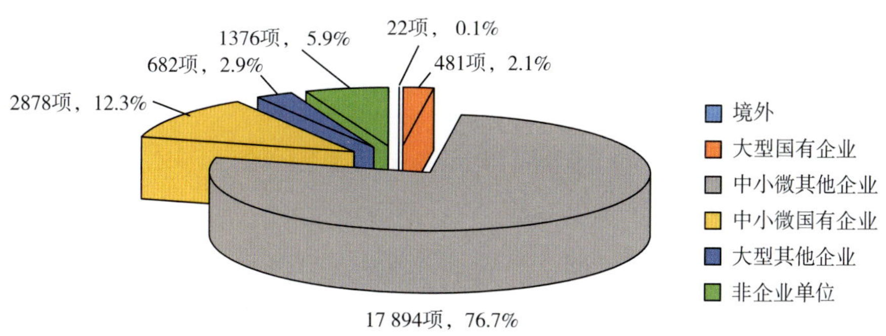

图 1-2-17　高校院所与境内外单位签订的以转让、许可、作价投资方式转化的科技成果转化去向、合同项数及占比情况

在境内转化的科技成果中，转化至中小微企业、大型企业、非企业单位的科技成果合同金额分别为 179.9 亿元、41.4 亿元、4.1 亿元，占总合同金额的比重分别为 79.1%、18.2%、1.8%，比重比上一年分别增长 12.7%、增长 7.2%、下降 22.8%（图 1-2-18）。转化至中小微企业、

非企业单位、大型企业的科技成果合同项目数分别为 20 772 项、1376 项、1163 项，占科技成果转化总合同数的比重分别为 89.0%、5.9%、5.0%，比重分别比上一年分别增长 11.0%、下降 3.1%、增长 18.5%（图 1-2-19）。

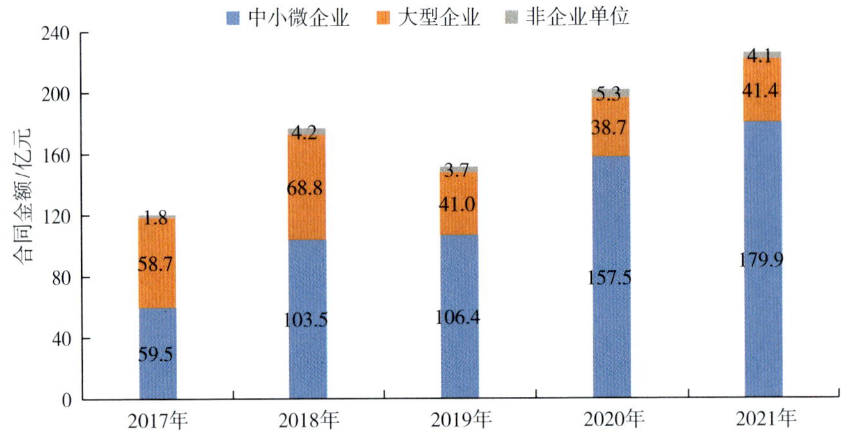

图 1-2-18　高校院所以转让、许可、作价投资方式转化的科技成果与境内单位签订的合同金额

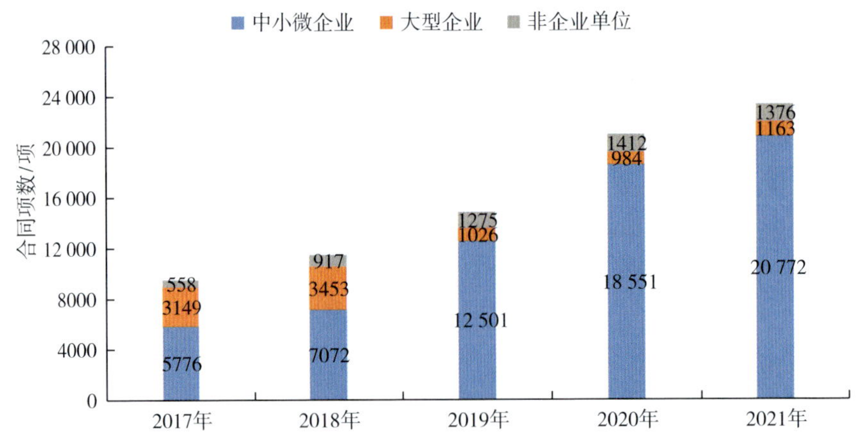

图 1-2-19　高校院所以转让、许可、作价投资方式转化的科技成果与境内单位签订的合同项数

（二）转化至单位所在地

3649 家高校院所中科技成果转化至上海市的合同金额最高，转化至江苏省的合同项数最多。按照科技成果转化至单位所在地统计，2021 年高校院所以转让、许可、作价投资方式转化科技成果地方合同金额排名居前 3 位的省份分别是上海市、江苏省、广东省，科技成果转化总合同金额分别为 36.9 亿元、25.3 亿元、22.7 亿元，占以转让、许可、作价投资方式转化总合同金额的比重分别为 16.2%、11.1%、10.0%（图 1-2-20）。转化至地方成果合同项数排名居前 3 位的省份分别是江苏省、广东省、浙江省，合同项数分别为 4243 项、2158 项、1952 项。

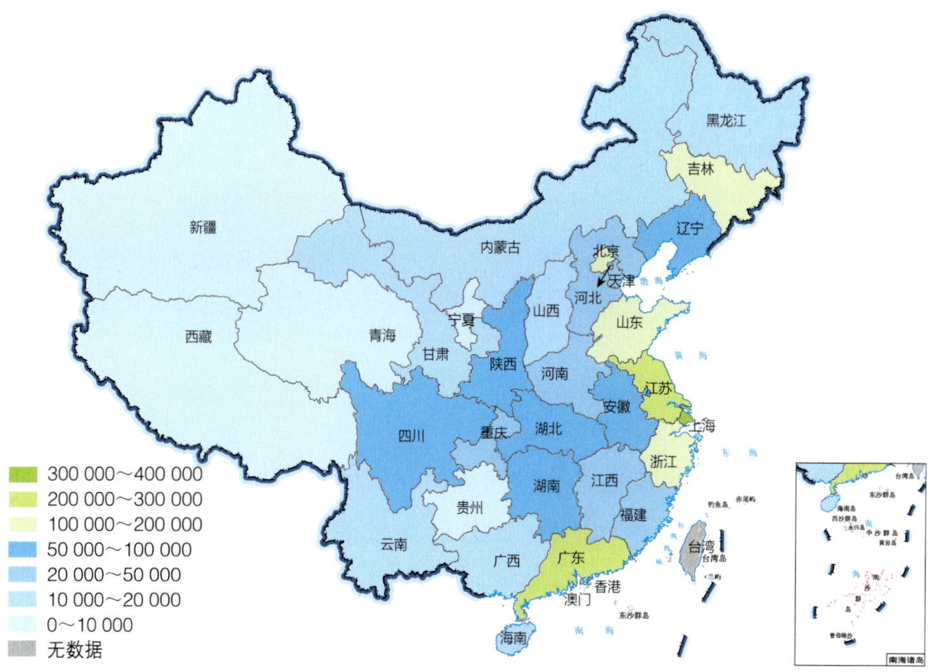

图 1-2-20 高校院所与各地方辖区单位签订的以转让、许可、作价投资方式转化的合同金额（单位：万元）区间分布

按地方承接科技成果所属行业领域统计，2021 年承接高校院所转让、许可、作价投资成果合同金额排名居前 10 位的省份中合同金额最高的行业领域有 7 个是制造业，3 个是科学研究和技术服务业（表 1–2–3）。

表 1–2–3　2021 年承接高校院所以转让、许可、作价投资成果合同金额排名居前 10 位的省份

排名	省份	总合同金额 / 万元	合同金额最高的行业
1	上海市	369 434.3	制造业
2	江苏省	252 840.2	制造业
3	广东省	227 263.8	制造业
4	北京市	190 745.2	制造业
5	山东省	184 535.4	科学研究和技术服务业
6	浙江省	151 421.7	科学研究和技术服务业
7	吉林省	135 962.2	制造业
8	辽宁省	85 238.4	制造业
9	安徽省	84 789.7	科学研究和技术服务业
10	湖南省	72 078.4	制造业

（三）转化至行业领域

科技成果转化至制造业的合同金额和合同项数均最多。按照科技成果应用的行业领域[①]统计显示，2021 年高校院所在境内以转让、许可、

① 按照国民经济行业门类，选取与科技相关性强的 9 个门类作为选项，剩余门类均归为“其他”，包括：①农、林、牧、渔业；②制造业；③电力、热力、燃气及水生产和供应业；④交通运输、仓储和邮政业；⑤信息传输、软件和信息技术服务业；⑥科学研究和技术服务业；⑦水利、环境和公共设施管理业；⑧卫生和社会工作；⑨文化、体育和娱乐业；⑩其他。

作价投资方式转化合同金额排名居前3位的依次是“制造业”“科学研究和技术服务业”“卫生和社会工作”，其总合同金额分别为94.6亿元、58.0亿元、24.3亿元，占以转让、许可、作价投资方式转化总合同金额的比重分别为41.6%、25.5%、10.7%（图1-2-21）；合同项数排名居前3位的依次是“制造业”“科学研究和技术服务业”“农、林、牧、渔业”，其合同项数分别为7630项、5002项、4063项。

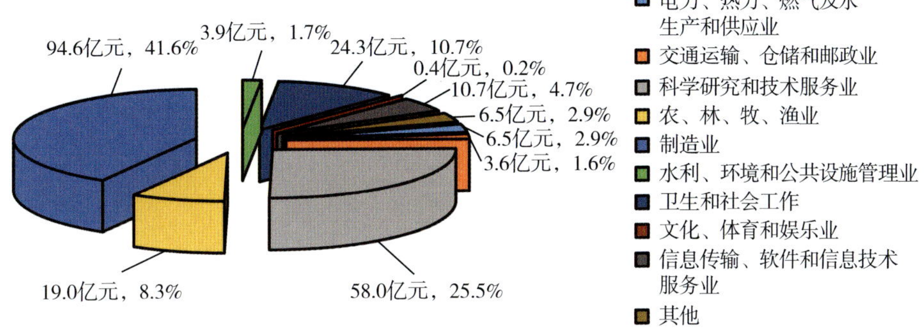

图1-2-21　高校院所以转让、许可、作价投资方式境内转化科技成果合同金额的行业领域分布

（四）本地转化和跨区域转化

50%以上（按合同金额占比计）科技成果在本地实现转化，服务本地企业，促进本地经济发展。按照高校院所科技成果产出区域和转让、许可、作价投资转化至的区域统计，2021年，在本地方实现转化合同金额排名居前3位的省份分别是上海市（31.0亿元）、北京市（16.3亿元）、吉林省（13.0亿元）（表1-2-4）。

表 1-2-4 高校院所与本辖区内单位签订的以转让、许可、作价投资方式转化科技成果合同金额排名居前 10 位的省份

排名	省份	本地转化合同金额 / 亿元	占本地产出合同金额的比重	本地转化合同项数 / 项	占本地产出合同项数的比重
1	上海市	31.00	55.1%	410	52.9%
2	北京市	16.31	38.8%	837	44.2%
3	吉林省	13.03	91.8%	157	51.8%
4	广东省	11.77	85.3%	1078	75.8%
5	江苏省	10.53	62.7%	3209	74.2%
6	辽宁省	7.72	61.9%	484	62.1%
7	山东省	7.67	86.4%	949	61.5%
8	湖南省	5.03	58.7%	353	66.4%
9	安徽省	4.43	88.8%	565	71.9%
10	浙江省	3.47	61.9%	1377	71.9%

2021 年，本地方辖区内高校院所科技成果以转让、许可、作价投资方式转化到外区域的合同金额为 92.2 亿元，占总合同金额的 40.5%；合同项数为 7884 项，占总合同项数的 33.8%。

承接其他地方科技成果合同金额排名居前 3 位的省份分别是江苏省（14.8 亿元）、浙江省（11.7 亿元）、广东省（11.0 亿元）（图 1-2-22）；合同项数排名居前 3 位的省份分别是广东省（1080 项）、江苏省（1034 项）、北京市（712 项）（图 1-2-23）。

本地方产出科技成果输出至其他地方合同金额排名居前 3 位的省份分别是北京市（25.7 亿元）、上海市（25.3 亿元）、江苏省（6.3 亿元）（图 1-2-22）；合同项数排名居前 3 位的省份分别是江苏省（1117 项）、北京市（1055 项）、山东省（593 项）（图 1-2-23）。

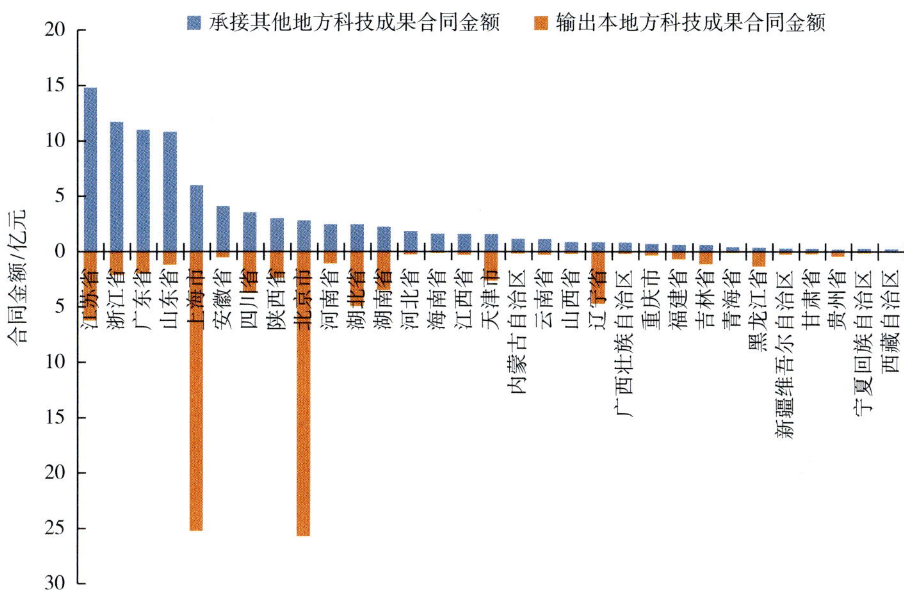

图 1-2-22　各地方高校院所以转让、许可、作价投资方式承接其他地方和输出本地科技成果的合同金额统计

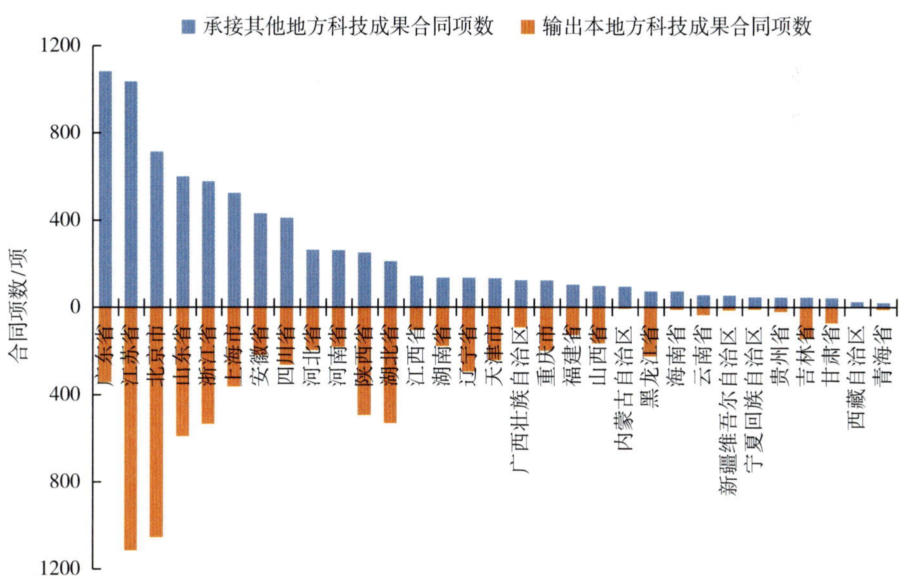

图 1-2-23　各地方高校院所以转让、许可、作价投资方式承接其他地方和输出本地科技成果的合同项数统计

第三章
财政资助项目的科技成果转化

受财政资助产生的科技成果以转让、许可、作价投资方式转化的合同金额和项数均有所增长。其中，中央财政资助项目产生的科技成果转化合同金额和项数也均有所增长。

一、总体情况

（一）全国财政资助项目[①]成果转化情况

受全国财政资助项目成果合同金额和合同项数均有所增长。2021年，高校院所受财政资助项目成果以转让、许可、作价投资方式转化的合同金额为82.8亿元，比上一年增长19.2%，占高校院所以转让、许可、作价投资方式转化总合同金额（227.4亿元）的36.4%；合同项数为3958项，比上一年增长14.5%，占高校院所以转让、许可、作价投资方式转化总合同项数（23 333项）的17.0%（图1-3-1）。

① 全国财政资助项目包括中央财政资助项目和地方财政资助项目。

图 1-3-1　高校院所受财政资助项目成果以转让、许可、作价投资转化的合同金额和合同项数情况

（二）中央财政资助项目成果转化情况

受中央财政资助项目成果以转让、许可、作价投资转化的合同金额和合同项数均有所增长。2021 年，高校院所受中央财政资助项目成果以转让、许可、作价投资方式转化的合同金额为 73.8 亿元，比上一年增长 17.2%，占高校院所受全国财政资助项目成果以转让、许可、作价投资方式转化总合同金额（82.8 亿元）的 89.1%；合同项数为 2478 项，比上一年增长 11.0%，占高校院所受全国财政资助项目成果以转让、许可、作价投资方式转化总合同项数（3958 项）的 62.6%（图 1-3-2）。

图 1-3-2　高校院所受中央财政资助项目成果以转让、许可、作价投资方式转化的合同金额和合同项数

二、中央所属高校院所科技成果转化

（一）全国财政资助项目成果转化情况

中央所属高校院所受全国财政资助项目成果以转让、许可、作价投资转化的合同金额有所增长，合同项数略有增长。2021 年，中央所属高校院所受财政资助项目成果以转让、许可、作价投资方式转化的合同金额为 69.8 亿元，比上一年增长 17.8%，占中央所属高校院所受全国财政资助项目成果以转让、许可、作价投资方式转化总合同金额（161.4 亿元）的 43.2%；合同项数为 2024 项，比上一年增长 7.9%，占中央所属高校院所受全国财政资助项目成果以转让、许可、作价投资方式转化总合同项数（6319 项）的 32.0%（图 1-3-3）。

图 1-3-3　中央所属高校院所受财政资助项目成果以转让、许可、作价投资方式转化的合同金额和合同项数

（二）中央财政资助项目成果转化情况

中央所属高校院所受中央财政资助项目成果以转让、许可、作价投资方式转化合同金额有所增长，合同项数略有增长。2021 年，中央所属高校院所受中央财政资助项目成果以转让、许可、作价投资方式转化的合同金额为 64.6 亿元，比上一年增长 14.1%，占中央所属高校院所受全国财政资助项目成果以转让、许可、作价投资方式转化总合同金额（69.8 亿元）的 92.7%；合同项数为 1703 项，比上一年增长 5.9%，占中央所属高校院所受全国财政资助项目成果以转让、许可、作价投资方式方式转化总合同项数（2024 项）的 84.1%（图 1-3-4）。

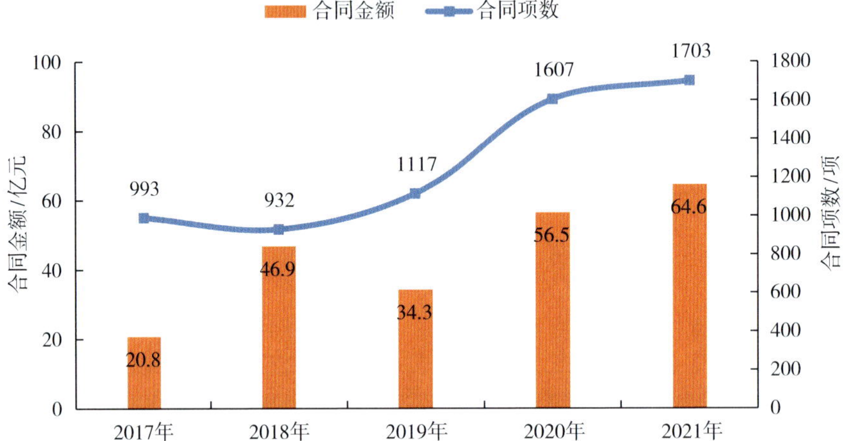

图 1-3-4　中央所属高校院所受中央财政资助项目成果以转让、许可、作价投资方式转化的合同金额和合同项数

三、地方所属高校院所科技成果转化

（一）全国财政资助项目成果转化情况

地方所属高校院所受全国财政资助项目成果以转让、许可、作价投资方式转化的合同金额和合同项数均明显增长。2021 年，地方所属高校院所受全国财政资助项目成果以转让、许可、作价投资方式转化的合同金额为 13.0 亿元，比上一年增长 27.4%，占地方所属高校院所受全国财政资助项目成果以转让、许可、作价投资方式转化总合同金额（66.0 亿元）的 19.7%；合同项数为 1934 项，比上一年增长 22.3%，占地方高校院所受全国财政资助项目成果以转让、许可、作价投资方式转化总合同项数（17 014 项）的 11.4%（图 1-3-5）。

2021 年，地方所属高校院所受全国财政资助项目成果以转让、许可、作价投资方式转化的合同金额排名居前 3 位的省份分别是上海市（2.4 亿元）、浙江省（1.8 亿元）、北京市（1.5 亿元）（图 1-3-6）。

图 1-3-5　地方所属高校院所受财政资助项目成果以转让、许可、作价投资方式转化的合同金额和合同项数

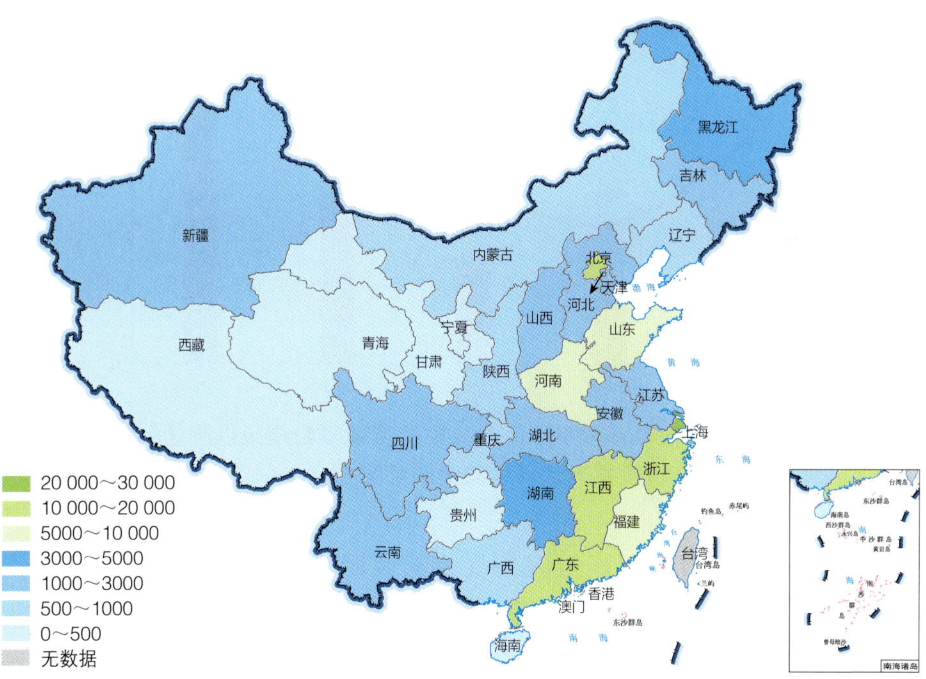

图 1-3-6　地方所属高校院所受财政资助项目成果以转让、许可、作价投资方式转化的合同金额（单位：万元）区间分布

（二）中央财政资助项目成果转化成果

地方所属高校院所受中央财政资助项目成果以转让、许可、作价投资转化的合同金额显著增长，合同项数明显增长。2021 年，地方所属高校院所受中央财政资助项目成果以转让、许可、作价投资方式转化的合同金额为 9.1 亿元，比上一年增长 44.6%，占地方所属高校院所受全国财政资助项目成果以转让、许可、作价投资方式转化总合同金额（13.0 亿元）的 70.2%；合同项数为 775 项，比上一年增长 24.3%，占地方所属高校院所受全国财政资助项目成果以转让、许可、作价投资方式转化总合同项数（1934 项）的 40.1%（图 1–3–7）。

图 1–3–7　地方所属高校院所受中央财政资助项目成果以转让、许可、作价投资方式转化的合同金额和合同项数

2021 年，地方所属高校院所受中央财政资助项目成果以转让、许可、作价投资方式转化的合同金额排名居前 3 位的省份分别是上海市（2.4 亿元）、浙江省（1.7 亿元）、北京市（1.5 亿元）（图 1–3–8）。

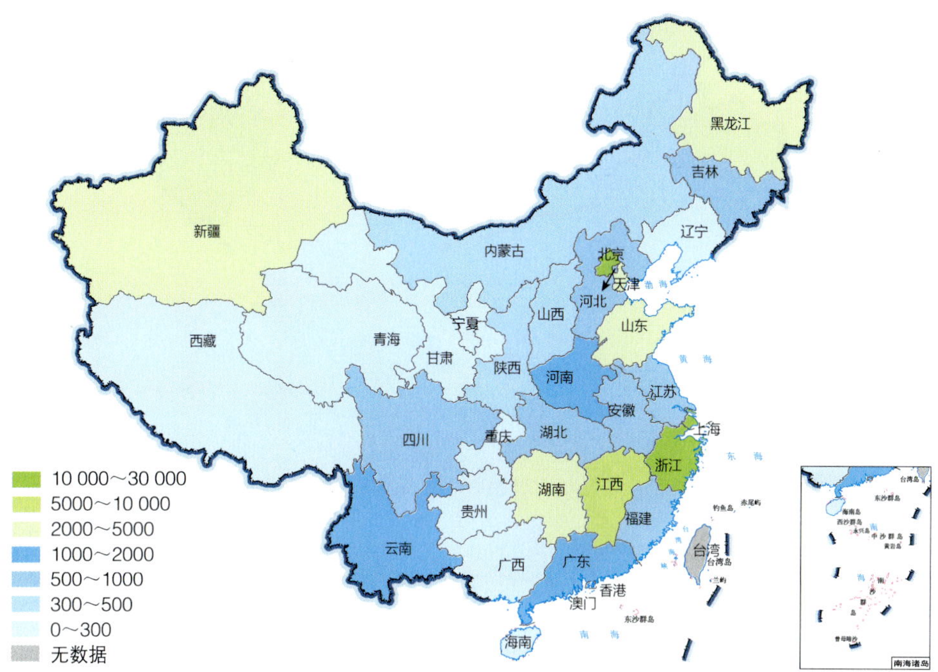

图 1-3-8 地方所属高校院所受中央财政资助项目成果以转让、许可、作价投资方式转化的合同金额（单位：万元）区间

四、辖区内高校院所科技成果转化

（一）全国财政资助项目成果转化情况

按照高校院所所在地统计，2021 年各地方辖区内高校院所受全国财政资助项目成果以转让、许可、作价投资方式转化的合同金额排名居前 3 位的省份分别是上海市（25.1 亿元）、北京市（16.3 亿元）、吉林省（12.7 亿元）（图 1-3-9）。

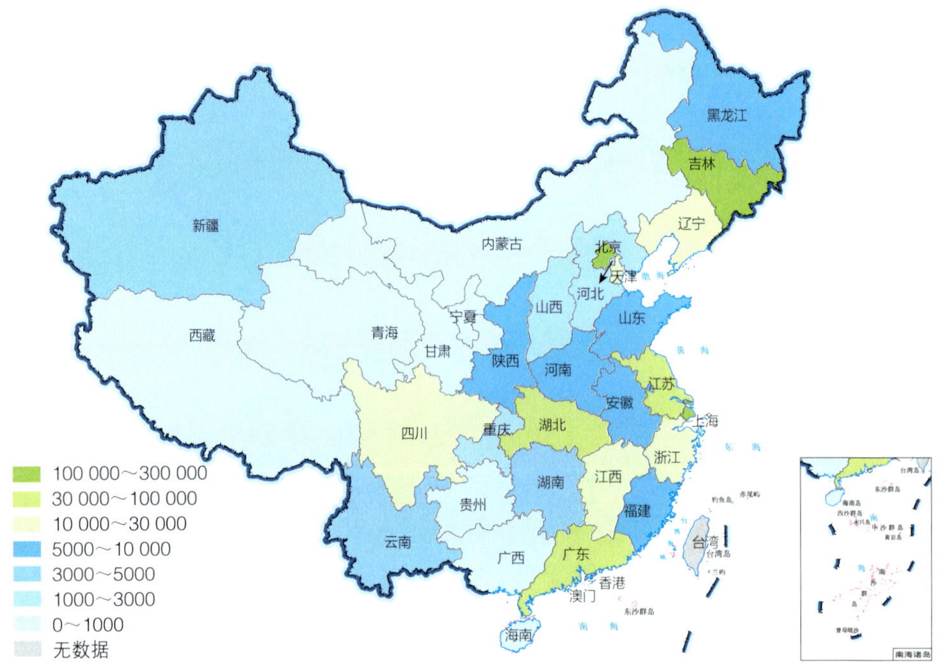

图 1-3-9 各地方辖区内高校院所受财政资助项目成果以转让、许可、作价投资方式转化的合同金额（单位：万元）区间分布

（二）中央财政资助项目成果转化情况

2021 年各地方辖区内的高校院所受中央财政资助项目成果以转让、许可、作价投资方式转化的合同金额排名居前 3 位的省份分别是上海市（24.7 亿元）、北京市（15.8 亿元）、吉林省（12.7 亿元）（图 1-3-10）。

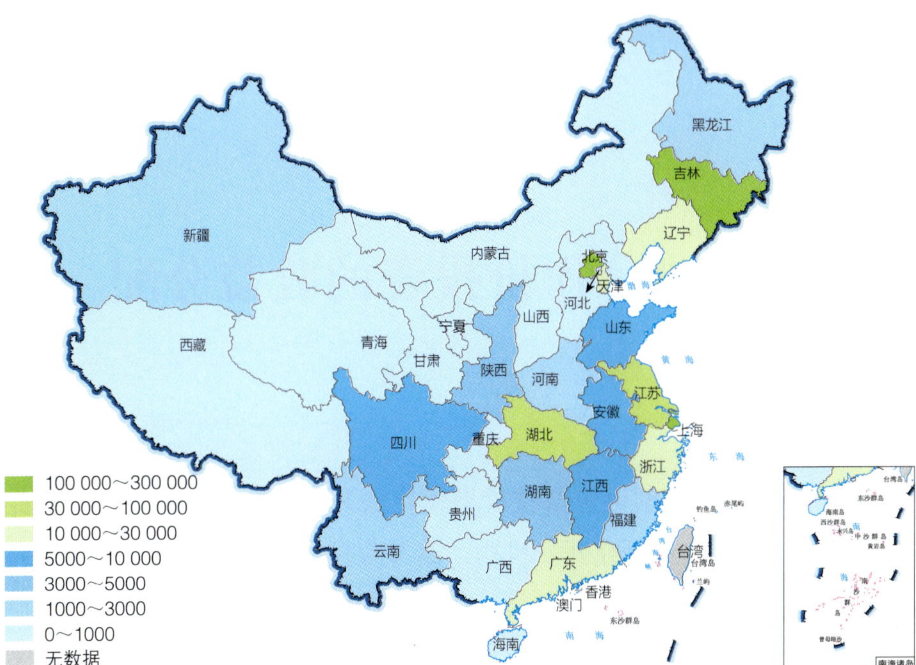

图 1-3-10　各地方辖区内高校院所受中央财政资助项目成果以转让、许可、作价投资方式转化的合同金额（单位：万元）区间分布

第四章
转让、许可、作价投资的收益分配

《中华人民共和国促进科技成果转化法》将科技成果的使用权、处置权和收益权下放到研究开发机构、高等院校，科技成果转化后由科技成果完成单位对完成、转化该项科技成果做出重要贡献的人员给予奖励和报酬，并规定转让、许可给他人实施的职务科技成果现金奖励比例不低于成果转化净收入的 50%，作价投资的职务科技成果股权奖励不低于股份或出资比例的 50%。《实施〈中华人民共和国促进科技成果转化法〉若干规定》要求，在研究开发和科技成果转化中做出主要贡献的人员，获得奖励的份额不低于奖励总额的 50%。

一、总体情况

（一）现金和股权收益分配

高校院所以转让、许可、作价投资方式转化的现金和股权总收入明显增长，个人获得的现金和股权奖励显著增长。2021 年，高校院所当年实际完成分配的现金和股权总收入为 132.5 亿元，比上一年增长 29.7%；个人获得的现金和股权奖励金额为 80.7 亿元，比上一年增长

43.2%，奖励个人金额超过 1 亿元的高校院所有 15 家；研发与转化主要贡献人员获得的现金和股权奖励金额为 73.0 亿元，比上一年增长 37.7%（图 1-4-1）。

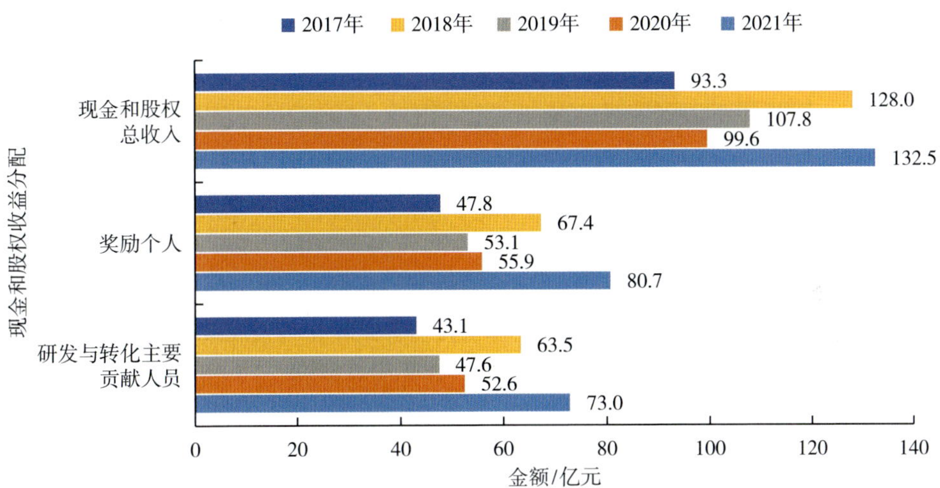

图 1-4-1 高校院所以转让、许可、作价投资方式转化科技成果实现的现金和股权收益分配情况

2021 年，高校院所个人获得的现金和股权奖励占现金和股权收入的比重为 60.9%，比上一年（56.2%）增长 10.4%（图 1-4-2）；研发与转化主要贡献人员获得的奖励占奖励个人金额的比重为 90.4%，比上一年（94.0%）下降 3.8%，符合《中华人民共和国促进科技成果转化法》和《实施〈中华人民共和国促进科技成果转化法〉若干规定》的比重要求。奖励人次为 75 770 人次，比上一年增长 11.5%；人均奖励金额 10.7 万元，比上一年增长 28.4%。

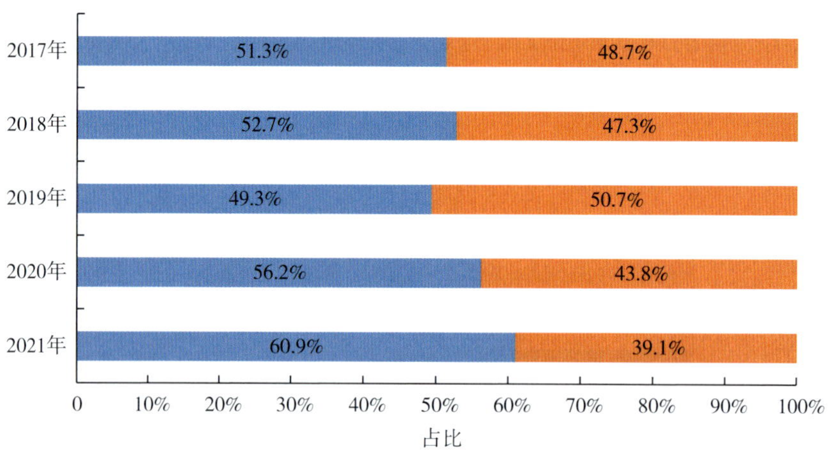

图 1-4-2　高校院所以转让、许可、作价投资方式转化科技成果实现的现金和股权收益奖励个人和留归单位占比

（二）现金收益分配

高校院所以转让、许可方式转化科技成果获得的现金收入明显增长，个人获得的现金奖励显著增长。2021 年，高校院所当年实际完成分配的转让、许可现金收入总金额为 71.5 亿元，比上一年增长 39.6%；个人获得的现金奖励金额为 44.8 亿元，比上一年增长 59.3%；奖励个人金额超过 1 亿元的高校院所有 6 家；研发与转化主要贡献人员获得的现金奖励金额为 38.7 亿元，比上一年增长 54.1%（图 1-4-3）。

2021 年，高校院所个人获得的现金奖励占现金收入的比重为 62.6%，比上一年（56.6%）增长 10.7%（图 1-4-4）；研发与转化主要贡献人员获得的奖励占奖励个人金额的比重为 86.5%，比上一年（89.4%）下降 3.3%。奖励人次为 73 540 人次，比上一年增长 11.2%；人均奖励金额为 6.1 万元，比上一年增长 43.2%。

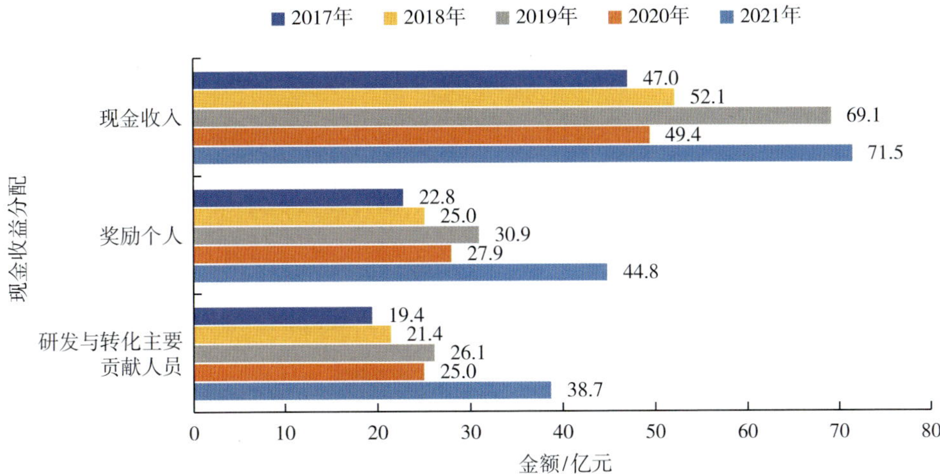

图 1-4-3　高校院所以转让、许可方式转化科技成果实现的现金收益分配情况

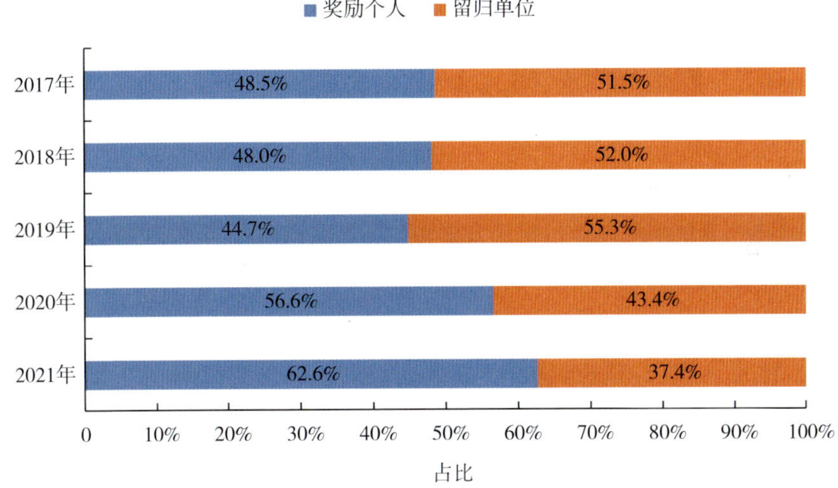

图 1-4-4　高校院所以转让、许可方式转化科技成果实现的现金收益奖励个人和留归单位占比

（三）股权收益分配

高校院所以作价投资方式转化科技成果实现的股权收入和个人获得

的股权奖励均明显增长。2021 年，高校院所当年实际完成分配的作价投资股权收入为 61.0 亿元，比上一年增长 20.0%；个人获得的股权奖励金额为 36.0 亿元，比上一年增长 27.0%；奖励个人金额超过 1 亿元的高校院所有 10 家；研发与转化主要贡献人员获得的股权奖励金额为 34.3 亿元，比上一年增长 22.8%（图 1-4-5）。

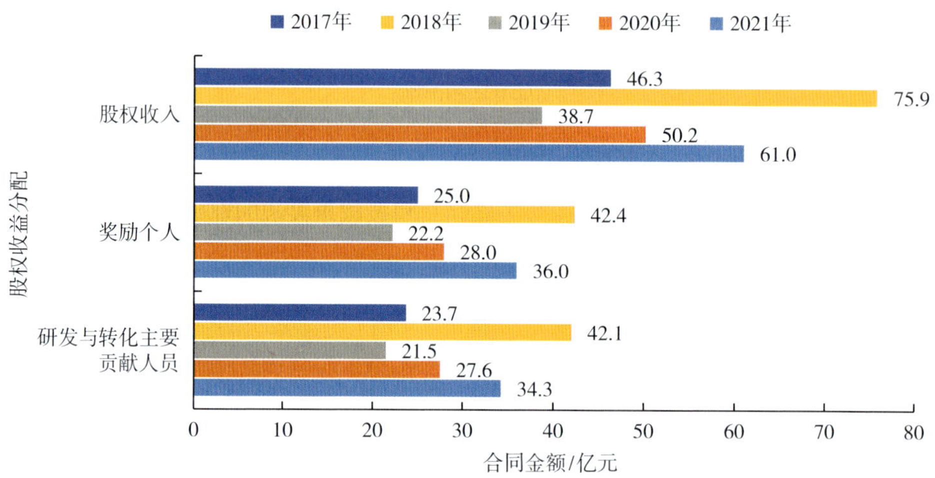

图 1-4-5　高校院所以作价投资方式转化科技成果实现的股权收益分配情况

2021 年，高校院所个人获得的股权奖励占股权收入的比重为 58.9%，比上一年（55.8%）增长 5.7%（图 1-4-6）；研发与转化主要贡献人员获得的奖励占奖励个人金额的比重为 95.3%，比上一年（98.6%）下降 3.4%。奖励人次为 2230 人次，比上一年增长 24.1%；人均奖励金额为 161.3 万元，比上一年增长 2.3%，人均股权奖励金额是人均现金奖励金额的 26.5 倍。

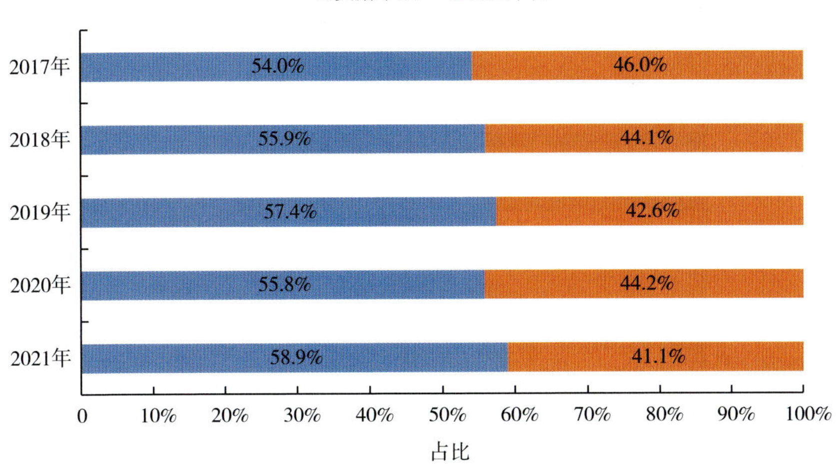

图 1-4-6 高校院所以作价投资方式转化科技成果实现的股权权益奖励个人和留归单位占比

二、中央所属高校院所收益分配

（一）现金和股权收益分配

中央所属高校院所以转让、许可、作价投资方式转化科技成果获得的现金和股权总收入明显增长，个人获得的现金和股权奖励显著增长。2021 年，中央所属高校院所当年实际完成分配的现金和股权收入总金额为 97.6 亿元，比上一年增长 36.7%；个人获得的现金和股权奖励金额为 57.3 亿元，比上一年增长 48.4%；研发与转化主要贡献人员获得的现金和股权奖励金额为 51.4 亿元，比上一年增长 39.1%（图 1-4-7）。

2021 年，中央所属高校院所个人获得的现金和股权奖励占现金和股权收入的比重为 58.7%，比上一年（55.3%）增长 6.0%（图 1-4-8）；研发与转化主要贡献人员获得的奖励占奖励个人金额的比重为 89.8%，比上一年（95.8%）有所下降。奖励人次为 24 614 人次，比上一年下降

3.3%；人均奖励金额为 23.3 万元，比上一年增长 53.5%。

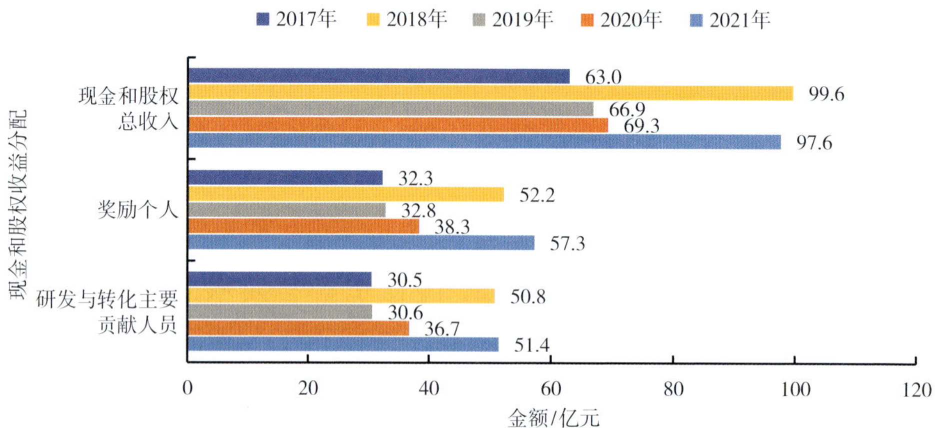

图 1-4-7　中央所属高校院所以转让、许可、作价投资方式转化科技成果实现的现金和股权收益分配情况

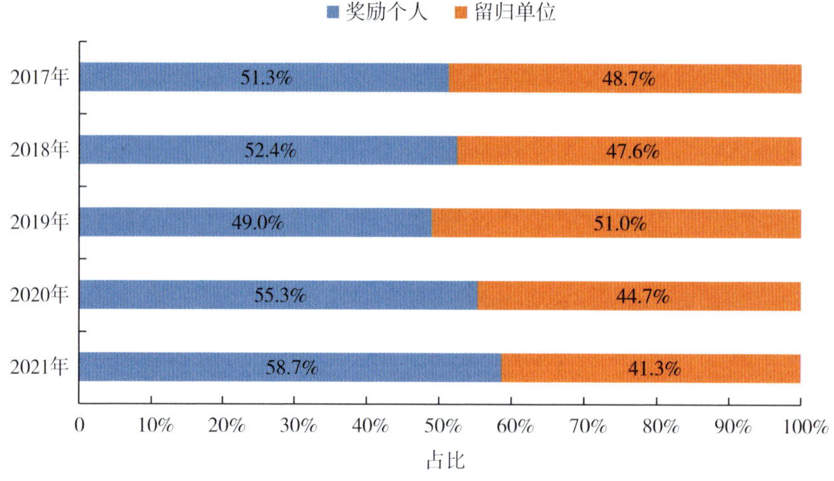

图 1-4-8　中央所属高校院所以转让、许可、作价投资方式转化成果实现的现金和股权收益奖励个人和留归单位占比

（二）现金收益分配

中央所属高校院所以转让、许可方式转化科技成果获得的现金收入大幅增长，个人获得的现金奖励大幅增长。2021 年，中央所属高校院所当年实际完成分配的转让、许可现金收入为 48.9 亿元，比上一年增长 67.0%；个人获得的现金奖励金额为 29.1 亿元，比上一年增长 78.4%；研发与转化主要贡献人员获得的现金奖励金额为 24.9 亿元，比上一年增长 69.5%（图 1-4-9）。

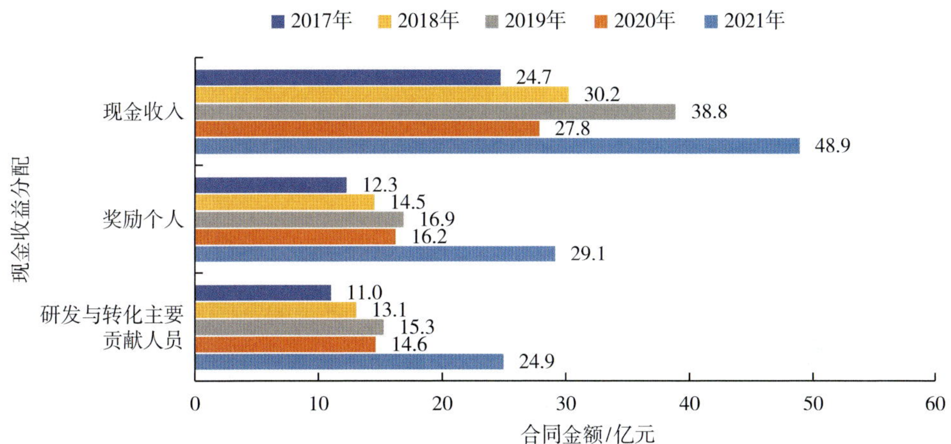

图 1-4-9　中央所属高校院所以转让、许可方式转化科技成果实现的现金收益奖励分配情况

2021 年，中央所属高校院所以转让、许可方式奖励个人的现金占现金收入的比重为 59.6%，比上一年（58.4%）增长 2.1%（图 1-4-10）；研发与转化主要贡献人员获得的奖励占奖励个人金额的比重为 85.6%，比上一年（90.2%）下降 5.0%。奖励人次为 22 965 人次，比上一年下降 5.7%；人均奖励金额为 12.7 万元，比上一年增长 89.3%。

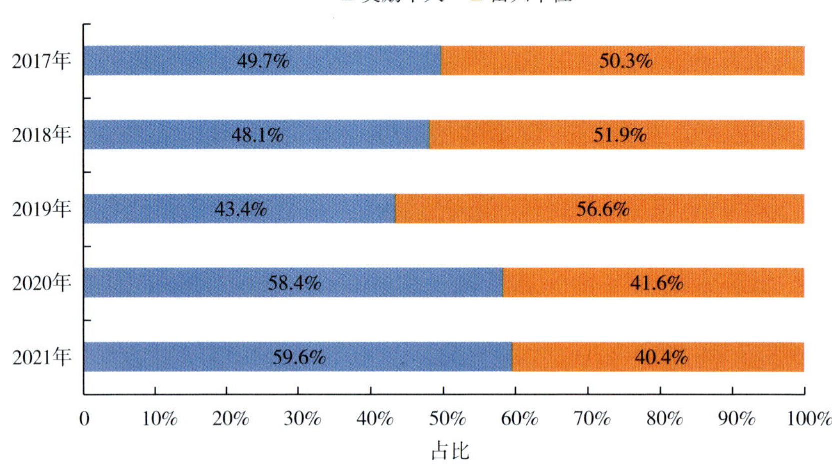

图 1-4-10　中央所属高校院所以转让、许可方式转化科技成果的现金收益奖励个人和留归单位占比

（三）股权收益分配

中央所属高校院所以作价投资方式获得的股权收入有所增长，个人获得的股权奖励明显增长。2021 年，中央所属高校院所当年实际完成分配的作价投资股权收入总金额为 48.8 亿元，比上一年增长 16.5%；个人获得的股权奖励金额为 28.2 亿元，比上一年增长 26.3%；研发与转化主要贡献人员获得的股权奖励金额为 26.5 亿元，比上一年增长 19.1%（图 1-4-11）。

2021 年，中央所属高校院所个人获得的股权奖励占股权收入的比重为 57.7%，较上一年（53.3%）增长 8.3%（图 1-4-12）；研发与转化主要贡献人员获得的股权奖励占奖励个人金额的比重为 94.1%，较上一年（99.9%）下降 5.8%。奖励人次为 1649 人次，比上一年增长 60.9%；人均奖励金额为 170.7 万元，比上一年下降 21.5%。

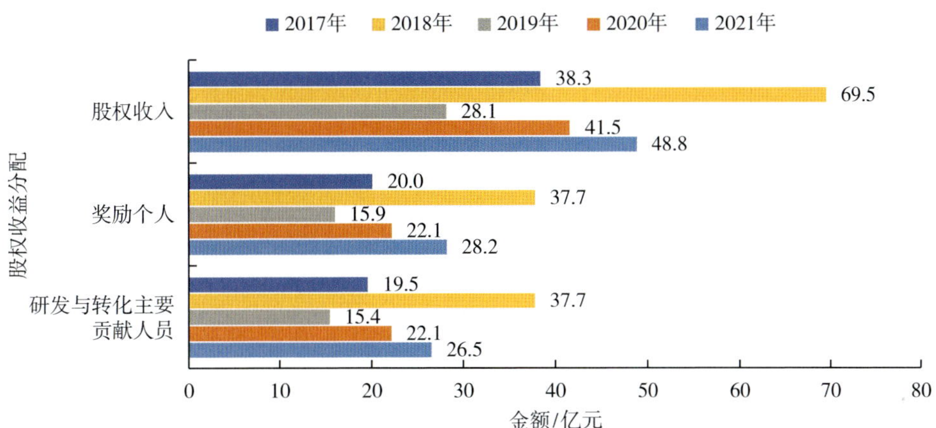

图 1-4-11　中央所属高校院所以作价投资方式转化科技成果实现的股权收益分配情况

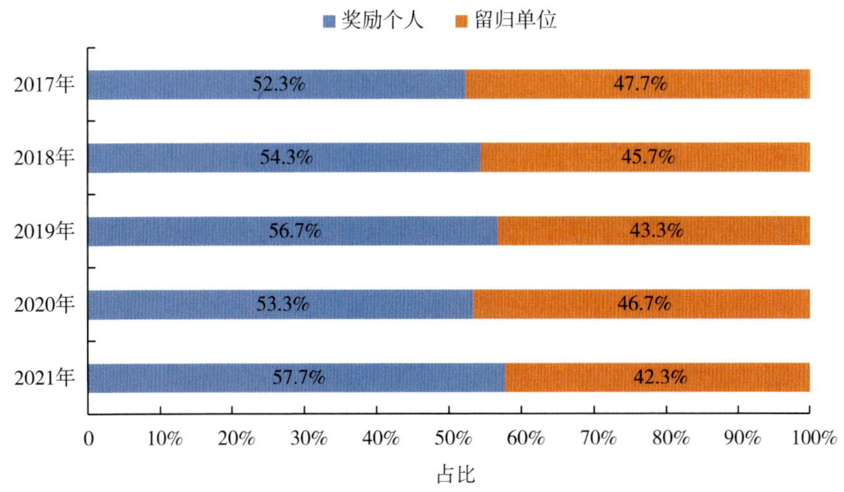

图 1-4-12　中央所属高校院所以作价投资方式转化科技成果实现的股权收益奖励个人和留归单位占比

三、地方所属高校院所收益分配

（一）现金和股权收益分配

地方所属高校院所以转让、许可、作价投资方式转化科技成果获得的现金和股权总收入有所增长，个人获得的现金和股权奖励明显增长。2021 年，地方所属高校院所当年实际完成分配的现金和股权总收入为 34.8 亿元，比上一年增长 13.5%；个人获得的现金和股权奖励金额为 23.4 亿元，比上一年增长 31.8%；研发与转化主要贡献人员获得的现金和股权奖励金额为 21.5 亿元，比上一年增长 34.3%（图 1-4-13）。

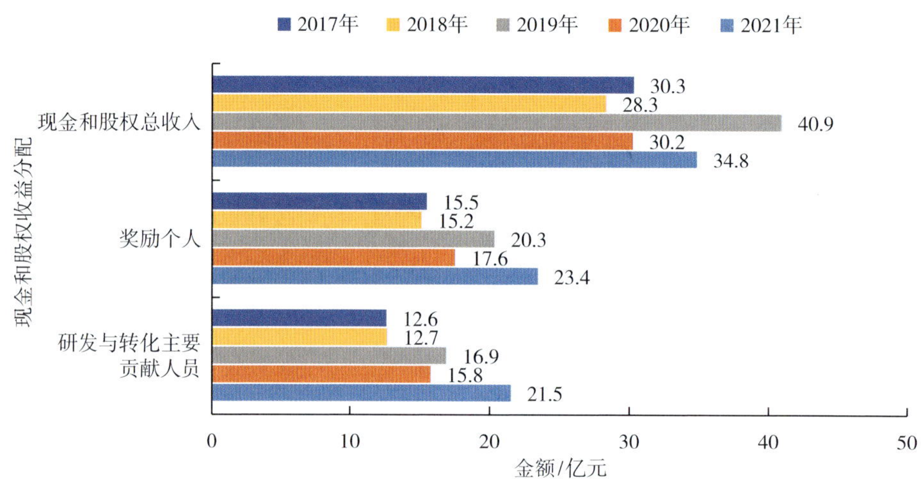

图 1-4-13　地方所属高校院所以转让、许可、作价投资方式转化科技成果实现的现金和股权收益分配情况

2021 年，地方所属高校院所以转让、许可、作价投资方式转化科技成果个人获得的现金和股权奖励占现金和股权收入的比重为 67.3%，比上一年（58.0%）增长 15.9%（图 1-4-14）；研发与转化主要贡献人员获得的奖励占奖励个人金额的比重为 91.8%，比上一年（90.1%）增长 1.9%。奖励人次为 51 156 人次，比上一年增长 20.4%；人均奖励金额为 4.6 万元，比上一年增长 9.5%。

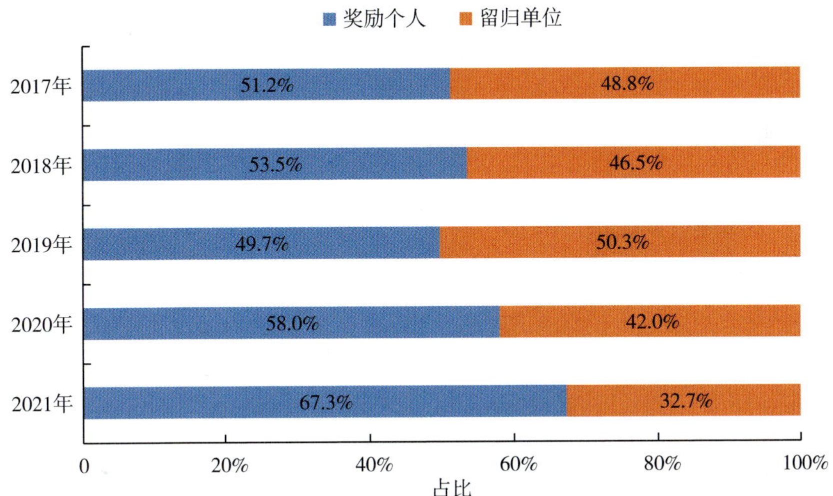

图 1-4-14　地方所属高校院所以转让、许可、作价投资方式转化科技成果实现的现金和股权收益奖励个人和留归单位占比

2021 年，地方所属高校院所以转让、许可、作价投资方式转化科技成果，当年实际完成分配的现金和股权收入金额排名居前 3 位的省份分别是广东省（6.3 亿元）、山东省（4.1 亿元）、江苏省（3.1 亿元）（图 1-4-15）；奖励个人金额排名居前 3 位的省份分别是广东省（3.6 亿元）、山东省（2.6 亿元）、浙江省（2.3 亿元）（图 1-4-16）；奖励研发与转化主要贡献人员金额的排名居前 3 位的省份分别是广东省（3.3 亿元）、山东省（2.6 亿元）、江苏省（2.3 亿元）；奖励人次排名居前 3 位的分别是江苏省（7342 人次）、广东省（4555 人次）、浙江省（4177 人次）。

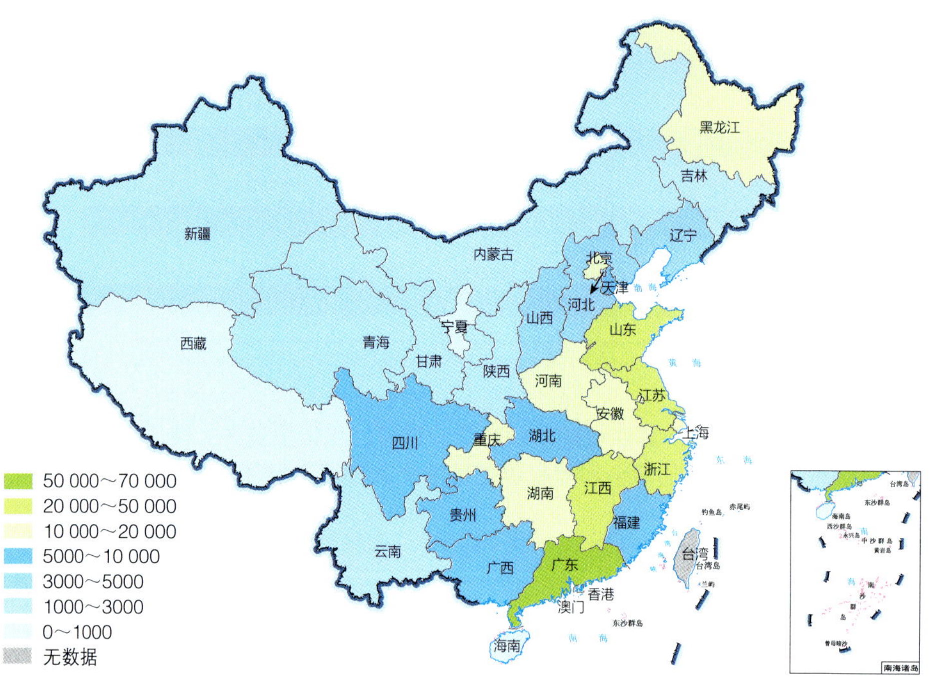

图 1-4-15　地方所属高校院所以转让、许可、作价投资方式转化科技成果实现的现金和股权收入（单位：万元）区间分布

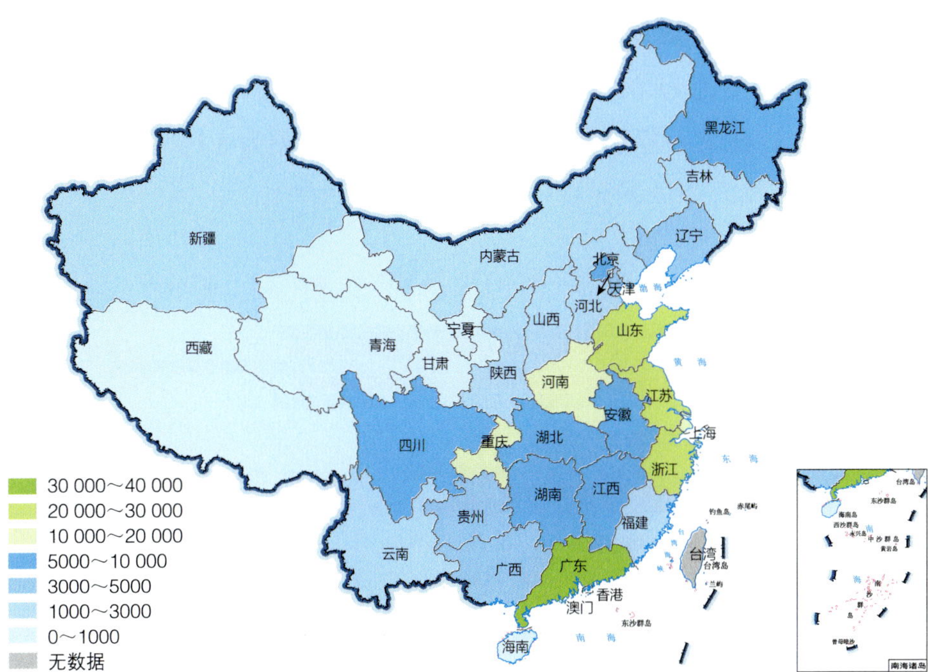

图 1-4-16　地方所属高校院所以转让、许可、作价投资方式转化科技成果实现的现金和股权金额（单位：万元）区间分布

（二）现金收益分配

地方所属高校院所以转让、许可方式转化科技成果获得的现金收入略有增长，个人获得的现金奖励明显增长。2021 年，地方所属高校院所当年实际完成分配的转让、许可现金收入为 22.6 亿元，比上一年增长 4.1%；个人获得的现金奖励金额为 15.6 亿元，比上一年增长 32.8%；研发与转化主要贡献人员获得的现金奖励金额为 13.7 亿元，比上一年增长 32.4%（图 1-4-17）。

2021 年，地方所属高校院所以转让、许可方式转化科技成果个人获得的现金奖励占现金收入的比重为 69.2%，比上一年（54.2%）增长 27.5%（图 1–4–18）；研发与转化主要贡献人员获得的奖励占奖励个人金额的比重为 88.0%，比上一年（88.3%）下降 0.4%。奖励人次为 50 575 人次，比上一年增长 21.1%；人均奖励金额为 3.1 万元，比上一年增长 9.7%。

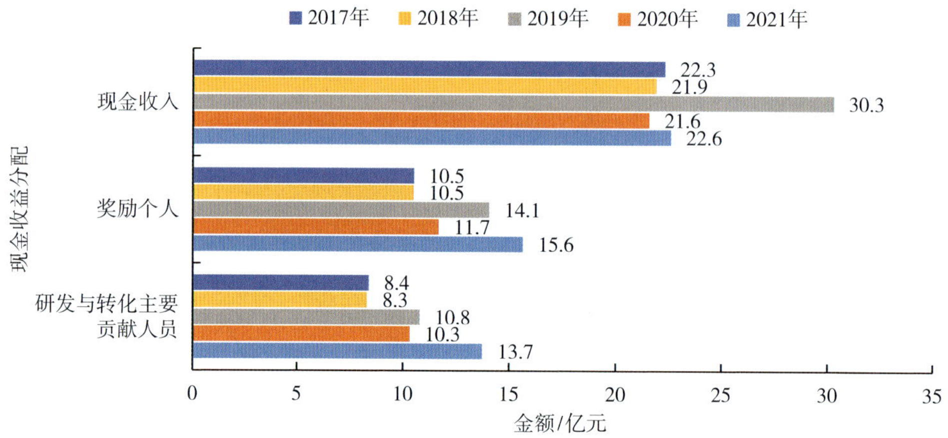

图 1–4–17　地方所属高校院所以转让、许可方式转化科技成果实现的现金收益分配情况

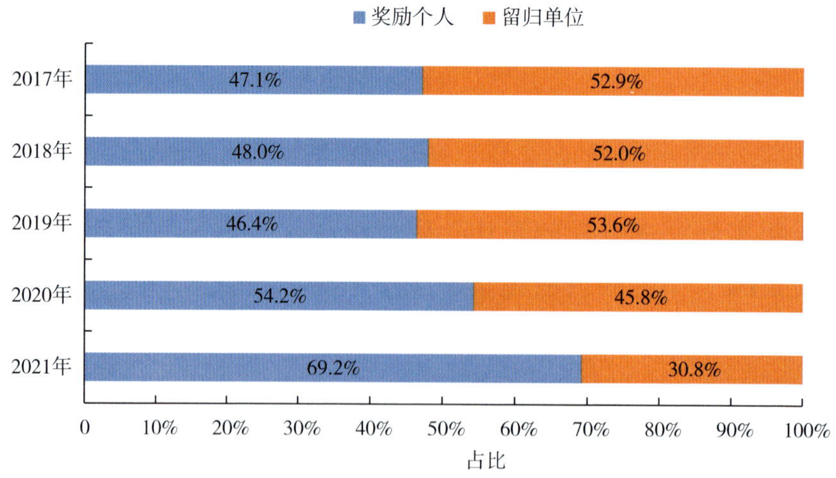

图 1–4–18　地方所属高校院所以转让、许可方式转化科技成果实现的现金收益奖励个人和留归单位占比

（三）股权收益分配

地方所属高校院所以作价投资方式转化科技成果获得的股权收入和个人获得的股权奖励均明显增长。2021 年，地方所属高校院所当年实际完成分配的作价投资股权收入为 12.3 亿元，比上一年增长 37.0%；个人获得的股权奖励金额为 7.8 亿元，比上一年增长 29.8%；研发与转化主要贡献人员获得的股权奖励金额为 7.8 亿元，比上一年增长 38.0%（图 1-4-19）。

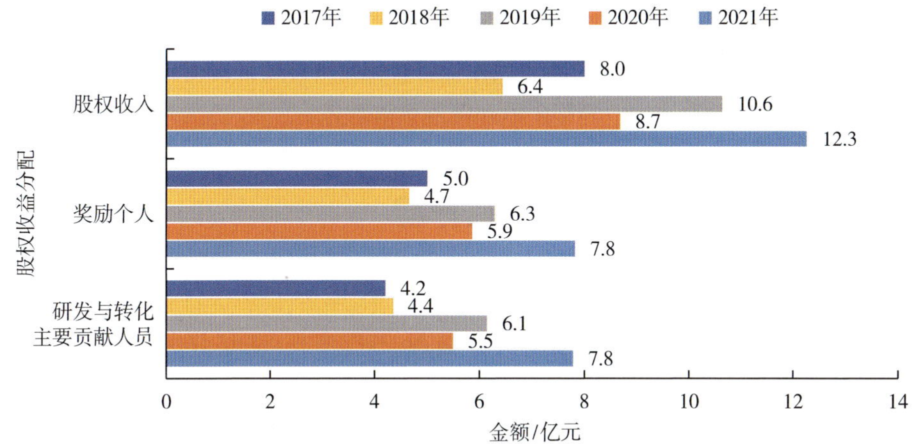

图 1-4-19 地方所属高校院所以作价投资方式转化科技成果实现的股权收益分配情况

2021 年，地方所属高校院所以作价投资方式转化科技成果个人获得的股权奖励占股权收入的比重为 63.8%，比上一年（67.5%）下降 5.4%（图 1-4-20）；研发与转化主要贡献人员获得的奖励占奖励个人金额的比重为 99.5%，比上一年（93.8%）增长 6.1%。奖励人次为 581 人次，比上一年下降 24.4%；人均奖励金额为 134.6 万元，比上一年增长 71.8%。

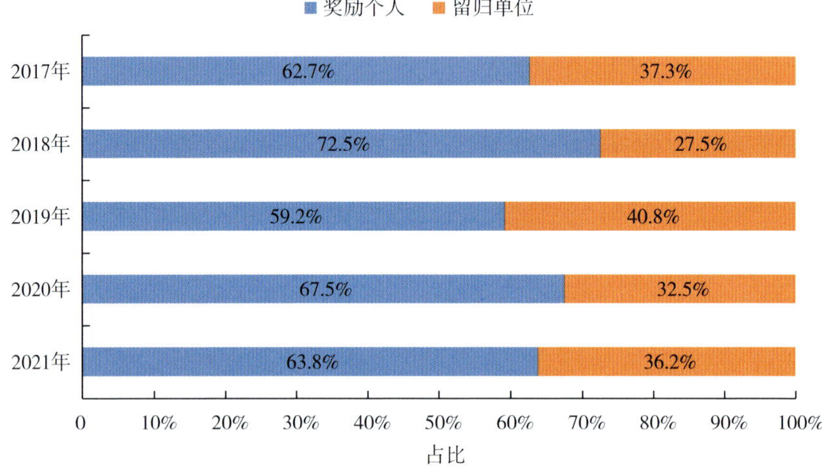

图 1-4-20　地方所属高校院所以作价投资转化科技成果实现的股权收益奖励个人和留归单位占比

四、辖区内高校院所收益分配

按高校院所所在地统计，2021 年，各地方辖区内高校院所以转让、许可、作价投资方式转化科技成果当年实际完成分配的现金和股权收入金额排名居前 3 位的省份分别是北京市（29.2 亿元）、吉林省（13.3 亿元）、广东省（10.2 亿元）；奖励个人金额排名居前 3 位的省份分别是北京市（18.3 亿元）、吉林省（6.9 亿元）、广东省（6.2 亿元）（图 1-4-21）；奖励研发与转化主要贡献人员金额排名居前 3 位的省份分别是北京市（17.4 亿元）、吉林省（6.8 亿元）、广东省（5.9 亿元）；奖励人次排名居前 3 位的省份分别是江苏省（12 164 人次）、北京市（9348 人次）、上海市（5446 人次）。

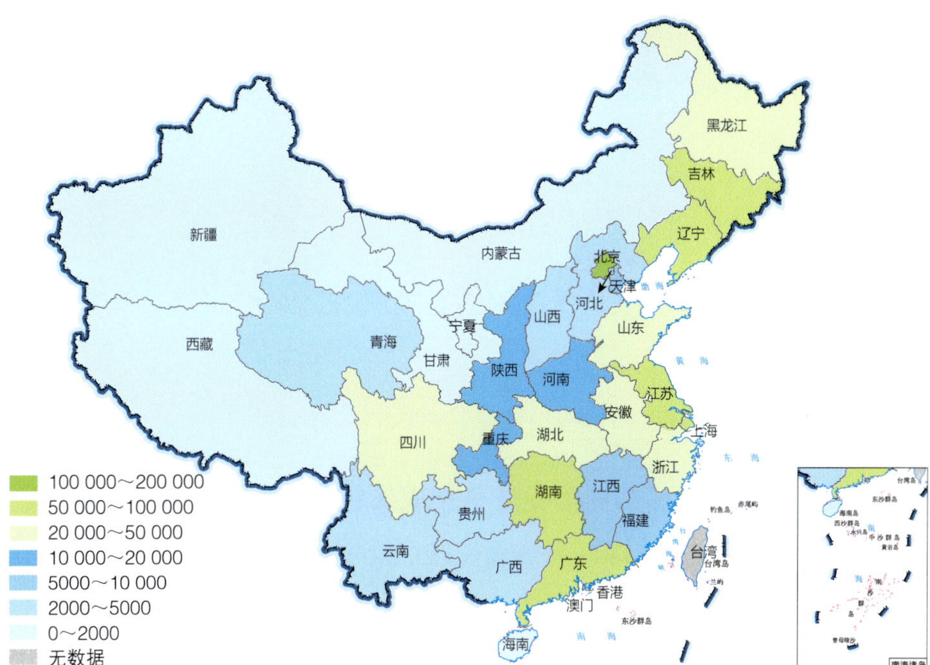

图 1-4-21　各地方辖区内高校院所以转让、许可、作价投资转化科技成果奖励个人的现金和股权金额（单位：万元）区间分布

第五章

技术开发、咨询、服务的进展成效

《实施〈中华人民共和国促进科技成果转化法〉若干规定》指出，国家设立的研究开发机构、高等院校按照规定格式报送的科技成果转化年度报告中，应包括签订的技术开发合同、技术咨询合同、技术服务合同等产学研合作情况。统计发现，2021 年 3649 家高校院所输出技术、服务能力不断强化，技术开发、咨询、服务数量和质量稳步提升。

一、总体情况

技术开发、咨询、服务合同金额、合同项数和当年到账金额均明显增长。2021 年，高校院所签订技术开发、咨询、服务合同金额为 1354.4 亿元，比上一年增长 27.0%（图 1–5–1），占高校院所以转让、许可、作价投资和技术开发、咨询、服务方式转化科技成果总合同金额的 85.6%（2020 年占比为 83.9%）；合同项数为 541 283 项，比上一年增长 22.1%（图 1–5–2），占高校院所以转让、许可、作价投资和技术开发、咨询、服务方式转化科技成果的总合同项数的 95.9%（2020 年占比为 95.5%）；合同当年到账金额为 946.4 亿元，比上一年增长 23.1%。

技术开发、咨询、服务
转让、许可、作价投资
合同金额/亿元
1800
1600
1400
1200
1000
800
600
400
200
0
121.6
687.7
177.2
746.4
152.4
933.5
202.6
1053.5
227.4
1354.4
2017年
2018年
2019年
2020年
2021年

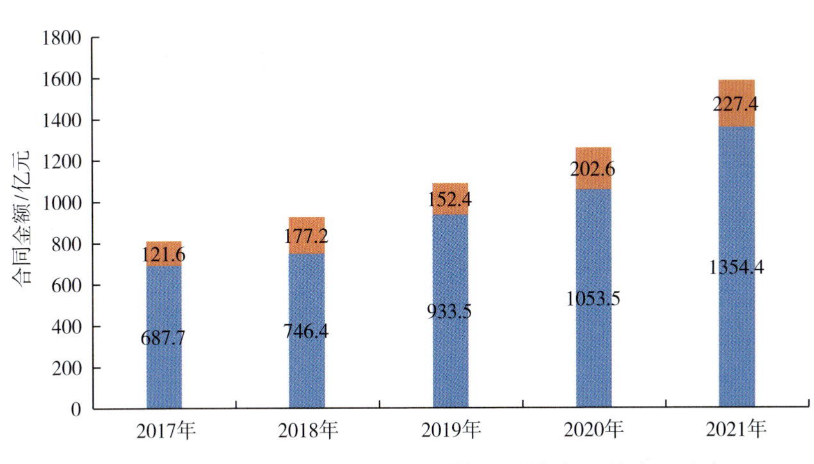

图 1-5-1　高校院所以多种方式转化科技成果的合同金额

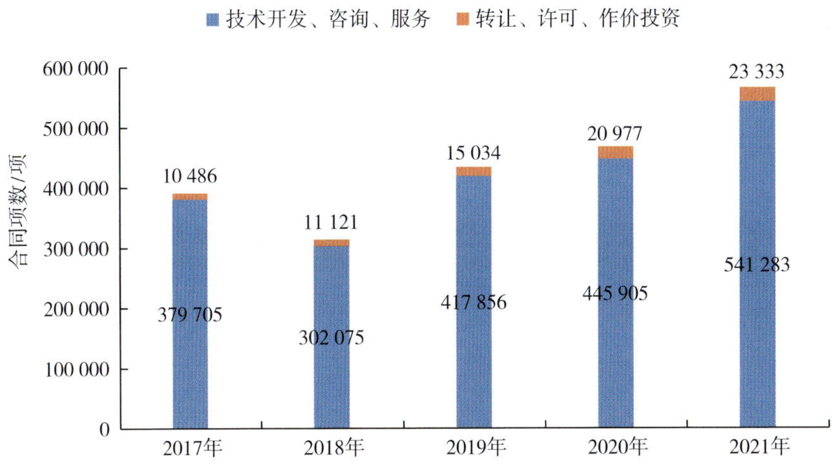

技术开发、咨询、服务
转让、许可、作价投资
合同项数/项
600 000
500 000
400 000
300 000
200 000
100 000
0
10 486
379 705
11 121
302 075
15 034
417 856
20 977
445 905
23 333
541 283
2017年
2018年
2019年
2020年
2021年

图 1-5-2　高校院所以多种方式转化科技成果的合同项数

平均合同金额比上一年略有增长。2021 年，高校院所以技术开发、咨询、服务方式转化科技成果的平均合同金额为 25.0 万元，比上一年增长 4.1%。表 1-5-1 给出了高校院所以技术开发、咨询、服务方式转化科技成果的总合同金额区间分布。

表 1-5-1　高校院所以技术开发、咨询、服务方式转化科技成果的总合同金额区间分布

合同金额区间	合同项数 / 项	合同项数占比	合同金额 / 万元	合同金额占比
1 亿元（含）以上	29	0.0%	500 277.8	3.7%
1000 万元（含）～1 亿元	870	0.2%	1 675 730.5	12.4%
100 万元（含）～1000 万元	20 885	3.9%	4 567 144.1	33.7%
100 万元以下	519 499	96.0%	6 801 132.3	50.2%
总计	541 283	/	13 544 284.6	/

2021 年，高校院所以技术开发、咨询、服务方式转化科技成果单项合同金额 1 亿元及以上的合同有 29 项（表 1-5-2），5000 万元及以上的有 76 项，1000 万元及以上的有 899 项。

表 1-5-2　高校院所以技术开发、咨询、服务方式转化科技成果单项合同金额 1 亿元及以上的成果分布

序号	单位名称	成果项数 / 项
1	清华大学	7
2	浙江大学	4
3	四川大学	4
4	北京大学	3
5	中国工程物理研究院总体工程研究所	2
6	山东省药学科学院	1
7	中国地质大学（北京）	1
8	中国科学院大连化学物理研究所	1
9	深圳华大生命科学研究院	1
10	之江实验室	1

续表

序号	单位名称	成果项数 / 项
11	浙江省海洋水产研究所	1
12	广东省水利水电科学研究院	1
13	青岛市勘察测绘研究院（山东省城市测量 GPS 工作站、青岛市基础地理信息与遥感中心）	1
14	清华大学天津高端装备研究院	1

二、中央所属高校院所以技术开发、咨询、服务方式转化科技成果

中央所属高校院所以技术开发、咨询、服务方式签订的合同金额和合同当年到账金额均明显增长，合同项数有所增长。2021 年，中央所属高校院所签订的技术开发、咨询、服务合同金额为 824.5 亿元，比上一年增长 25.7%；合同项数为 144 370 项，比上一年增长 15.7%（图 1–5–3）；合同当年到账金额为 575.5 亿元，比上一年增长 21.4%。

图 1–5–3　中央所属高校院所签订的技术开发、咨询、服务合同金额和合同项数

三、地方所属高校院所以技术开发、咨询、服务方式转化科技成果

地方所属高校院所以技术开发、咨询、服务转化科技成果的合同金额、合同项数和当年到账金额均明显增长。2021 年，地方所属高校院所签订的技术开发、咨询、服务合同金额共 529.9 亿元，比上一年增长 29.1%；合同项数为 396 913 项，比上一年增长 24.5%（图 1-5-4）；合同当年到账金额为 370.9 亿元，比上一年增长 25.8%。

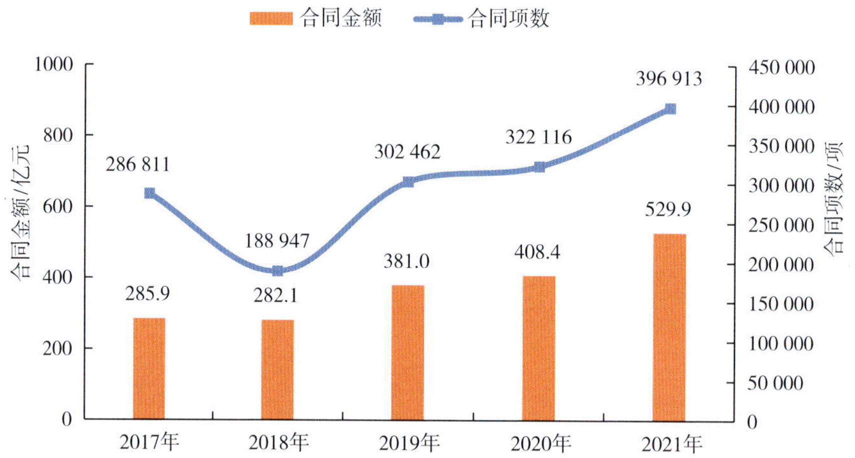

图 1-5-4　地方所属高校院所签订的技术开发、咨询、服务合同金额和合同项数

2021 年，各地方所属的高校院所签订的技术开发、咨询、服务总合同金额排名居前 3 位的省份分别是江苏省（63.5 亿元）、广东省（62.0 亿元）、浙江省（54.4 亿元）（图 1-5-5），总合同项数排名居前 3 位的省份分别是广东省（169 738 项）、浙江省（36 896 项）、江苏省（21 837 项）。

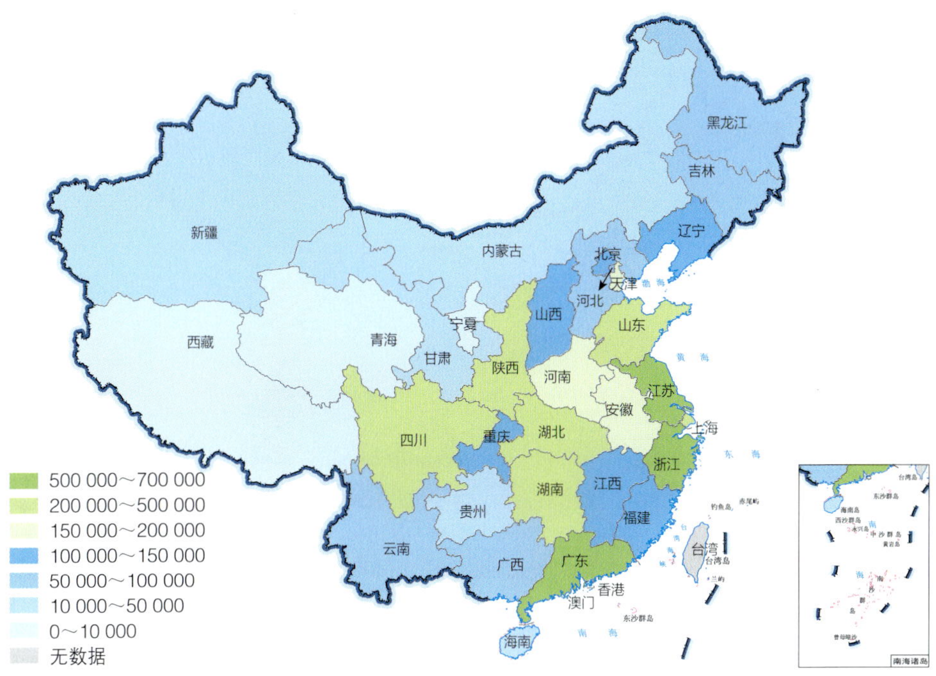

图 1-5-5　地方所属高校院所签订的技术开发、咨询、服务合同金额（单位：万元）区间分布

四、辖区内高校院所以技术开发、咨询、服务方式转化科技成果

按照高校院所所在地统计，2021 年各地方辖区内高校院所以技术开发、咨询、服务方式转化科技成果的合同金额排名居前 3 位的省份分别是北京市（276.9 亿元）、江苏省（146.5 亿元）、浙江省（103.1 亿元）（图 1-5-6）；合同项数排名居前 3 位的省份分别是广东省（175 545 项）、北京市（47 195 项）、浙江省（42 610 项）。

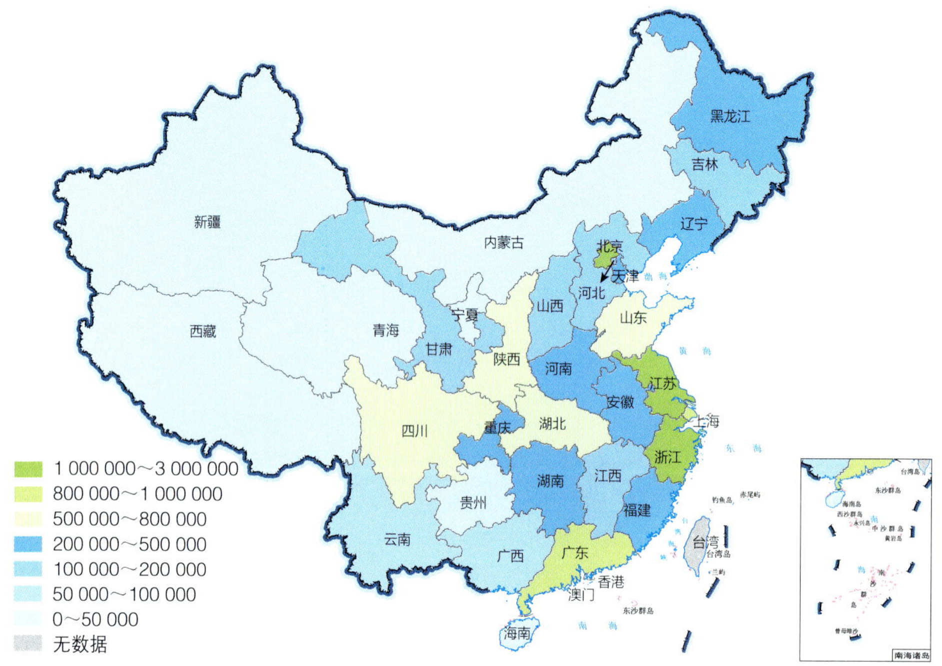

图 1-5-6 各地方辖区内高校院所以技术开发、咨询、服务方式转化科技成果的合同金额（单位：万元）区间分布

第六章
新立项的科技计划项目

科技计划项目是解决经济社会发展中出现的各类科学技术问题的重要手段，2021 年新获立项批复的科技计划项目产生的技术是高校院所后续几年进行科技成果转化的重要成果来源。

一、总体情况

2021 年，高校院所新获立项批复的科技计划项目（课题）总金额（包括财政资助金额和自筹金额）为 1834.9 亿元，其中财政资助金额为 1488.6 亿元，财政资助金额超过 10 亿元的高校院所共计 24 家（表 1–6–1）。财政资助金额中中央财政资助金额为 975.5 亿元。新获批和往年获批科技计划项目（课题）在 2021 年到账金额为 1372.5 亿元，其中财政资助到账金额为 1190.3 亿元。财政资助金额中中央财政资助到账金额为 752.5 亿元。

表 1-6-1　2021 年科技计划项目（课题）财政资助金额超过 10 亿元的高校院所

序号	单位名称
1	中山大学
2	清华大学
3	浙江大学
4	中国科学院空天信息创新研究院
5	北京航空航天大学
6	复旦大学
7	中国科学院长春光学精密机械与物理研究所
8	华中科技大学
9	西北工业大学
10	中国科学院声学研究所
11	北京大学
12	山东大学
13	四川大学
14	中国科学技术大学
15	中国科学院微电子研究所
16	中国航发沈阳发动机研究所
17	中国农业大学
18	南方科技大学
19	中国海洋大学
20	哈尔滨工业大学
21	南京航空航天大学
22	南京理工大学
23	中国科学院国家空间科学中心
24	同济大学

二、中央所属高校院所新立项的科技计划项目

2021 年，中央所属高校院所新获立项批复的科技计划项目（课题）总金额为 1333.7 亿元，其中财政资助金额为 1061.5 亿元。财政资助金额中中央财政资助金额为 806.3 亿元。新获批和往年获批科技计划项目（课题）在 2021 年到账金额为 984.3 亿元，其中财政资助到账金额为 849.1 亿元。财政资助金额中中央财政资助到账金额 624.1 亿元。

三、地方所属高校院所新立项的科技计划项目

2021 年，地方所属高校院所新获立项批复的科技计划项目（课题）总金额为 501.1 亿元，其中财政资助金额为 427.1 亿元。财政资助金额中中央财政资助金额为 169.2 亿元。新获批和往年获批科技计划项目（课题）在 2021 年到账金额为 388.3 亿元，其中财政资助到账金额为 341.2 亿元。财政资助金额中中央财政资助到账金额为 128.4 亿元。

四、辖区内高校院所新立项的科技计划项目

按照高校院所所在地统计，2021 年各地方辖区内高校院所新获立项批复的科技计划项目（课题）总金额排名居前 3 位的省份分别是北京市（484.8 亿元）、广东省（195.3 亿元）、上海市（145.5 亿元）（图 1–6–1）。

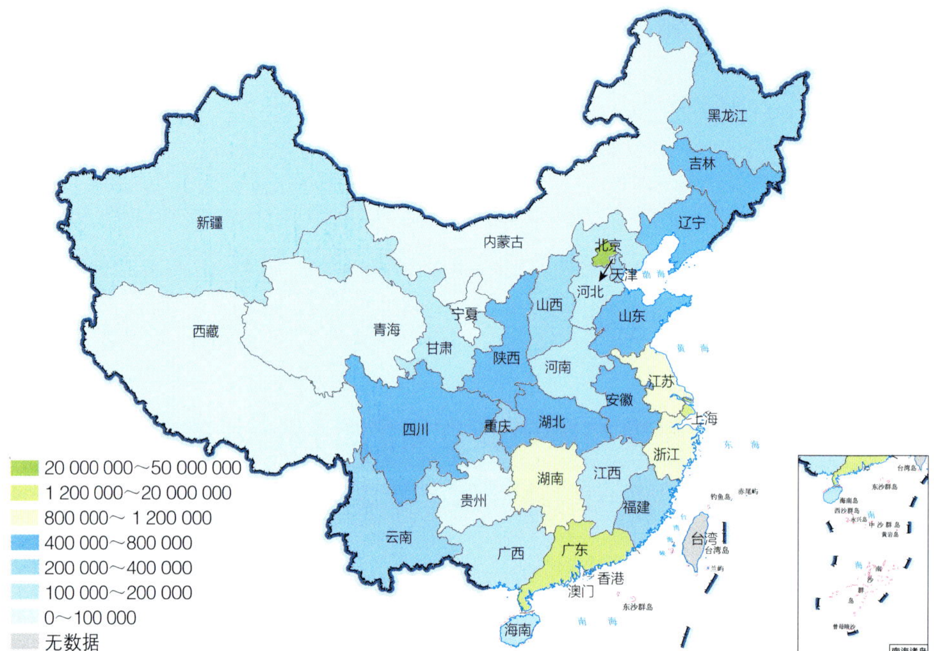

图 1-6-1　2021 年各地方辖区内高校院所新获立项批复的科技计划项目（课题）总金额（单位：万元）区间分布

第七章
兼职及离岗创业和创设参股公司

国家鼓励科研人员兼职或离岗创业促进科技成果转化。《中华人民共和国促进科技成果转化法》规定，国家鼓励研究开发机构、高等院校与企业及其他组织开展科技人员交流，根据专业特点、行业领域技术发展需要，聘请企业及其他组织科技人员兼职从事教学和科研工作，支持本单位科技人员到企业及其他组织从事科技成果转化活动。《实施〈中华人民共和国促进科技成果转化法〉若干规定》要求，研究开发机构、高等院校应当建立制度规定或者与科技人员约定兼职、离岗从事科技成果转化活动期间和期满后的权利和义务。上述规定为研究开发机构、高等院校的科研人员兼职从事科技成果转化和离岗创业提供了重要的政策保障。

科技成果转移转化相关协议签订后，科技成果的技术支持和顺利产业化是科技成果转移转化成功与否的关键。很多高校院所在转化科技成果后，通过创设和参股公司的方式，进一步支持、服务科技成果产业化的后续工作。因此，对创设和参股公司的统计分析，有助于更全面地了解科技成果转化成效。

一、兼职及离岗创业人员

兼职从事科技成果转化和离岗创业人员数量略有增长。截至 2021 年底，高校院所兼职从事科技成果转化和离岗创业人员数量为 15 338 人，比截至上一年底增长 9.1%。其中，中央所属高校院所兼职从事科技成果转化和离岗创业人员数量为 5523 人，比截至上一年底增长 27.6%；地方所属高校院所兼职从事科技成果转化和离岗创创业人员数量为 9815 人，比截至上一年底增长 0.8%（图 1–7–1）。

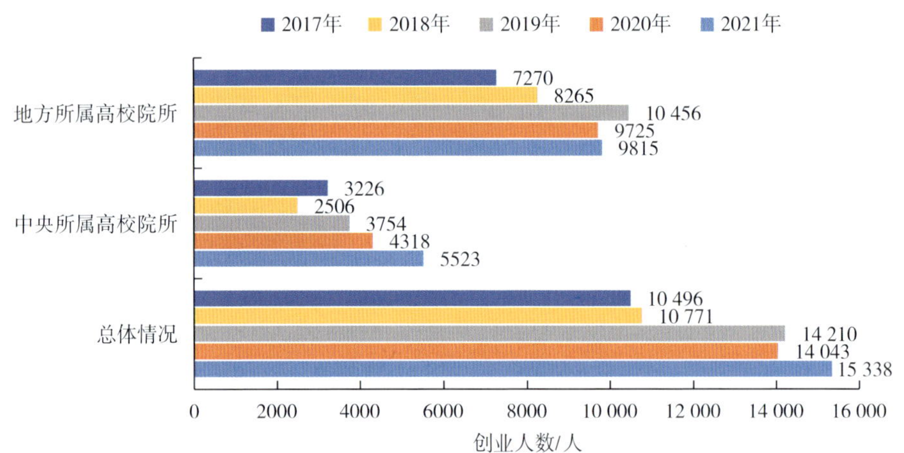

图 1–7–1　高校院所兼职从事科技成果转化和离岗创业人数

3649 家高校院所平均每家兼职从事成果转化和离岗创业人员数量为 4.2 人，其中中央所属高校院所平均每家兼职从事成果转化和离岗创业人员数量为 9.1 人，地方所属高校院所平均每家兼职从事成果转化和离岗创业人员数量为 3.2 人。

二、创设和参股公司

创设和参股公司数量有所增长。截至2021年底，高校院所创设和参股公司数量为3415家，比截至上一年底增长17.6%。其中，中央所属高校院所创设和参股公司数量为1260家，比截至上一年底增长47.9%；地方所属高校院所创设和参股公司数量为2155家，比截至上一年底增长4.1%（图1-7-2）。

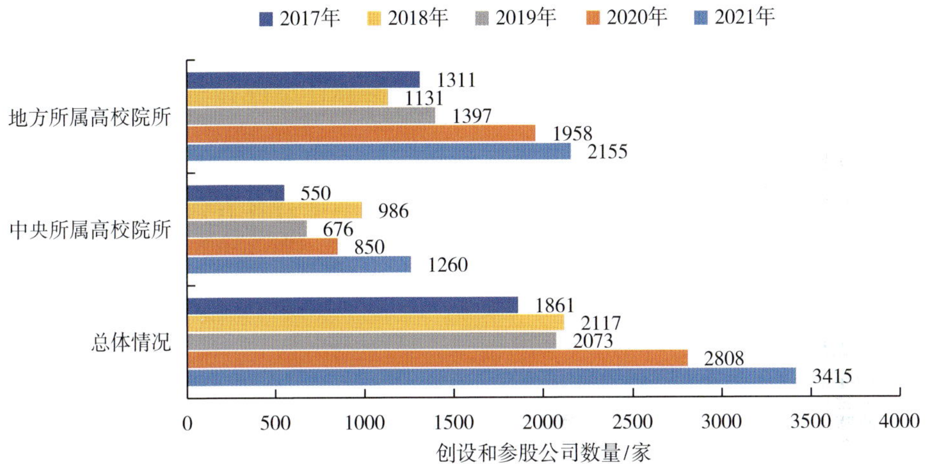

图1-7-2　高校院所创设和参股公司数量

3649家高校院所平均每家创设和参股公司为0.9家，其中中央所属高校院所平均每家创设和参股公司为2.1家，地方所属高校院所平均每家创设和参股公司为0.7家。

第八章
技术转移机构与人才建设

部分高校院所专门成立了适合自身特点的技术转移机构，科技成果转移转化不断趋向专业化。此外，高校院所与企业共建的研发机构、转移机构和服务平台的数量快速增加，不断吸纳聚合各方资源助力科技成果转移转化。

一、技术转移机构

（一）高校院所自建

自建科技成果转移转化机构的高校院所占比略有增长。截至 2021 年底，871 家高校院所自建了技术转移机构，占高校院所总数（3649 家）的 23.9%（图 1-8-1），比截至上一年底增长 6.4%。该 871 家高校院所累计共自建了 1896 家技术转移机构，比截至上一年底下降 4.6%。

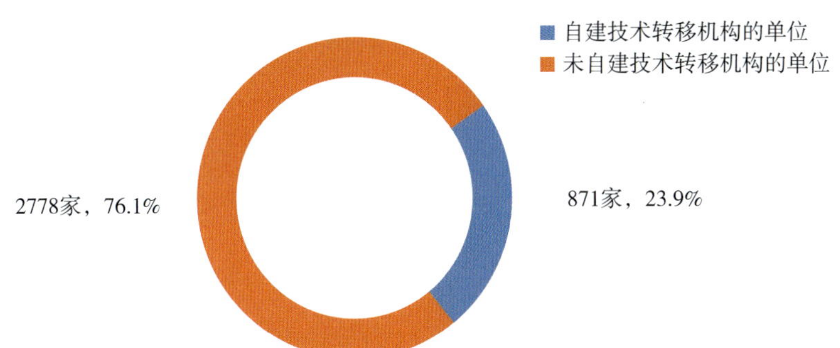

图 1-8-1　自建技术成果转移机构的高校院所数量和占比情况

（二）与市场化技术转移机构合作

截至 2021 年底，909 家高校院所与市场化转移机构合作开展科技成果转化，占高校院所总数的 24.9%（图 1-8-2），比截至上一年底增长 8.4%。该 909 家高校院所累计与 3570 家市场化技术转移机构合作开展科技成果转化活动，比截至上一年底增长 28.0%。

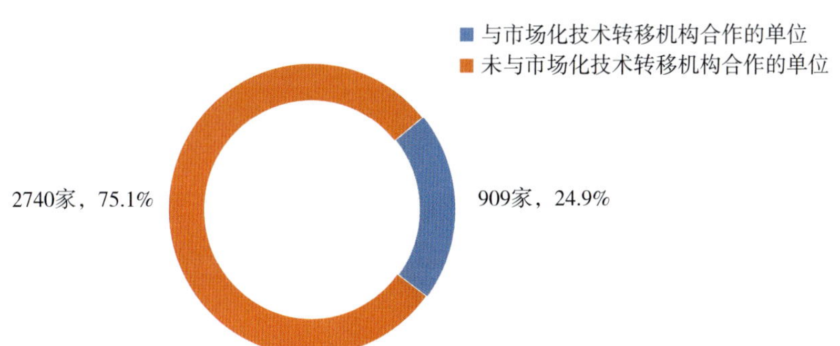

图 1-8-2　与市场化技术成果转移机构合作的高校院所数量和占比情况

（三）机构作用认可

2021 年，3649 家高校院所中 45.2%（共 1648 家）的认为技术转移机构在科技成果转移转化过程中发挥重要作用；18.4%（共 673 家）的认为发挥一般作用；7.4%（共 271 家）的认为发挥很小作用；29.0%（共 1057 家）的认为未发挥作用（图 1–8–3）。

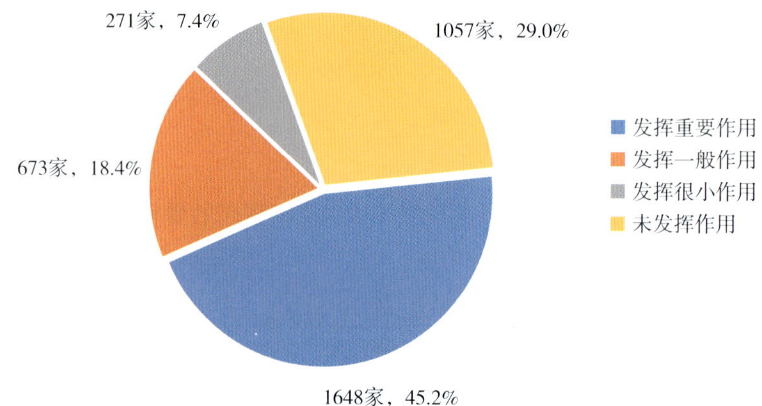

图 1–8–3　高校院所对技术转移机构的作用认可

871 家有自建技术转移机构的高校院所中，75.8%（共 660 家）的认为技术转移机构在科技成果转移转化过程中发挥重要作用；18.3%(共 159 家）的认为发挥一般作用；3.7%（共 32 家）的认为发挥很小作用；2.3%（共 20 家）的认为未发挥作用（图 1–8–4）。

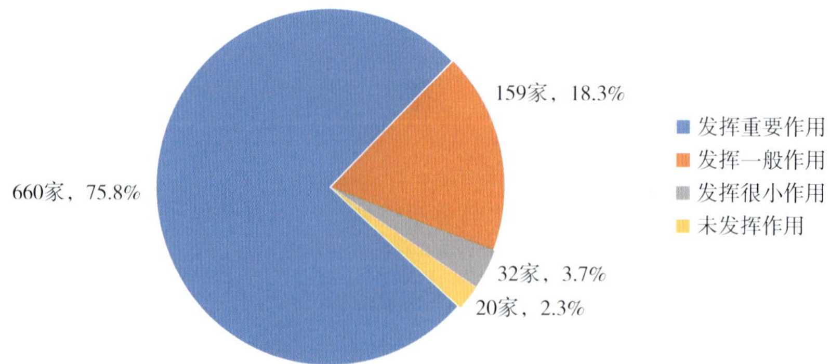

图 1–8–4　有自建技术转移机构的高校院所对技术转移机构的作用认可

二、技术转移人员

截至 2021 年底，1755 家高校院所具有专职从事科技转化工作人员，比截至上一年底增长 9.5%，占高校院所总数（3649 家）的 48.1%。该 1755 家高校院所累计拥有 15 010 名专职从事科技转化工作人员，人员数量比截至上一年底增长 12.9%（图 1–8–5）。

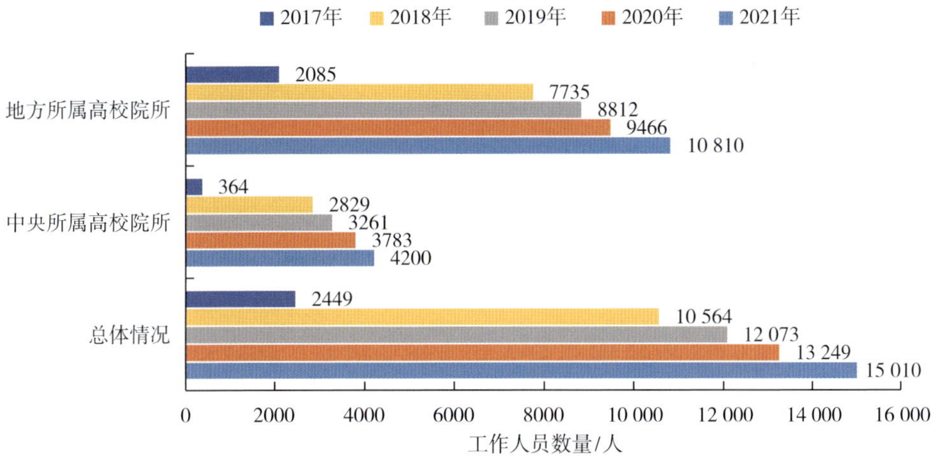

图 1–8–5　高校院所专职从事科技转化工作人员数量

三、与企业共建研发机构、转移机构、转化服务平台

高校院所与企业共建的研发机构、转移机构、转化服务平台数量有所增长，对促进科技成果和科技研发供需的有效对接发挥了重要作用。截至 2021 年底，由高校院所（1163 家）与企业共建的研发机构、转移机构、转化服务平台总数为 13 180 个，比截至上一年底增长 11.9%。其中，由中央所属高校院所与企业共建 3021 个，比截至上一年底下降 5.4%；由地方所属高校院所与企业共建 10 159 个，比截至上一年底增长 18.4%（图 1–8–6）。

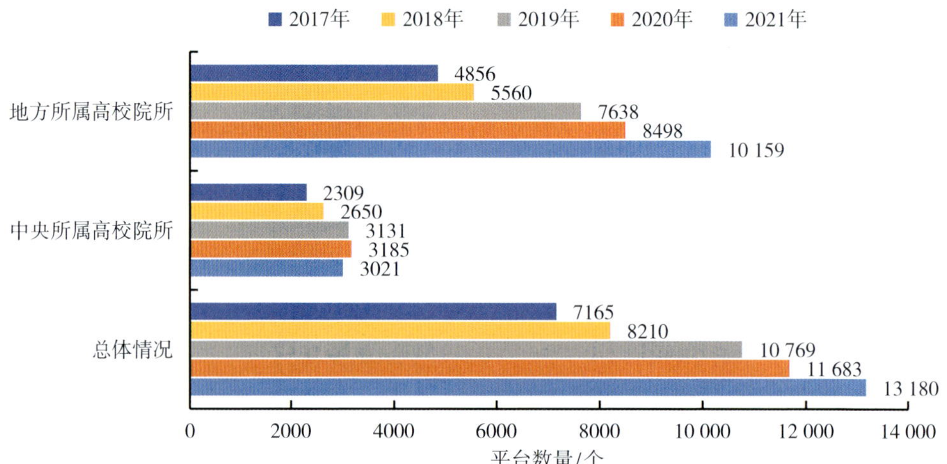

图 1-8-6　高校院所与企业共建研发机构、转移机构、转化服务平台数量

3649 家高校院所平均与企业共建研发机构、转移机构、转化服务平台数量为 3.6 家，其中中央所属高校院所平均与企业共建研发机构、转移机构、转化服务平台数量为 5.0 家，地方所属高校院所平均与企业共建研发机构、转移机构、转化服务平台数量为 3.3 家。

第九章
工作案例

本部分基于 3649 家高校院所 2022 年提交的科技成果转化年度报告中近 3 年取得的成效与经验，以及“赋予科研人员职务科技成果所有权或长期使用权试点”、“科技成果评价改革试点”和“首批高校专业化国家技术转移机构建设试点”3 个试点 2021—2022 年度进展成效，并结合历次科技成果转移转化调研，筛选出 18 家高校院所，采用电话调研、专家咨询、对比分析及实地调查等方法，总结经验和做法。

一、深入推进赋权改革试点工作

（一）中国科学技术大学：通过“赋权 + 转让 + 约定收益”模式使科研人员拥有完全的职务科技成果所有权，学校享受约定收益

1.“赋权 + 转让 + 约定收益”模式的探索

现行政策规定中，职务科技成果带有国资属性，赋予科研人员职务科技成果的部分所有权之后，职务科技成果由学校和科研团队共同所有。实践中，科研团队在利用该赋权后的职务科技成果作价入股转化

时，学校留存的部分成果所有权依然为国有资产，如果未来企业发展了再正常增资作价入股，需要向国资监管部门进行国有产权登记，流程较为烦琐。之前，中国科学技术大学登记审批的时间一般为半年至一年。

2022 年，学校创新性地提出了“赋权 + 转让 + 约定收益”模式。该模式具有以下亮点。一是，在赋予科研人员职务科技成果的部分所有权后，科研人员在利用该赋权后的职务科技成果作价入股转化时，可向学校申请受让赋权后的职务科技成果学校共有的部分。二是，经审核通过后，科研人员与学校签署赋权后学校持有部分的技术转让合同，学校留存科技成果所有权以技术转让方式给科研团队，研发团队按约定时间及方式向学校支付转让对价。三是，科研团队将受让的学校留存科技成果份额用于转化企业的增资入股，科研团队增资入股后产生的对应股份收益及其衍生增值收益归学校所有。例如，科研人员以在转化公司取得的分红或股权转让收入支付转让费。

科研人员在利用“赋权 + 转让”后的职务科技成果进行作价投资时拥有完全的职务科技成果；学校不是转化公司股东，转化流程简化、效率较高，国有资产保值增值风险小，只通过“约定收益”的方式享受转化公司发展带来的未来收益。

目前学校已有 23 项职务科技成果通过上述模式进行转化。科研人员通过“赋权 + 转让 + 约定收益”模式获得全部知识产权后，通过作价入股方式新设或增资企业 20 家，知识产权原估值约 1.6 亿元，企业经过融资后，知识产权估值约 6.5 亿元，公司市值累计约 31 亿元。

2. 完善尽职免责机制

学校积极建立赋权改革相关风险防控和尽职免责机制。学校领导人员履行勤勉尽职义务，严格执行决策、公示等管理制度，在没有牟取非法利益的前提下，可免除追究其在科技成果定价、自主决定资产评估及成果赋权中的相关决策失误责任。此外，在赋权后学校持有部分技术转让协议中约定了对科研人员的免责条款。科研人员在严格按约定进行科技成果转化，及时处分转化股权及支付价款，履行报告、备案、报批等规定，非因科研人员原因造成资产损失或其他不良后果，且个人没有谋取不正当利益的，考虑到知识产权的特殊性，学校不得向其追责。

学校充分考虑了市场的不确定性，通过多层次的尽职免责机制，可以减少领导者的决策压力和科研人员在进行科技成果转化时的顾虑，鼓励科研人员积极开展科技成果转化。

3. 案例：创新模式下芯片科技成果转化

芯片设计是与工业联系特别紧密的领域，市场需求量大，且能在一定程度上解决国外垄断问题。学校科研团队长期致力于芯片设计研究工作，很希望所做的研究能够切实解决产业中的问题。但面对实验室成果的产业化应用，科研团队顾虑重重——赋权试点改革之前，科研人员职务科技成果产权属于学校，学校作价入股需要对知识产权和转化公司进行谨慎的评估，审核流程非常烦琐、用时较长，有时可能要等 1 ～ 2 年，不少前沿成果会在这个漫长的评估周期里失去产业化的契机；并且学校持股后，如果经营不善，还会涉及国有资产贬值和流失等问题。

2021 年 9 月，科研团队向学校提出赋权申请，学校将 6 项知识产权的 80% 的所有权赋予科研人员。2022 年 1 月，科研人员将该成果通过作价入股方式与个人现金出资联合成立了合肥乘翎微电子有限公司，公司总资本 450 万元，其中科研人员持有的该成果 80% 的知识产权作价金额 200 万元，占公司股份的 44.44%。2022 年 7 月，学校赋权技术转让方案发布后，学校又将自己持有的 20% 的知识产权所有权也转让给了科研团队，并在技术转让合同中约定了收益支付的方式。后续再由科研团队将其入股至转化公司，该 20% 的知识产权作价金额 50 元。目前，公司已完成融资，估值约 1.5 亿元。公司目前处于新设期，研发成果已初步形成产品，如新型拓扑 DC-DC 转换器、大电流 Buck 转换器等，产品测试效果良好，未来公司将聚焦高端国产替代芯片的研发和销售。

（二）西安交通大学：为进一步推动成果产业化，探索开展职务科技成果长期使用权、所有权赋权改革工作

1. 科技成果长期使用权赋权

近几年，学校许多科研人员拥有技术成熟度高、可产业化的科技成果，同时科研人员自身也具有技术入股开办企业的积极性。但是，由于资金短缺，科研人员暂时还没有能力将成果买断；同时，学校在成果走向市场之前也很难对成果进行合理定价。为解决上述问题，也为提升知识产权运用效益、激发教师创新创业积极性，学校规定：在不变更职务科技成果权属的前提下，成果完成人可申请成果的长期使用权赋权，并可将该成果技术入股成立公司；在成果产业化取得成功、公司取得盈利后，成果完成人与学校办理科技成果转化合同，取得成果的所有权。

成果使用权首次赋权，期限原则上不超过两年，赋权期满后：一是，如果成果完成人达成转化目标，将与学校签订科技成果转化合同。转化方式可采用技术转让、作价投资和混合实施，合同金额可采用协议定价或第三方的评估价格。二是，如果成果完成人未能达到转化目标，但科技成果转化取得积极进展、预计收益情况良好，成果完成人可申请

进一步延长使用权赋权期限。三是，如果成果完成人未能达到转化目标，且无继续进行成果转化的前景和意愿，成果完成人终止成果的产业化，提供书面报告，经学院审批后报科研院。

该制度自2021年5月开始推行以来，已完成使用权赋权项目112项，涉及机械制造、高端装备、能源动力、航空航天、新材料、信息、大数据、人工智能等多个领域，涉及专利和技术秘密196项，已孵化高科技企业100余家，其中绝大部分企业已获得社会资本注资。截至目前，其中已有7项赋权项目与学校签订了成果转化合同。

2. 科技成果所有权赋权及案例

2021年，学校完成千万级科技成果所有权赋权项目4项。以“金刚石超宽禁带半导体材料及5G复合器件”为例，金刚石材料适宜研制超高频率和超大功率且高度集成的电子器件，在尖端国防武器、先进航空航天和节能电力机车系统方面具有极为重要的应用前景。学校研发团队在国家重大、重点项目的支持下，取得一系列技术突破和创新成果，包含了16件专利技术，评估价值为6030万元。2021年5月，按照《西安交通大学科技成果转化管理办法》，学校和完成人签订科技成果所有权分割协议，实现所有权赋权。协议规定科技成果转化所得收益的80%（4824万元，占股49.86%）用于对研发团队的奖励，科技成果转化所得收益20%（1206万元，占股12.47%）作为学校收入，由学校技术转移中心公司代持股份。

产权分割后，“金刚石超宽禁带半导体材料及5G复合器件”所含16项技术专利由西安交通大学作价6030万元投资至西安德盟特半导体科技有限公司，研发团队和学校在西安德盟特半导体科技有限公司中占股62.33%，其中研发团队股权价值4824万元，占股49.86%。

目前，该项目中试生产线已在汉中高新区建成，吸引基金投资

1500 万元，完成 1100 多平方米万级洁净厂房及各类配套设施安装，自研建造的 8 台 MPCVD 设备已安装到位，正处于工艺调试阶段，实现小规模生产。项目正式生产后可有效保证国内高质量、大尺寸电子级单晶金刚石的需求，同时满足科研院校对高质量晶种的需求，可实现年销售收入 1800 万元以上。

3. 探索建立专利免费开放许可制度

高校普遍拥有大量专利成果，但是成果转化率却不高。除了高校管理政策障碍、成果市场价值有限等自身因素外，企业的承接能力也是制约成果转化的重要原因。部分企业，尤其是中小企业，由于自身经济能力有限，或者对成果的市场前景存在顾虑等原因，承接高校科技成果的意愿不强烈。为了解决这一问题，学校探索建立了面向中小企业的专利免费“开放许可”制度。一是，挑选技术成熟度高、市场前景明朗、成果完成人具有强烈转化意愿的高价值专利，成立“开放许可”专利库。二是，依托学校技术转移中心和陕西省科技大市场，将校内的免费专利向社会各界实时发布。三是，筛选具有一定技术基础和承接能力且与高校具有强烈合作意愿的优秀企业，对其进行专利免费开放许可，同等条件下校友企业优先。

2022 年，学校第一批筛选了发明专利 80 件，通过专利信息发布平台向在陕中小企业公开专利信息，与 100 多家有合作意向的中小企业进行对接，已与 5 家企业签订专利免费开放许可协议。该举措降低了成果走进市场的门槛，是高校成果主动走向市场的有效手段，可解决企业急需成果但由于经济能力有限、无法支付成果转化经费的问题，也可解决企业在无法预期成果带来的收益时转化意愿不强烈的问题。

（三）辽宁科技大学：赋权政策与专业技术转移机构协同推进成果转化

1. 赋权政策破除制约转化的障碍

辽宁科技大学在获得赋权试点单位批复后，成立辽宁科技大学“赋权”工作领导小组，并通过制定《辽宁科技大学赋予科研人员职务科技成果所有权或长期使用权试点单位工作方案》等一系列规章制度推动赋权改革和成果转化。自推进“赋权”试点改革以来，部分科技成果不再需要专业机构评估，赋权程序进一步得到简化；建立赋权项目正面、负面清单，梳理出 45 项可能影响国家利益和社会公共利益的成果并将其纳入赋权成果“负面清单”，将有成果转化基础且被赋权成果完成人有转化意愿的 6 项纳入首批赋权成果“正面清单”；加大对赋权项目团队收益的分配比例，由现行科技成果转化 80% 收益（或股权）奖励团队提高到 90%；将“成果转化类”统一纳入学校科研工作评价和聘期工作量考核体系，极大地提升了科技人员参与热情。2016—2018 年，学校授权发明专利 423 项，转化仅 11 项，百万以上的重大项目为零。赋权改革工作开展以来，2019—2021 年发明专利授权 715 项，转化达 118 项，百万以上的重大项目首批完成 6 项，2022 年上半年继续完成了 3 项目百万元以上重大项目转化。

2. 建立健全科技成果转化服务体系，推动专业化技术转移机构组织建设

一是学校加强对科技成果转化的全过程管理和服务，坚持放管结合，通过年度报告制度、技术合同认定、科技成果登记等方式，及时掌握赋权科技成果转化情况。鼓励科技成果完成人（团队）通过科研发展基金等方式，将成果转化收益继续用于中试熟化和新项目研发等科技创新活动。二是不断完善技术转移中心服务机制建设，尝试引入社会化

专业技术服务机构，共同开展信息发布、成果评价、成果对接、经纪服务、知识产权管理与运用等工作，创新技术转移管理和运营机制，加强技术经理人队伍建设，提升专业化服务能力。学校引进专业从事于科技服务的领军机构——辽宁顺程科技有限公司入驻科技园区，为园区企业提供知识产权服务、市场对接、技术培训、成果转化等专业化服务，促成科技成果加速孵化和有效落地。

3. 案例：赋权成果高效低氮燃烧技术

高效低氮燃烧技术采用了创新设计理念，通过特殊的燃烧器结构设计，基于自旋射流空气分级燃烧的原理可以实现炉内超低氮燃烧。燃烧完全、燃烧效率高、调节方便、结构合理，适应各种工业炉窑对火焰的特殊要求。燃烧器火焰长度和刚性控制在国际先进水平，能优化工业炉窑的操作和稳定炉窑的运转，为提高产及质量、节能降耗和增加效益奠定了基础。

赋权之前，高效低氮燃烧技术在学校实验室进行了小试和中试，由于缺乏资金、没有形成成套装备、开发市场能力不强，该技术成果一直没有得到产业化应用。2021 年 11 月，辽宁科技大学与科研团队签约，赋予高温工业炉窑高效低氮燃烧技术秘密长期所有权。赋权后，团队与专业从事科技服务的机构辽宁顺程科技有限公司达成合作协议——在该项目团队赋予的长期使用权（10 年）期限内，辽宁顺程科技投入资金、开拓市场、承担风险，分期实现项目成果转化，总转化金额 2000 万元；技术成果转化落地的利益双方共享，每项分期落地转化后的利润对半分配。该技术成果 2021 年在鞍钢股份有限公司鲅鱼圈钢铁分公司成功应用，项目合同 180 万元，节能降耗成效显著；2022 年在新疆八一钢厂完成产业化，合同金额 584 万元。

二、完善成果转化评价体系

（一）中国医学科学院：完善医院和医学院校五元价值评价体系，引导医学科技创新方向

1. 完善医院和医学院校五元价值评价体系

中国医学科学院在《国务院办公厅关于完善科技成果评价机制的指导意见》（国办发〔2021〕26号）成果评价专项试点中承担“建立科技成果五元价值评价机制”任务。中国医学科学院在“破五唯”并改革完善成果评价机制背景下，构建体现中国医学科技活动特点、凸显五元价值并符合国际科技评价准则的医学科技评价框架，细化体现“五元”要素的指标，全面准确评价科技成果的科学、技术、经济、社会和文化价值。在中国医院/医学院校科技量值①中，强调科技成果实际贡献和绩效，通过提高科技产出权重，突出发明专利转化、临床指南、被国际权威指南引用等直接指标的贡献和影响，体现了科技成果的科学、技术价值；在中国医学科学院医学与健康科技创新工程重大项目评价中，纳入项目成果产生的经济社会效益，特别是提出药械研发等新产品的成果转化收益，体现了科技成果的经济和社会价值。

同时，中国医学科学院改进科技成果五元价值评价的方法和工具，为全面发现和跟踪科技成果“五元”价值的动态发展变化，创新性构建了涵盖临床指南、临床试验项目、成果转化等反映医学科技活动特点的、以客观数据为基础的科技评价数据平台。平台有覆盖全国1660余家医院、110余所医学院校、多位医学高层次人才、科研基地、科研项

① “科技量值”是围绕科技活动全过程、覆盖创新活动全链条，以统一标准、统一来源、统一方法，从科技产出、学术影响、科技条件3个方面反映科技活动影响广度和深度的综合测算值。

目等评价对象的千万条深度加工的高质量数据，可全景化、精准描绘医学科技发展动态，诊断评价对象的优劣势。

2. 构建重要医学成果库

为更科学客观遴选医学成就，医科院组建专业研究团队，基于医学成果特点和上述五元价值的评价体系，中国医学科学院咨询委员会学部委员、学术组织和学术期刊等提名推荐，构建出“中国年度重要医学进展”和“中国 21 世纪重要医学成就”的基础素材成果数据库。截至 2022 年，基础素材数据库中包含 50 余万项成果，成果形式包括我国学者发表的医学研究论文、我国科研人员获授权或许可的国际专利、国家药品监督管理局批准上市的国产药物、批准上市或进入特别审查程序的国产创新医疗器械等。

截至 2022 年，“中国年度重要医学进展”已发布三届，“中国 21 世纪重要医学成就”已发布两届。在基础医学、临床医学、口腔医学、药学、公共卫生与环境、生物医学工程与信息学等领域遴选出了对国计民生、老百姓健康有支撑和维护作用的重要成果。两个成果库的遴选工作具有极强的探索性和创新性，获得同行高度认可，在一定程度上对我国医学科技创新方向起到了引导作用，推动国家医学卫生健康事业高质量发展。经过 3 年的探索，评价指标体系越来越完善，社会关注度也越来越高。2022 年 4 月，《中国 21 世纪重要医学成就》和《中国 2021 年度重要医学进展》发布时得到新闻联播等 20 多家权威媒体的报道，在线观看人次超过 130 万人次。3 年来，“中国年度重要医学进展”发布成果共计 110 项，“中国 21 世纪重要医学成就”发布成果共计 6 项。

3. 案例：传染病动物模型评价服务

中国医学科学院医学实验动物研究所自非典开始，经过 SARS 攻关专项、传染病防治重大专项“十一五”“十二五”的连续资助，整合了传染病动物模型体系所涉及的设施、设备、动物模型资源、关键技术体系、规范、人员，建立起我国第一个支撑重大和突发传染病疫情防控研究、成果转化的动物模型评价平台。平台包含病原易感动物资源库、传染病动物模型资源库、传染病动物模型研制和分析关键技术体系、传染病药物和疫苗评价技术体系，成功为我国评价了历次新发传染病首个疫苗、药物，有效遏制了疫情的扩散蔓延。

现每年为30余家科研机构和药企提供动物模型资源服务200余次，有效保障了传染病实验研究的顺利开展，促进了传染病学科发展，促进了传染病相关疫苗和药物产业发展。2021年，相关科技成果转化服务到账收入2800万元以上，完成21项疫苗、药物的药效学评价。根据研究所相关科技成果转化管理办法和科技经费管理规定，扣除成本后技术性收入50%用于奖励主要完成人，奖励金额共计1120余万元。该评价服务有效支撑我国的传染病实验研究，提供了动物模型和相关技术，促进传染病疫苗和药物的临床前精准转化；同时，以新发传染病的跨物种传播预警为主，为疫情暴发时防疫政策的制定提供实验依据。

（二）交通运输部公路科学研究院：探索新型评价机制方法，助力院科技成果库建设

1. 探索应用研究成果技术就绪度（TRL）评价方法

一是研究梳理技术就绪度评价标准规范。对13项国内外技术就绪度（成熟度）评价标准规范进行调研，分析各标准规范中技术就绪度的分级、评价指标和评价要素，重点对易出现技术就绪度等级判定争议的TRL4–7级评价指标和要素进行分析，提出了TRL4–7级技术就绪度评价的关注重点和里程碑目标。二是分析梳理公路院应用研究成果现状。完成公路院道路工程、桥梁工程和交通工程等专业领域42项应用研究

项目成果的梳理工作，结合技术就绪度评价要求，研究了交通运输部公路科学研究院（简称“公路院”）承担的公路交通行业应用研究项目成果类型和特征，提出了成果分类标准。三是初步提出公路交通行业应用研究成果技术就绪度评价指标体系，建立基于五新应用研究成果的技术就绪度评价方法。明确了以目的性、新颖性、实用性和专门性等作为公路交通行业应用研究成果的主要特征，初步将成果分为新技术、新产品（硬件、软件）、新设备、新材料、新工艺 5 类。针对各类成果主要特征，提出了技术就绪等级为一级指标、就绪等级判定支持要素为二级指标、就绪等级评价里程碑目标为三级指标的技术就绪度评价指标体系。四是形成公路院应用研究成果技术就绪度评价标准。提出公路院应用研究成果技术就绪度评价流程、管理要求和实施细则。

2. 探索行业用户和社会参与成果评价的有效机制

一是界定了行业用户和社会参与主体。坚持“谁委托科研任务谁评价”“谁使用科研成果谁评价”的原则，行业用户界定涵盖委托方（如交通运输主管部门）和使用方（如地方管理部门、企业等），除此之外都属于社会参与主体（如个人、行业协会等社会组织等）。二是开展了应用研究成果评价组织模式与评价方式研究。针对各类应用研究成果，引入政府部门、企业、协会 / 学会、专业化评估机构等参与科技成果评价，统筹考虑研究成果投入使用周期，构建科学规范、职责明确、公正客观的多元评价体系。同时，创新应用研究成果评价工具和方法，探索利用新技术手段，提高评价的专业化和标准化水平。

3. 探索高质量知识产权评判办法

一是梳理研究公路院知识产权现状。对全院所拥有的 969 项有效专利的类别属性、转化应用和维护现状等进行了系统梳理，针对公路院知识产权（专利权）转让许可占比不高、专利维护不及时和专利申请驳回数量多、专利布局意识不强等问题，从知识产权的技术性、市场性和稳定性 3 个维度，提出技术定位明确、市场前景广阔、权利稳定作为高质量知识产权的主要特征，确定了以价值实现为导向的知识产权的内涵、特征及培育流程等。二是初步提出了高质量知识产权评价指标体系。以推动技术成果高值转化和实现有效保护为目标，结合科技成果“五元”价值评价和“质量、绩效、贡献”导向要求，研究提出了以技术价值、经济价值和法律价值为一级指标，以市场应用前景、未来预期收益、专利布局、技术贡献度、技术应用水平及技术相似度等为二级指标的潜在的高质量专利权评价指标体系。

4. 案例：公路院科技成果库建设

为促进科技成果转移转化，公路院建设了科技中介服务平台进行科技成果、技术需求、行业资讯、政策法规等科技成果转化信息的汇聚及展示，平台主界面如图 1–9–1 所示。2022 年，在院科技中介服务平台的科技成果库建设中，公路院技术转移转化中心在对院取得的科技成果进行梳理基础上，利用科技成果可转化性评价方法进行院既有科技成果的筛选评估，经评估筛选后的成果进入院科技成果库，并在科技中介服务平台进行展示、推介。截至目前，院科技成果库共包括道路工程、桥梁工程、隧道工程、交通工程等 10 个专业方向的科技成果（专有技术）166 项，公路院科技成果库后台界面如图 1–9–2 所示。

图 1-9-1 公路院科技中介服务平台（主界面）

专有技术　专利　软著　需求中心　评估设置　系统管理

成果审核展示

新增　删除　导入　导出　审核状态 不限　排序方式 默认排序　请输入成果名称　检索　高级检索

成果名称	成果类别	关键词	专业领域	成果属性	审核状态	所属板块	研究形式	专业方向	成果电话	发布时间	评分	审核	关联
软岩隧道变…	新技术	软岩隧道、…	桥隧工程	原始性创新	已反馈	其他	独立研究	其他	01062079548	2022-12-22	4.83	审核	关联
桥梁技术状…	新技术	桥梁、评估	桥隧工程	原始性创新	已反馈	其他	独立研究	其他	01062079548	2022-12-22	7.47	审核	关联
混凝土桥梁…	新技术	桥梁、缺陷…	桥隧工程	原始性创新	已反馈	其他	独立研究	其他	01062079548	2022-12-22	5.88	审核	关联
用深度学习…	新技术	表观病害；…	桥隧工程	原始性创新	已反馈	其他	独立研究	其他	15810231660	2022-12-21	3.95	审核	关联
用视频大数…	新技术	动态位移、…	桥隧工程	原始性创新	已反馈	其他	独立研究	其他	15810231660	2022-12-21	5.49	审核	关联
遭受火灾后…	新技术	火灾、混凝…	桥隧工程	原始性创新	已反馈	其他	独立研究	其他	01062079548	2022-12-21	3.95	审核	关联
用激光扫描…	新技术	激光、桥梁…	桥隧工程	原始性创新	已反馈	其他	独立研究	其他	01062079548	2022-12-21	6.70	审核	关联
桥梁结构混…	新技术	桥梁、混凝…	桥隧工程	原始性创新	已反馈	其他	独立研究	其他	01062079548	2022-12-21	6.16	审核	关联
汇聚桥梁工…	新技术	桥梁工程检测	桥隧工程	原始性创新	已反馈	其他	独立研究	其他	01062079548	2022-12-21	6.70	审核	关联
高含水率黏…	新技术	高含水率、…	道路工程	原始性创新	已反馈	其他	独立研究	其他	01062079548	2022-12-21	6.84	审核	关联
数字化道路…	新技术	道路、全实…	道路工程	原始性创新	已反馈	其他	独立研究	其他	01062079548	2022-12-21	6.70	审核	关联
-10℃条件…	新技术	水泥混凝土…	道路工程	原始性创新	已反馈	其他	独立研究	其他	01062079548	2022-12-20	5.77	审核	关联
具有低碳和…	新技术	路面基层专…	道路工程	原始性创新	已反馈	其他	独立研究	其他	01062079548	2022-12-20	5.02	审核	关联
用新型[illegible]…	新技术	路面开裂	道路工程	原始性创新	已反馈	其他	独立研究	其他	01062079548	2022-12-20	6.56	审核	关联
山区长大隧…	新技术	隧道、预警…	道路工程	原始性创新	已反馈	其他	独立研究	其他	01062079548	2022-12-20	6.37	审核	关联

15　第 1 页共 12 页　当前显示 1 - 15 条记录 共 166 条记录

图 1-9-2　公路院科技成果库后台界面

（三）中国农业大学：推进评价改革和成果转化服务，释放科技成果转化活力

1. 科研成果评价改革

学校建立了以成果质量和贡献为导向的校院两级激励体系，摒弃了以往全校统一标准的以 SCI 论文相关指标评价为主导的奖励方式。一是校级代表性科研成果，主要奖励在科技创新中产生的具有原创性、引领性、代表性的学术成果。奖励范围包括重大基础研究成果、关键核心技术成果、重大人文社科研究成果及已在国内外获得认定的相关重大成果。二是校级重大社会服务贡献，主要奖励教师在服务社会过程中取得的突出贡献与重大社会影响。奖励范围包括服务国家重大战略、发挥智库作用及重大科技成果转化。

对于院级绩效，学院科技创新与社会服务贡献绩效体现不同学科和科研活动类型差异，由各学院充分发挥自主权，结合自身学科和专业特点制定分配方案。学校制定《中国农业大学学院科技创新与社会服务贡献绩效分配方案的指导意见》，引导学院在科研评价和绩效分配工作中突出科学精神、创新质量和服务贡献，各学院开展院级代表性科研成果与重大社会服务贡献评选。

2. 多方位成果转化支撑服务

一是完善政策体系。学校进一步修订完善科技成果转化办法及科技成果作价投资管理办法，将处置关联交易、支持大学生创业、服务种业振兴等国家重大决策，完善成果转化收益分配，成立科技成果作价投资决策咨询委员会等条款纳入科技成果转化的政策体系与工作规程。将科技成果转化成效全面纳入教师的职称评定、分级聘任、年度工作量认定、聘期考核及奖励激励；在职称评定方面，增设“成果转化与社会服务型研究员”岗位，同时打通二级、三级职称晋升渠道。

二是创新运营模式。学校在国家大学科技园内筹建“科技成果展示与技术交易平台”，利用现代数字科技互动多媒体技术，采用现场展示、成果拍摄、项目路演等方式直观清晰地推介高质量科技成果，通过举办各类线上线下宣传、直播、现场签约等活动，为校地校企合作与科技成果转化提供了重要的桥头堡。

三是搭建人才队伍。学校通过“引育结合”的方式，组建了一支具备良好专业技术背景，且熟悉法律、金融、知识产权等业务的专业人才队伍。初步形成重大项目跟踪服务机制，技术经理人参与项目咨询、商业谈判等关键环节，为实现科技成果高质量创造、高水平管理与高效率运营提供人才支撑。

四是加强经费保障。学校将科技成果转化净收益的 10% 分配给技术转移中心，主要用于开展专业机构建设、人才队伍建设、知识产权相关课题研究及培训等，形成转化—收益—再促进转化的良性循环。

五是拓展转化渠道。学校依托由 5 个产业研究院、4 个地方乡村振兴研究院、138 个科技小院、178 个教授工作站、24 个校外实验站和 94 位国家现代农业产业技术体系专家构建的“三院两站一体系”新型社会服务体系，推动校地、校企协同创新，完善“人才 + 基地 + 资本 + 服务 + 产业”全链条转化模式，为地方政府和企业提供可转化为现实生产力的科技成果。

3. 案例：枯草芽孢杆菌生物合成纳米硒的方法及其应用

“枯草芽孢杆菌生物合成纳米硒的方法及其应用”是中国农业大学资源与环境学院郭岩彬教授团队在国家公益性行业（农业）专项、国家自然科学基金的支持下，独立研发的枯草芽孢杆菌菌株生物纳米硒高效发酵工艺及分离与提取技术。

学校技术转移中心在项目征集与评估阶段，筛选出该项成果，依托科技成果展示与技术交易平台，广泛邀请相关领域的企业、投资公司参加该项成果的推介与路演活动，由技术经理人全程参与项目推介、企业对接、商业谈判、合同签订等关键环节，最终完成 600 万元的专利转让合同签约。因转化成效显著，该项目获评“中国农业大学校级代表性科研成果与重大社会服务贡献奖（2021 年）”。

在签订转化合同后，受让方企业新增投资 1500 万元，郭岩彬教授团队帮助该企业建设世界首个 10 吨级生物纳米硒发酵工艺及分离与提取生产线，新增就业 45 人，向农业农村部畜牧兽医总站申报国际上首个“纳米硒饲料添加剂”，并签订产品预售合同 650 万元。预计在获批新型饲料添加剂后，年产值可突破 2000 万元，企业利润 600 万元，带动就业 200 人。

三、推进高校技术转移机构建设

（一）东南大学：深化技术转移管理机构改革，推进技术转移工作公司化实践

1. 技术转移公司化实践

一是市场导向强化实体化运营。学校优化管理制度和服务流程，实施市场化激励机制。东南大学技术转移中心有限公司（以下简称“技术转移公司”）将业务部门按照产业领域进行匹配，对接科研团队、区域龙头企业和地方开发区和高新区等单位，促进科技成果转化。二是优化专业技术转移队伍。目前技术转移公司已按照国际化、职场化、市场化模式建立薪酬体系和绩效考核标准，形成专业技术经理人、专利代理人、律师、财务及管理人才等 20 人左右的专业技术经理人队伍，为科技转移转化工作全过程提供专业技术、法律、经济金融、商业谈判、投资融资等服务，其中接受过专业化教育培训的技术经理人占比超过 70%。三是构建多元技术经理体系。联动专业协会、产业联盟、技术交易市场、中介机构、投资机构建设协同共进、合作共赢的创新合作机制。目前技术转移公司已集成超 50 家各类专业成果转化合作伙伴，开展多层次的技术转移成果转化合作，立足高效化、网络化和层次化建设多元化技术经理人队伍。四是建设全链条一站式跟踪服务。技术转移公司建立首问负责制服务体系，针对校内科技成果落地转化，提供知识产权运营、成果筛选、技术对接、商务沟通、成果转化方案设计、创新合作生态搭建等全链条一站式跟踪服务，实现让发明人回归科研、让技术经理人对接市场的模式。

2. 转移转化服务体系

一是围绕国家重点实验室、国家创新中心、国家医学中心等科研大平台，面向“大团队”，与龙头企业、科研转化机构、地方政府等共建国家重大技术设施、国家创新中心、区域 / 专业技术研究院、新型研发机构等载体，推动健全科技成果实验—小试—中试—转化落地全链条服务生态体系。二是围绕学校优势学科，新材料、脑科学、人工智能、量子信息等基础前沿科研领域，推动形成校内交叉科研机构与校外产业孵化、转化的新型科研载体。三是围绕“卡脖子”领域建立中试及转化平台，瞄准新一代信息技术、集成电路、生命健康、空天科技、深地深海等战略性核心关键技术领域深化优化转移转化网络体系，综合运用国家、省、市对各类平台的支持政策建立重大中试及转化平台。

3. 案例：全息波导技术转化

全息波导是第三代显示技术中的重要技术路线，学校科研团队在 AR 显示技术方向上钻研多年，在光学成像、液晶材料、制备工艺、光学仿真设计、AR 显示模块和系统设计等方面具备了较深的技术积累。为促进学校科技成果转化，将科研面向经济主战场，尽快占据市场先机，2022 年 1 月学校科研团队成立了相关技术公司。

技术转移公司作为东南大学科技成果转移转化运作的实体，对科技成果和科研团队进行了调研评估，认为研发团队紧密围绕光波导镜片的研发和生产中涉及的技术进行了充分的自主知识产权布局，并解决了系列关键技术问题，在一些重要技术指标上达到了世界先进水平。技术转移公司协助研发团队启动科技成果转化方案的设计工作，包括作价投资的可行性研究，转化机制和退出机制设计，日常与学校科技成果转移转化联合管理办公室沟通和推进，协调优质产业资源为该科研团队设立的相关技术公司进一步融资、吸引战略投资者、产能建设、产品推广等提供服务。

2022 年 11 月，最终经相关部门和机构综合评估后形成“作价投资”方案：学校相关知识产权作价不低于 1000 万元，按当下公司估值，折算成相应股份入股到该科研团队设立的相关技术公司，无形资产占股 6.17%。按照学校相关管理规定，将无形资产所占股权的 70% 直接奖励科研团队（4.32%），校方获得剩余 30% 股权（1.85%）后，半年内划转至资产公司持有。校方股份在入股后 5 年内，根据企业自身发展情况和需求，可由团队或者其余投资方按不低于原值的价格分次购买退出。

该科研团队的相关技术公司于 2022 年 12 月社会化融资后，投资估值 1.62 亿元。

（二）华中科技大学：推动知识产权专业化服务运营，建设专兼结合的高水平专业化技术转移队伍

1. 完善知识产权管理与成果转化制度

学校围绕高校专业化国家技术转移机构建设试点工作，在知识产权管理与成果转化领导小组的指导下，完善知识产权与成果转化相关政策，建立办法管宏观，细则指导具体实施的制度。为适应国家对科技成果转化的新要求，进一步释放活力，学校修订了《华中科技大学科技成果转化管理办法》，完成了科技成果许可、转让及作价投资 3 个细则文件的印发；为规范学校专业技术人员校外兼职及离岗创业活动，学校印发了《华中科技大学专业技术人员校外兼职或离岗创业管理暂行办法》；为适应新专利法要求，规范科技成果类知识产权管理运营，正在修订《华中科技大学科技成果类知识产权管理办法》并制定相关实施细则。同时，为提供条件保障，学校正在制定《科技成果转化基金管理细则》，服务学校知识产权管理与成果转化工作高质量发展。

2. 创新机制促进高质量知识产权创造

一是学校坚持质量优先，积极探索建立专利申请前评估机制，自建专业队伍，通过检索分析对新申请的可专利性预判，通过调研对商业可行性预测，形成“一表一报告”。从 2021 年 4 月开始试点到 2022 年 8 月，申请前评估共计 2336 件，其中评估通过报告 2034 件；实质性问题报告 302 件，占比 13%，对有实质性问题的申请要求整改或建议撤销申请。试点评估开展以来，学校 2022 年上半年发明专利授权率 84.5%，比 2021 年提高了 8.5%。二是学校自建知识产权特派员机制，围绕优势学科及重大项目，选取重点服务对象，遴选知识产权特派员深入学院、项目组，开展专利基础知识培训、专利信息检索分析、专利挖掘布局、知识产权管家等服务。以转化应用为导向，为全校 21 个项目组开展精准服务，深入学院、项目组主动对接 76 次，培育高价值专利，促进转化运用。例如，“高含水率有机固废阴燃处理技术”形成 37 项发明专利包；“基于智能超表面的无线通信原型系统”形成 13 项发明专利包；“乳腺超声 CT 技术”形成 15 项发明专利包等，都实现了成果转化。

3. 专兼结合建设专业化技术转移队伍

一是依托学校技术转移中心、专利中心、院系及驻外研究院平台，通过“专职 + 兼职”结合的方式，以市场化手段，培育建立一批高水平、专业化的技术转移队伍。二是学校起草制定技术转移专员能力提升专项培训方案，联合湖北技术转移学院订制校内技术转移人才培训课程。三是学校积极推动院系、驻外研究院平台设置技术转移专员岗位，不断壮大技术转移队伍，提升技术转移服务能力。学校现有包括聘用人员在内的技术转移转化人员 30 多人，硕士及以上学历占比 90% 以上；岗位设置为行政管理人员、知识产权专员、技术转移专员和综合服务专员，其中包括高校知识产权与成果转化管理人员、数名原国家知识产权局资深审查员、多名理工科背景及硕士以上学历的具有专利代理人资格且从业经验丰富的技术、法律专员。

4. 案例：飞轮储能电池科技成果转化

飞轮储能装置具有大功率、响应快、深度频繁充放电、无爆炸起火隐患、工作温度范围宽、20 年超长使用寿命、安全可靠、残值高等独特优势，具有广阔的应用前景。华中科技大学电气学院项目团队长期从事飞轮储能技术和装置的研发，学校立足成果供给侧，实施“布局 + 运营 + 赋能”的全链条服务，推进科技成果转化。一是谋划知识产权布局，着力下好转化先手棋。学校启动知识产权特派员机制，安排懂技术、懂专利、懂法律的专业技术人员深入研发团队，围绕电机关键技术实施专利信息检索分析、专利挖掘布局，并通过专利申请前评估保障专利质量，形成 49 项高价值专利包，对专利包进行管家式全生命周期管理。二是做好知识产权运营，实现专利价值。学校安排技术转移专员服务飞轮储能电池科技成果转化项目，通过线上多渠道推介与线下供需精准对接活动相结合实施转化运营。技术转移专员参与项目调研、技术评估、市场预判，帮助设计转化方案，1 个月内高效完成转化程序，2022 年 4 月该成果 5 项发明专利以 500 万元的价格实施转让。

为推动该项目快速落地，实现兆瓦级大容量飞轮储能电池系统开发、生产和销售，并提供基于飞轮储能电池的储能系统和特种电源系统解决方案。项目承接方于 2022 年成立中能（深圳）新动力能源科技有限公司，并约定后续与学校共建飞轮储能技术创新中心，结合项目产业化进度，持续与校方开展技术研发合作。目前该项目产业化已启动，根据公司规划，一期投资 3000 万元，用于产品开发和示范应用；二期投资预估 10.9 亿元，在武汉等地成立研发和生产基地，建设具备年产能 1000 台套的生产线。

（三）华东理工大学：以技术转移机构建设发展为基础，健全知识产权服务体系

1. 重视知识产权，丰富转化模式

2021 年学校对“十三五”期间专利整体分析，梳理了活跃团队、技术领域及高强度专利等，为科研规划、成果转移转化等提供数据支撑。一是建设校知识产权数据平台，对学校专利数据梳理，形成统一信息库。二是围绕学校重点科研方向与项目，探索建立健全专利导航工作机制，2021 年获批首批两家上海市专利导航服务基地之一。三是结合学校新成立碳中和未来技术研究院，通过将专利信息的运用与科研规划相结合，开展化工学科碳中和氢能方向的专利导航。四是将专利分析、专利导航与高价值专利组合培育及行业专利池建设紧密结合，促进科学研究、成果转化工作发展。

此外，学校以技术转移机构建设发展为基础，建设知识产权全流程管理服务体系，并进一步强化科技成果转移转化能力，全面实行课题组自行承担专利申请及维持全部费用。学校长期坚持知识产权运用实效，长期坚持产学研合作与知识产权运用相结合，促进学校技术研发进步与转化运用扩展。学校联合企业与行业，在技术需求、专利布局、成果转化、工程实施全链条密切合作，培育高价值专利，与企业共享。2021 年学校在已有专利普通许可、专利包许可模式的基础上，进行软件著作权许可，并对行业高价值专利进行交叉许可。2022 年，学校开展同一项目的知识产权转让与作价入股联合转化，进一步丰富了学校知识产权的保护与运用形式，满足社会实际商业运用要求。

2. 提升机构职能、完善专业团队

学校国家技术转移中心（简称“中心”）承担学校成果转化工作的管理职责，保障了学校整体科研政策的制定与管理的流畅。一是中心与

学校资产公司合作开展科技成果作价入股工作，中心负责前期成果的管理与评估工作，后期由资产公司负责科技管理公司的成立组建。同时，中心与大学科技园保持长期的合作交流，共同开展校企对接，促使信息共享服务项目转化落地。二是中心组建完善技术转移中心团队，团队人数 10 人，通过专利代理人或司法考试有 4 人，取得技术经纪人资格 9 人；中心就成果转化与知识产权政策进行全理工科学院的内部培训与宣贯，强化全校技术转移与知识产权意识；中心联合知识产权信息服务中心开展多次知识产权信息培训，培养知识产权专业人才。三是中心在疫情防控期间开展多场线上项目路演及企业对接工作，牵头与中国石油天然气集团有限公司、万华化学等开展系统化合作，设计合作模式、规划合作项目，就成体系的成果转化项目合作开展工作，进一步推进实践有组织的成果转化。四是中心与张江高校协同创新研究院、国家知识产权国际运营（上海）平台、上海技术交易所深化合作全面推进成果推广、校地合作、交易评估挂牌工作。2021，中心与上海徐汇汇贤生物工程技术发展中心开展孵化及推广合作，已有 3 项校企合作项目在该平台进行产业化孵化。

3. 案例：技术转让与作价入股联合转化

2020 年 12 月，华东理工大学某技术成果已经完成实验室阶段研究开发与验证工作，需进行工程化研究开发与应用。为使得该技术尽快产业转化，需要工业生产企业的设备和资金的大力支持，同时，为了适应产品市场发展，需要相关的市场营销和市场开发。2022 年 9 月，为深度挖掘该技术成果的内在价值，学校将其相关技术秘密、专利权与专利申请权作为一个整体进行“打包”进行成果转化。转让费的支付区别于以往的现金支付，采取在评估价值基础上进行协议定价，项目标的额 2000 万元：转化价格的 50% 支付学校技术转让费，合同金额 1000 万元；另 50% 采取技术入股成立合资公司，合同金额 1000 万元。学校以本项目转让的技术秘密及专利技术入股，占合资公司股权的 20%。根据学校相关管理制度，将占有的股权进行授权分割，其中 70% 授予科研团队，即科研团队占合资公司股权的 14%。

在合作谈判初期，双方计划采用单纯技术入股成立合资企业，但考虑到合作企业希望尽快拥有该技术的使用权。经过学校国家技术转移中心牵头，会同课题组、资产公司及合作企业进行多轮反复交流和磋商，由学校国家技术转移中心重新设计合作模式，创新性采用技术转让与作价入股相结合的科技成果转化方式。通过资产评估、挂牌交易的多元化科技成果市场交易定价模式，同时开展技术转让及作价入股审核流程，保证项目合作依法依规推进，并且更好地为企业后续融资、上市等提供保障。最终，学校与企业合作双方采取先与合作企业签订技术转让协议，技术转让费用一分为二，一部分由合作企业现金支付；另一部分则作价入股，作为学校所持合资公司的股份。在合资公司成立后，项目技术全部转到合资公司名下。该转化方式，既保障了企业的权利，也维护了学校及科研团队利益，促进了成果转化工作的高效开展。

四、建立完善尽职免责机制

（一）浙江大学：优化转化尽职免责机制，适应科技成果转化的新形势

1. 尽职免责效率优先为导向

一是优化分级审批流程。从提高效率角度考虑，在充分调研兄弟院

校和校内院系的基础上，优化转让、许可类成果转化项目审批流程：合同金额 500 万元以下的转让、许可类项目，由分管副校长终审；合同金额 500 万元及以上的转让、许可类项目，由校务会终审；作价投资类项目由工研院复审、校务会议终审。优化程序预计缩短 50% 左右的审批时间。

二是完善关联交易项目评估模式。除作价投资、关联交易或价格低于近 3 年近似技术领域尽调平均价且以协议定价方式定价的非关联交易的独占许可、排他许可、转让项目以外，其他成果转化项目均不评估。转化价格明显低于近 3 年尽调平均价的项目，成果完成人需签订承诺书，明确转化材料的真实性。非关联交易项目需签订转让承诺书，承诺转化完成后两年内不得将科技成果转让给关联方，否则视为关联交易，学校将根据具体情况进行追诉，特殊情况一事一议。

三是探索成果转化价格确定方式。构建以成本核算、专家评审和第三方评估为主导的价格确定方式，明确适用范围和工作流程。根据科技成果的开发，其知识产权的申请、维护等各类成本核算科技成果价值。针对完成人占股比例大的关联交易项目，由工研院组织专家进行科技成果价值评审，其中邀请参加评估的专家人数原则上不少于 5 人，其中同行专家不低于 3 人。规范第三方评估工作流程，委托有资质的第三方评估机构对科技成果进行价值评估。

四是通过专家论证的方式来确定学校和发明人是否持股。例如，学校机械学院原始团队某教授有两件职务科技成果所有权项目在作价入股的过程中，基于对科技成果公允性和价值度评价考虑，学校通过专家论证的方式，最终确定学校不持股，发明人持股。论证意见主要为：该成果拟入股公司现有股权结构复杂、成果技术成熟度较低、市场同质化较为严重、转化前景不明朗、将成果的部分所有权份额赋予成果完成人后，建议将该成果其余份额直接出让。

五是通过调查取证和专家评估相结合的方式来界定入职前后专利交叉情况的转化。例如，学校药学院某教授团队在全职入职浙江大学前后均创办了企业，在此期间所产生的专利存在时间交集，因此学校通过调查取证并拟于后期邀请与其团队及所属企业无关联的专家组召开会议进行专门论证，界定是否存在浙大相关职务成果的关联性或成果比例。例如，存在关联浙大相关职务成果，将按照现有学校成果转化管理相关办法，通过关联交易的转化方式进行科技成果转让，支持推进科技成果高效转化。

六是在学校职称评审突出成果转化指标。2021 年，经学校各级评审委员会评审，通过专职研究研究员 2 人、副研究员 2 人、农业推广研究员 3 人、副研究员 2 人的职称评定申请。其中，新农村发展研究院 1 位社会服务与推广岗教师，因其在全国脱贫攻坚过程中的实际成效和贡献，学校同意其破格申报农业推广研究员，最终经各级评审，顺利晋升农业推广研究员。

2. 负面清单制度

为推进科技成果转化尽职免责，建立健全科技成果转化尽职免责和风险防控机制，明确转化职务科技成果各方的权利和义务。学校根据实际情况，强化科研诚信机制建设，制定赋予科研人员职务科技成果所有权或长期使用权负面清单 7 项。一是影响国家安全、国防安全、公共安全、经济安全、社会稳定等事关国家利益和重大社会公共利益的；二是涉及国家秘密，未依法依规进行审批，并签订保密协议的；三是赋权过程中未严格遵守科技伦理相关规定，确保科技成果的转化应用安全可控的；四是不具备权属清晰、应用前景明朗、承接对象明确、转化意愿强烈条件的；五是科技成果完成人团队内部未协商一致，未书面约定内部收益分配比例的；六是拟受让方是科技成果完成人关联方，未充分披露的；七是存在其他损害和侵犯学校利益与名誉行为的。

3. 案例：新型冠状病毒印度变异株许可使用

浙江大学医学院附属第一医院传染病诊治国家重点实验室自疫情暴发以来一直开展病毒分离及生物特性研究，于 2021 年 5 月从印度输入性感染者痰液样本中成功分离了 2 株新型冠状病毒 Delta 型变异株用于灭活疫苗的研发。经过新型冠状病毒样本采集、病毒分离、病毒鉴定及 Vero 细胞适应株筛选和毒株质量检定等环节约 2 个月的前期研发，2021 年 7 月学校采用独占许可的方式将该成果许可给某国有全资企业进行进一步研发生产。

由于该成果转化处在疫情防控的特殊时期，且根据赋权试点方案文件精神，试点单位将科技成果转让、许可或者作价投资给国有全资企业的，可以不进行资产评估。为加速推进项目转化学校免去评估过程，工业技术转化研究院委托学校技术转移中心开展尽职调查，并会同审批小组其他成员单位讨论审议，认为该技术不进行资产评估符合文件精神，报学校校务会议讨论通过，批准该技术以协议定价 1000 万元及合同生效日起 25 年内上市销售净利润 10% 的提成进行转化。转化收益扣除 5% 的成本（包括中介费、评估费、申请费和维护费）后，结余净收益在学校、院系、研究所、完成人之间按照 15%、10%、5%、70% 的比例进行分配，分别获得收益 142.5 万元、95 万元、47.5 万元、665 万元。

该成果应用于医药制造业领域，从感染者临床样本中分离出病毒株，对疾病诊断、病原确认、基因特征分析与溯源、特异性基因诊断技术研发、疫苗研究、药物筛选等至关重要，对全球疫情防控具有重要作用。

（二）南京工业大学：建立科技成果转化尽职免责机制，提高科研人员积极性

1. 明确尽职免责正负面清单

学校若干勤勉尽责的规范和细则，规定单位领导人员履行勤勉尽职义务，严格执行决策、公示等管理制度，在没有牟取非法利益的前提下可以免除追究其在科技成果定价、自主决定资产评估及成果赋权中的相关决策失误责任，并明确了尽职免责正面清单和负面清单。

正面清单主要包括：一是通过江苏省技术产权交易市场挂牌交易、拍卖科技成果，或协议定价成交并在学校科研院或省技术产权交易市场公示拟交易价格的，在勤勉尽责、没有牟取非法利益的前提下，免除相关部门和领导在科技成果定价中因科技成果转化后续价值变化产生的决策责任；二是采取作价入股方式转移转化科技成果，符合学校相关管理流程，相关领导勤勉尽责，经审计确认，学校不将该科技成果纳入资产增值保值考核范围，免除相关部门和领导在科技成果发生投资损失中的相关责任；三是成果完成人开展涉密成果转移转化的，相关部门和领导依法依规进行审批，且勤勉尽责，做好相关保密措施，免除相关部门和领导在科技成果发生泄露的相关责任等。

负面清单主要包括：擅自实施或擅自与他人合作实施学校职务科技成果的，擅自将非本人完成的科技成果及其技术资料占为己有，擅自泄露学校技术秘密、商业秘密等。

2. 完善收益分配和人才激励机制

学校鼓励教师创办学科型公司转化科技成果，调动科研管理人员积极性，加快推动学校科技成果向产业转化。学校将专利权人权益的70%以上赋予职务发明人（含发明人团队），通过约定权属或出资比例，对该专利进行分割确权，签订专利权的归属协议，极大提高了科研人员开

展科技成果转化的积极性。

学校在新修订的评聘办法中增加社会服务型教师职称的评审办法和要求，为从事成果转化工作的教师提供了晋升通道，且科研人员、学校下属二级法人单位及各类研发平台承担的横向项目在业绩考核、岗位聘用、职称评定活动中与相应纵向项目同等对待。同时，学校积极落实国家以增加知识价值为导向的收入分配原则，对承接横向科研项目、科技成果获奖、科技成果转化等进行不同类别、不同层次的业绩点核算，激发广大科研人员创新活力。此外，学校允许科技人员离岗创业，且在 3 年内保留其原有身份和职称，档案工资正常晋升，科技成果转化工作中取得的成绩可以作为职称评定、岗位管理、考核评价的依据。

3. 案例：现代木结构防灾减灾关键技术及应用

木结构是中国传统文化瑰宝，对其表现形式加以创造性转化，采用创新性技术赋予其新的时代烙印，是对中华优秀传统文化内涵的补充、拓展和完善。然而，我国木结构发展还存在抗震体系不成熟、防火设计不成熟等短板。针对上述问题，学校针对现代木结构防灾减灾关键共性问题开展了系统研究，研发了系列多高层木结构体系、大跨木结构体系、高性能连接节点和新型木结构构件，突破了建筑与结构的融通及防灾减灾关键技术难题。

学校土木工程学院科研团队从 2008 年开始研究现代木结构防灾减灾关键技术，拥有多项专利技术，推动设立了国家装配式建筑产业基地，编制了国家强制性工程建设规范《木结构通用规范》，项目成果在全国多地推广。主要通过技术咨询、产学研合作等方式为企业开展木结构产品制造、工程设计和施工等方面提供技术支持，技术咨询合同金额逾 5000 万元。2020 年 10 月，南京工业大学与南京工业大学建筑设计研究院签订"现代复杂木结构工程技术咨询"合同，在大型复杂木结构方面开展设计与咨询等产学研合作，合同额 308 万元。2022 年 3 月，通过与中建三局集团有限公司共建碳中和研究院，在平台建设、科学研究、人才培养、产学研合作等方面开展深入合作，中建三局集团有限公司分 3 年每年资助不少于 1500 万元建设经费，合同额逾 4500 万元。上述关键成果技术成功应用于 100 余项国内具有影响力的木结构工程项目中，近两年为企业新增产值 8.9 亿元、新增利润 1.1 亿元。

（三）北京工业大学：完善尽职免责机制和考评体系，推动科技成果转化进程

1. 完善科技成果转化尽职免责机制

学校依法依规制定了分级审批制度、公示制度、工作流程、收益分配机制、风险防控机制等，做到勤勉尽职"有法可依、有据可查"。一是民主决策。《北京工业大学科技成果转化管理办法（试行）》文件规定学校对科技成果转化按交易金额实施分级审批。二是信息公示。转化方案应在转化前进行公示，转化后存档备案，公示时间不少于 15 个自然日。对公示存在异议的，由科发院组织论证，并将论证结果反馈给异议提出者，如异议仍未消除，提请工作小组审议。三是监督管理。学校制定了详细的科技成果转化分步实施流程，能够做到权属明晰无纠纷、投入转化人员无科研劣迹、在单位内公示，充分听取本单位职工意见、对每个步骤工作留痕，可以作为审计、监察等工作的依据。这些措施为学校及负责人依法、公开推动科技成果转化提供法律法规保障，科发院对学校师生的职务科技成果转移转化进行流程化管理。

此外，为深化科技成果使用权、处置权和收益权改革，进一步激发科研人员创新热情，促进科技成果转化，学校开展赋予科研人员职务科

技成果所有权或长期使用权试点工作。结合学校实际情况，针对被赋权成果完成人及科技成果两大类主体，学校制定了科技成果赋权工作负面清单。

2. 优化考核评价体系和人才制度建设

一是考核评价体系。学校在职称评定、岗位聘任、人才评价、绩效考核等环节与科研人员开展科技成果转化工作成效挂钩，形成良好的政策激励环境，最大程度地激发了创新主体的转化热情。二是建设离岗创业、兼职兼薪制度。为鼓励科技人员参与科技创业和成果转化，针对拥有科技成果的专业技术人员，学校提供为期不超过 3 年的离岗创业支持措施，为离岗创业人员保留编制和专业技术职务，支持教师与企业开展产学研多方合作，促进科技成果转化。三是职称分类评审制度建设。学校紧跟国家及北京市重大战略，积极完善科技成果转化人员的评价体系建设。在专业技术岗位内设置一定比例的科技成果转化岗位，以在成果转化和产业化方面取得的业绩作为职称评聘标准，岗位比例可根据实际需要动态调整；对于推动重大科技成果转化的科研人员在职称评定上给予政策支持。四是考核评价制度建设。大力实施绩效工资制度，将绩效工资分配向有重大贡献的技术转移人员倾斜。通过加大对成果转化项目的测算分值，激发了科研人员的创新活力，也为后续职务晋升提供依据。对于科技成果转化业绩突出的科研人员，学校在职称评定上给予特殊政策，如将科技成果转化业绩纳入教师绩效、岗位、职称考核指标并提高赋值权重。

3. 案例：高功率半导体激光器项目

高质量激光技术是智能激光制造技术的支撑，也是高端制造装备国产化进程中的关键核心技术。北京工业大学先进半导体光电技术研究所自开展高功率半导体激光技术研究以来，突破了高功率半导体激光器等全产业链中的诸多关键技术。

2021 年 12 月，学校高功率半导体激光器团队采用先赋权后转化的方式进行激光器技术 11 项知识产权的转化。前期，科研团队提出转化申请，项目技术入股评估价值达千万元。之后，学校落实分级审批制度，通过多层审批最后由成果转化工作小组会议审议，明确了该项目采用先赋权后转化方式，先赋予科技成果完成人知识产权的所有权，学校与成果完成人再以知识产权共同作价入股进行转化。团队自行决定收益分配比例：团队权益的 75% 依据成员的历史贡献及在成果转化公司中拟承担的工作进行分配，团队权益的 25% 作为公司经营中的股权激励池。该项目的转化实施，打破发达国家对中国的激光技术封锁，缓解中国激光器核心部件依赖进口之痛。目前该项目已完成所有转化流程，公司已开始落地运营。

五、推进新型研发机构建设

（一）深圳清华大学研究院：注重体制机制建设创新，打造一体化成果转化服务体系

1. 大胆创新机制体制

深圳清华大学研究院（简称“研究院”）作为清华大学与深圳市政府合作创办的中国第一家新型科研机构，建院 20 多年来背靠清华、扎根深圳，大胆创新机制体制，采用市场化、企业化的运作方式，致力于推动先进技术研发、成果转化和产业孵化，成功打造了一个产学研资深度融合的科技服务与创新孵化体系。一是突出核心与“四个结合”，以机制体制创新为核心，加强学校与地方相结合、研发与孵化相结合、科

技与金融相结合、国内与海外相结合。二是重点建设六大板块，以研发平台、创新基地、投资孵化、科技金融、国际合作和人才培养六大板块的建设为基本内容。三是以打造体系、形成循环增值为目标。打造产学研深度融合的立体孵化体系，全方位孵化成果、项目、企业、人才，形成创新价值的循环增值。

研究院创造了五个“第一”：中国第一家新型科研机构；第一个提出新型科研机构“四不像”运行管理模式；第一个成立了新型科研机构的创业投资公司；第一个创建了新型科研机构的科技金融平台；在北美成立创新创业中心，是第一个新型科研机构的海外创新创业中心。

2. 打造“四位一体”成果转化服务体系

研究院从科研服务、知识产权服务、金融服务、人才服务等方面打造了“四位一体”的科技成果转化服务体系。一是科研服务。当项目从海外或者清华等地落户研究院平台，有包括省级重点实验室、省工程中心等 100 余个研发中心的科研资源共享，帮助项目理想着陆。二是金融服务。项目着陆后，专业化、市场化的投资团队跟进项目全阶段的资本需求，金融团队为企业提供科技担保、科技租赁、科技小贷等“一揽子”金融服务；当企业发展壮大到不同的阶段，研究院再适时退出，循环往复。三是知识产权服务。历经 20 多年的探索、总结和优化，研究院逐步完善了知识产权服务运营体系，同时打造了一支科技成果甄选、评估、谈判、服务的专业队伍。四是人才服务。研究院拥有一支复合型人才队伍，包含高端研发团队、管理服务团队、专业创投团队和科技金融团队，还有常驻海外的国际技术转移团队。研究院在做深做透清华大学科研成果转化的同时，积极推动与其他高等学校和科研院所的深度合作，通过联合成立科技成果转化平台、设立科技成果转化基金等方式，加快推动其科技成果转移转化和技术孵化。

3. 案例：自消杀抗病毒功能材料成果转化

自消杀抗病毒功能材料是一种新型纳米复合材料，通过涂刷、覆膜、制备等多种手段以膜态覆盖于物体表面，能有效杀灭物体表面附着的各类微生物（病毒或细菌）。该项目 2018—2021 年投入研发成本共计数百万元，并在 2022 年取得深圳市抗疫专项项目 500 万元研发经费。在此基础上，研究团队 30 余人先后研制出自消杀抗病毒成膜剂、自消杀抗病毒薄膜、消字号抗菌液，并沉淀多项发明专利。

2021 年，研究院对该成果分两批次进行知识产权作价入股：2021 年初，第一批知识产权作价 615.43 万元入股深圳市力合云记新材料有限公司；2021 年底，第二批知识产权作价 1000 万元入股深圳市力合云记新材料有限公司。自消杀抗病毒功能材料成果转化为政府节约疫情防控支出、保护人民健康、维持正常生活秩序做出积极贡献。目前，自消杀抗病毒功能材料（成膜剂、薄膜）已为 2022 年北京冬奥会和冬残奥会、医院、银行、学校、地铁物业等多个应用场景提供了新冠病毒“物传人”的解决方案，为维护公共场所环境安全做出了突出贡献。

（二）广东粤港澳大湾区国家纳米科技创新研究院：以产业需求为牵引，促进纳米科技成果转化

1. 精准定位，深化院企合作

广东粤港澳大湾区国家纳米科技创新研究院（简称“研究院”）以建设国际一流的纳米技术转化基地为目标，以国家和大湾区重点产业发展需求为牵引，以破解关键核心技术“卡脖子”问题为核心，实践并探索出了一条可持续发展之路。一是积极与外部企事业单位开展合作交流。通过对外部合作交流，与不同类型的企业和单位广泛建立对话合作机制，定期从各个维度挖掘市场需求信息，保持敏锐的市场嗅觉。二是

建立企业代表服务制度。委派企业代表紧密服务研究院参控股企业，联合调研客户需求。三是建立科研项目经理服务制度。联合院内科学家从科研项目应用的角度，通过推动产品试用，反馈、评估市场需求。四是与国内外各领域的大型企业建立战略联盟、合作关系。通过领军优秀企业，如南方电网、小鹏、TCL、华为、东华等大企业，掌握细分市场的领先需求。五是内部定期组织“市场需求及研究院科研项目”研讨会。汇总公司全体成员及各企业代表反馈的市场需求，集体学习研究院内各科研项目的成果和情况，精准匹配市场需求。六是深挖大赛成果对接。依托广纳院承办的中国创新创业大赛纳米产业技术创新专业赛，通过深挖赛果、与自身资源对接，积极推动相关成果落地转化。七是积极回访服务。项目经理和所对接服务的科学家或企业负责人进行联系，当遇到有价值的市场需求，第一时间召集研究院相关科学家对外进行现场或线上交流。八是建设数据库。结合研究院已申报的技术专利、科技发明，建立知识产权、科技发明人才专家库，及时响应市场需求。

2. 搭建公共技术服务平台，促进成果转化

为更好地推动 4–6 级纳米科技成果转移转化，解决制约我国科技经济发展的短板和“卡脖子”问题，研究院打造六大公共技术平台，并围绕平台建成后的服务目标积极开展与合作单位的业务洽谈工作。一是微纳加工平台。旨在打造国内首个由微纳元器件企业、产业链与研究院共同参与的共享 & 协同创新平台，建设以 8 英寸 MEMS、压电器件、磁传感为代表的微纳元器件工艺硬件平台。二是大数据平台。旨在依托研究院致力打造世界上分类最科学、条目最多、类型最丰富和数据应用多样化的纳米大数据平台，参与制定国际公认的纳米科学通用数据标准，建立完善的管理和服务机制，为我国纳米科技的基础研究、产品研发、科普教育及传统制造业的转型升级提供数据服务。三是公共技术服务平台。纳米生物安全评价研究中心依托国家药品监督管理局纳米技术产品研究与评价重点实验室建立为纳米技术产品服务的国内一流、覆盖国际化的公共技术服务平台，旨在打造全国首家以纳米生物材料（药物、器械、化学品、化妆品、新食品原料）安全性评价为特色的GLP中心。四是纳米生物医药中试平台。围绕医用材料、医疗器械、诊断试剂、生物无机纳米缓释材料、抗菌材料的中试生产，支撑研究院纳米生物医药产业发展。五是纳米生物医药检测平台。依托国家药品监督管理局纳米技术产品研发与评价重点实验室，旨在打造国内一流的生物医药分析检测第三方公共技术服务平台、国内首家以纳米生物技术产品质量研究与控制为特色的技术服务平台。六是纳米通用表征平台。根据研究院重大基础建设规划，围绕纳米领域创新和企业创新需求，通过配置通用性强、应用面广、利用率高的大型精密纳米表征设备，构建领域相关通用纳米表征共享技术平台。截至2021年底，研究院围绕纳米生物医药、纳米材料、纳米器件、纳米表面处理等领域共布局引进转化了28个项目，其中包括5G滤波器、纳米光栅波导等22个中试项目。

3. 营造产业创新生态，打造大湾区纳米科技创新成果转移转化集聚区

为营造良好的创新创业氛围，研究院紧抓纳米技术广泛赋能相关产业的趋势与机遇，聚焦纳米科技创新链中较为薄弱的4–6级，多措并举，积极培育纳米产业创新生态，支撑纳米细分领域专业化、集聚化发展，力争将粤港澳大湾区打造成为全球顶尖的纳米产业创新高地。一是承办“中国创新创业大赛纳米产业技术创新专业赛”。带动和发掘一批在技术基础、团队构成、市场前景等方面具有突出发展潜力的纳米科技创新创业团队，促进纳米科技成果的转移转化，持续激发区域科技创新活力。二是推进“中国纳米谷”建设。按照高标准、高质量、高效率的思路持续推进“中国纳米谷”建设，规划建设用地 1.1 平方公里，按照“一区四园”模式分阶段开发建设，主要包括纳米制造与智能技术产业园、纳米医疗与健康技术产业园、纳米能源与环境技术产业园、精准设计与超材料产业园和国家纳米生物安全中心建设。同时，以“中国纳米谷”为发展主阵地，积极承接国内外纳米科技创新成果的转移转化和产业化，孵化一批高科技创新企业，培育纳米产业集群。

4. 案例：“AlN 单晶薄膜生长方法及具有该薄膜的声表面波谐振器”专有技术

在研究院的全力推进下，“5G 滤波器项目”团队于 2020 年入驻孵化，成功搭建国内首条 6 寸声表面波滤波器“自主 EDA—设计—制造—封装”中试线，团队在滤波器 EDA 软件、MEMS 微纳加工及先进封装技术领域取得重大技术突破，获得“周期栅阵的周期长度的测量方法”等 42 项发明专利。研究院于 2021 年将上述科技成果作价投资入股广东广纳芯科技有限公司，标志着“5G 滤波器项目”顺利实现产业化，这是研究院产业孵化模式成功的典型案例之一。

目前广东广纳芯科技有限公司实现了声表面波滤波器从 EDA 设计到 EDA 量产的突破，累计开发 SAW 滤波器产品 100 多款，其中 40 多款已量产推向市场，生产能力达 10 亿颗 / 年，获国家重点领域研发计划支持 2 项、广东省重点领域研发计划支持 1 项、广州市重点领域研发计划支持 1 项，并入选工信部重点产品、工艺“一条龙”应用示范计划。

（三）华南协同创新研究院：大力开展协同创新，全方位服务地方产业转型升级

1. 发挥新型研发机构创新优势，促进开放变革

华南协同创新研究院是广东省东莞市人民政府与华南理工大学合作

共建的、具有独立法人资格的事业单位，2015 年被认定为广东省首批新型研发机构。研究院以东莞重大需求为导向，汇聚华南理工大学及国内外相关科技资源，有效整合“政产学研资介”各方力量，探索“多元、融合、动态、持续”协同创新的新模式和新机制，力求在科学研究、技术开发和产业发展上取得重大进展和突破，大力开展协同创新，全方位服务东莞的产业转型升级。

研究院从实际出发，充分发挥新型研发机构自身优势。一是优化体制机制，释放创新活力。在制度上明确了成果转化的具体方式、流程及成果转化收益分配事宜，出台了《华南协同创新研究院科技成果转化管理办法》《华南协同创新研究院知识产权管理办法》等创新制度，进而充分激发科研人员创新热情，全面释放创新活力。二是以知识产权产出为要点。结合“自身创新中心 + 企业”的发展模式，在知识产权产出阶段就注重与市场需求相结合，以市场需求为导向产出高价值知识产权。三是完善金融科技布局。通过外界或研究院全资子公司设立的创投基金的资金引入，进一步促进技术与资本融合，积极推进科技成果转化的实施、落地。目前，研究院通过核心技术自行转化实施已成立科技型企业 19 家。四是成立专门公司负责管理股权。东莞华工协同创新科技发展有限公司负责科技成果转化中所形成的研究院所属股权的管理，协助办理股权的确权、变更、产权登记、清产核资等事项。

经过几年的基础建设，研究院已初步形成“中心 + 基地”“服务 + 产业”的平台协同体系，正进行快速发展通道，“以项目养平台、以产业促发展”的模式初步展现。结合几年的经验摸索，研究院将秉承“建平台、引人才、接项目”“科研服务创收”“成果专利化、资产化”“产业化企业培养”“建载体促进项目落地”等多头并进的发展模式，履行研究院的创新平台职能，发挥合作共建单位作用，服务东莞产业发展和科技创新。

2. 完善奖励分配机制

研究院将成果转化工作绩效纳入对科研人员的考核指标，将科技成果转化取得的经济效益和社会效益作为科研人员相关评聘的条件，并明确科技成果完成人和为成果转化做出重要贡献的单位和人员的奖励分配机制。一是以技术转让方式转化科技成果的，转化收入可按横向科研项目进行管理，或按现金奖励分配。选择现金奖励的，成果完成人及为转化做出重要贡献的人员占 70%。二是以科技成果作价投资实施转化的，原则上研究院取得企业股权的 70% 可用于直接奖励给科技成果完成人，由成果完成人直接持有，剩余股权由东莞华工协同创新科技发展有限公司代研究院持有，研究院持股平台所持股权根据企业发展评估情况逐步退出。三是研究院担任领导职务的科技人员可以获得现金、股权等奖励或报酬，对担任领导职务的人员的科技成果转化收益分配在研究院网站进行公开公示，明确拟分配的奖励金额、占比情况等。

3. 案例：有机光电功能材料

OLED 有机光电功能材料主要应用于有机光伏薄膜电池，具有独特的柔性、轻薄、可制备贴膜及颜色可调节等突出优势，其能量转换率较高。这类原创性的材料和器件制造核心技术可应用于多功能光伏建筑、自动驾驶、机器人、便携式智能电子、物联网等高端光电子及智能电子领域。

2021 年 2 月，经研究院院务会决议同意将研究院涉及有机光电技术的 63 件发明专利（该批专利经第三方机构评估作价 300 亿元）作价入股 A 公司，研究院专利作价入股完成后，获得 A 公司 30% 的股权。研究院将持股部分（作价入股所占 A 公司总股本的 30%）的 70% 奖励研发团队和 2 名主要发明人。之后，公司技术团队将为华星光电、京东方、维信诺等 OLED 面板制造企业提供自主知识产权的国产化材料，打破国外公司专利壁垒，解决关键核心材料“卡脖子”问题。目前，公司已完成 9000 万元的融资，其中 A 轮融资 7000 万元、引进战略投资者融资 2000 万元，2022 年已经实现销售约 1500 万元。

六、加强企业对接与合作

（一）中国矿业大学：锚定企业重大科技项目，加强目标导向和企业主导的产学研深度融合

1. 与企业共同攻关行业共性关键问题

近年来，随着国家创新驱动发展战略的推进，行业大型企业纷纷加大科技投入力度，以多种形式设立企业重大科技项目，积极推进核心技术研发、科技成果转化及示范工程建设等。学校加强有组织的科研服务，紧紧抓住发展契机，组织科研团队通过开展企业调研摸底、需求定位分析、解决方案推介等，提前对接和谋划企业重大科技项目，充分利用学校优势科研力量，与企业共同攻关行业共性关键问题，为行业高质量发展提供了科技支撑。

2022 年，组织遴选校内科研团队揭榜中煤能源、山东能源“揭榜挂帅”项目，共中榜 5 项；与陕煤集团共同开展“秦岭计划”，从基础研究阶段提前介入支持，助力科研成果跨过成果转化的“死亡之谷”，4 支科研团队成功入选；中标并承担国家能源集团十大科技攻关项目 2 项，项目金额共计 7101.02 万元；组织申报中国石油科技创新基金项目 20 项。全年共签订合同额 500 万元以上企业重大科技项目 19 项，立项经费超 2 亿元。

2. 面向企业加大成果推介和技术对接力度

学校不断加强科技成果的推介力度，与徐州、盐城等地技术转移机构合作举办江苏省 J–TOP 创新挑战季安全应急产业专场活动、“2022 科技成果对接”专场线上路演活动、徐州市经开区产学研合作专题对接活动、淮海经济区高校技术成果对接会等，积极组织参加 2022 年高校院所走进镇江产学研对接活动、苏北五市（宿迁）产学研对接活动、2022 中国无锡“太湖杯”国际精英创新创业大赛、中国（安徽）科技创新成果转化交易会、深圳宝安区高新科技成果转化主题活动、第四届南京六合创业大赛、第六届世界智能大会、第七届中国创新挑战赛（东营）等。

整理和编制了多个领域科技成果汇编，向自然资源部、工业和信息化部、国家矿山安全监察局、中国煤炭工业协会等部门报送了矿产资源节约利用和综合利用、煤矿瓦斯灾害防治、冲击地压监测治理、煤炭行业节能降碳、储能及新兴领域等方面的适用技术和最新研究成果 195 项；组织申报江苏省产学研合作项目 12 项，征集发布企业技术需求 410 项；组织教师与中煤科工、中煤能源、宁德时代、川煤集团、徐矿集团、徐工集团、中铁电气等企业开展科技对接 70 余次；与南京市、宿州市、常州市等 20 余地市开展校地产学研合作对接活动。

进一步完善成果转化渠道，委托江苏省技术市场开展专利与企业需求匹配工作，完成 25 项高度匹配专利的需求分析；积极开展专利开放许可，制定了《中国矿业大学专利开放许可实施方案》，征集发布开放许可专利 56 项；推动 4 项科技成果作价 1000 万元入股江苏安全应急装备产业技术研究院有限公司，已完成价值评估和专利权人变更。

3. 案例：煤矿瓦斯清洁高效利用新模式

我国煤矿瓦斯抽采率低，导致瓦斯事故时有发生；瓦斯利用率低，导致资源浪费和环境污染严重，无法满足国家对煤矿瓦斯高效安全开发与清洁利用的需求，给煤炭企业戴上了制约发展的“紧箍咒”。学校以安全科学与工程“双一流”建设学科为依托，在国家重点研发项目、自然基金重点项目等的支持下，组织科研团队深入企业进行充分调研，与企业高效沟通、协同攻关，累计投入科研人员和研究生超过 150 人年的工作量。针对煤矿瓦斯清洁高效利用问题开展关键技术攻关，创立了“难抽采煤层瓦斯立体分布式开发、瓦斯自适应混配与氧化、瓦斯阶梯式利用”三位一体煤矿瓦斯清洁高效利用新模式。

相关技术成果以多种合作形式在陕西彬长矿业集团有限公司、陕西陕煤韩城矿业有限公司、河南平顶山天安煤业股份有限公司、安徽淮南矿业集团等企业应用，截至 2021 年底，依托该技术累计签订四技合同金额达 8900 余万元。

在该技术转移转化过程中，多次出现技术受让方提供的价格与学校科研团队的心理价位差距较大的情况，中国矿业大学通过技术转移中心积极推动该成果的转移转化，在前期项目论证和最终对总合同金额进行磋商的关键时刻，技术转移中心选派专业技术经纪团队常驻企业方，协助企方更好地应用技术成果，为科研团队争取了合理转化报酬。目前，该成果的应用显著提高了煤矿区瓦斯的抽采利用效率，实现了煤矿瓦斯的节能减排，消除了煤矿瓦斯重特大灾害事故隐患，使瓦斯治理成本降低 25% ～ 30%，保障了煤矿安全生产，实现了我国煤矿瓦斯资源化高效开发与清洁利用技术的跨越式发展。

（二）中国民航科学技术研究院：聚焦民航行业发展需求，探索多种科技成果转化模式

1. 航科院内外和行业内外的转化模式

研究院利用其枢纽优势，探索出科技成果转化的多种模式，有效实

现了研究院内外和行业内外的科研成果转化。一是内部科研成果转化。研究院内部部门根据行业需求开发的技术产品由其下属公司进行转化、推广应用，如特性拦阻系统（EMAS）、通航综合数据记录器（GAIDR）。二是集成转化。明确民航行业发展确有的技术需求，将相关技术分散在不同单位，由研究院下属公司进行集成创新、转化和推广应用，消防救援实训模拟应用系统。三是合作研发转化。明确民航行业发展确有的技术需求，且研究院外部有相关的雏形产品，由研究院或其下属公司与相关单位开展合作，实现相关产品的升级转化，应用于民航行业，如快速存取座舱音频记录器（eCVR）、与首都机场集团合作研发机场群跑道侵入智能监测预警关键技术与系统。四是代理推广应用。行业内已有成熟产品，由研究院下属公司以代理商身份向行业外推广应用，如高效便携式水雾灭火器、“芭蕉扇”公共汽车客舱固定灭火系统等产品。五是合作共建成果转化平台。分别与上海市金山区人民政府、什邡政府签订战略合作协议，依托地方特色产业园区建设，以申报国家民用无人驾驶航空试验区为契机，推动地区无人机基地、无人机产业及航空事业发展，合作搭建成果转化平台，积极服务于无人机一体化发展，探索无人机安全监管、市场运营创新发展道路。

2. 建立三级技术成果开发和转移转化机构

研究院以院经营管理处为成果转化管理机构，以各所室为成果转化部门，设立两家院属企业，即航科院（北京）科技发展有限公司、航科院中宇（北京）新技术发展有限公司，建立了技术研发—统筹管理—操作实施的三级技术成果开发和转移转化机构：院研发中心负责组织对具有推广应用前景的重点项目进行技术开发；院经营管理处统筹科研成果转化和推广，制定经营计划和实施方案；院属企业负责科研成果转化的具体实施。三级技术成果开发和转移转化机构既确保科研成果转化的各个阶段分工明确，同时又保证了各部门之间的协调合作。

在三级机构的共同努力下，研究院技术成果开发和转移转化机制不断完善和优化。一是构建科技成果转化的市场导向机制，打造有利于成果转化的制度和环境，发挥院属企业在创新和转化中的引领作用，培育壮大创新主体。二是建立一批公共技术平台，推进研究成果直接应用于企业生产。三是发挥航科院的技术创新骨干作用，形成创新集群，为行业提供技术创新服务。四是加强对航科院科研成果开发、科技资源投入的监督管理，并对院属企业的科研成果转化水平进行有效评估，进而调整科研资金的投入比率，使研发投入落到实处。五是建立成果转化激励机制，明确成果转化奖励范围、程序、比例，满足科研人员收入增长需求，有效调动各方成果转化积极性。

3. 案例：特性材料拦阻系统（EMAS）

特性材料拦阻系统（EMAS）是一种设置在跑道端外，利用特性泡沫材料的溃缩吸能性能，在保证机上人员和飞机结构安全的条件下，拦停冲出跑道飞机的设施。2010 年，研究院成立了专门的 EMAS 研发团队，投入数十名科研骨干，进行了 6 次真机验证及数十次台架试验。2012 年，民航局正式颁发了国产的特性材料拦阻系统（EMAS）审定合格证书，准许研究院开展“EMAS 工程化应用设计、生产和施工”，研究院下属航科公司正式成为全球第二家 EMAS 建设服务商。在研究团队的努力下，产品经升级研发，进行了内部科研成果转化，EMAS 标准国际化工作也取得突破。截至目前累计签订合同额超过 3 亿元，2021 年新签合同额 1.4 亿元。

EMAS 技术的成果转化，打破了国外公司对该项产品的技术和价格垄断，有效解决了我国许多高原和复杂地形地区机场，飞机冲出跑道危害的重大课题，增加了安全裕度，大幅降低国内的安装成本。目前该套系统已在大理、万州、腾冲、攀枝花、林芝、临沧等 10 个机场铺装应用，未来国内将有 20 余家机场铺装 EMAS。

（三）中国科学院天津工业生物技术研究所：多措并举加强与企业创新合作，推动产业技术发展

1. 全方位与企业技术创新合作

研究所通过与企业生物技术创新合作，推动工业领域生态发展。一是建设所企联合单元。先后与天津春发、浙江君业、河南新拓阳特等 13 家企业共建联合单元，由企业投入运行经费用于联合单元的日常管理和运行。同时，积极推动以具体项目落实联合实验室的实质化运行，为企业在生产实践中遇到的科学与技术问题提供解决方案，如果两年内联合实验室下没有实质性项目，研究所要对联合实验室进行撤销关闭。二是推行大企业合作战略。本着“企业主体、产业聚集、开发共享”的原则，聚焦区域产业重大需求，推动研究所科技、人才、信息与重点行业、重点企业的对接，与渤海化工集团、天津医药集团等行业领军企业合作，积极推进生物化工、生物医药等产业的转型升级、减少工业污染物排放、提高企业的整体的创新能力和持续发展能力。三是推进产业联盟建设。2021 年底，生物制造产业（人才）联盟成员单位数量达到 141 家，其中包括 88 家企业、15 家科研机构、17 家高校院所、8 家金融投资机构、8 家咨询服务机构及 5 家国际科研机构。四是推进产业基金体系建设。研究所不断探索建立科技资本融合发展模式，联合天津市政府引导基金天津市海河产业基金共同设立“天津中科海河生物医药产业基金”，首期 20 亿元，远期 100 亿元。五是推动产业化基地建设。本着“政府政策引导、研究所技术支撑、企业主体运营”的指导思想，已经与山东济宁市政府、山东寿光市政府、河南洛阳西工区，依托山东鲁

抗医药、山东巨能金玉米、洛阳华荣生物共建产业化试验基地、平台、中心等，着力建设中试放大熟化转化的工程化能力及下游产品应用技术开发，拓展研究所技术创新价值链，助推科技成果跨越产业化过程中的“死亡之谷”。

2021 年，研究所与 11 个省市 33 家企业建立合作 42 项，实现横向合同交易额 20 250 万元。2022 年，研究所与 14 个省市 34 家企业建立合作 39 项，实现横向合同交易额 4.52 亿元。截至 2022 年 12 月，在生物医药、化工产业、纺织、发酵等领域与 29 个省市 240 余家企业签署许可、委托、合作等协议 374 项，合同交易额达 18.2 亿元。

2. 构建以知识产权为核心的科技创新链

研究所设计了以知识产权为核心的贯穿生命科学基础研究到生物技术工业应用的科技创新链，从立项、研发到成果转化，建立了专利导航、职务发明披露、专利质量控制、评估分级、运营转化等一系列知识产权工作机制，围绕基础管理、科研项目管理、知识产权运用与知识产权保护等方面加强知识产权全链条保护。其中，在知识产权运营方面采取技术经纪人全程主导机制，由技术经纪人从项目产业需求分析到企业合作研发计划制定、从成果价值评估到成果推广对接、从商务谈判到合同制定、对企业研发项目进行全过程专业化服务。同时，结合技术成果的特点采取“一项一策”精准运营，对接目标企业，引入竞争性招标谈判，确保科技成果价值最大化。

在天津市知识产权局的大力支持下，作为国家合成生物技术创新中心的重点建设内容，由研究所牵头建设的“中国合成生物产业知识产权运营中心”目前已经获得国家知识产权局的批复。

3. 案例：5– 氨基乙酰丙酸低成本生物制造

5– 氨基乙酰丙酸（5–ALA）是生物体内天然存在的一种功能性非

蛋白质氨基酸，具有生物可降解和无毒无残留的优点，在医药、农药、化工等领域应用广泛。ALA 具有植物生长刺激素的作用，在农业领域可以促进农作物、果树、蔬菜、园林植物等的生长，提高产量、品质；在饲料领域，可以改善贫血，提高禽畜等动物的免疫能力；在医药上可以用作新一代光动力学药物，用于癌症诊断和治疗，还作为添加成分用于化妆品及保健食品。

项目研发初期在陕西榆林、安徽怀远等地进行了果蔬的大田应用示范，对应的产量均提高 15% 以上，果实品质也有明显提升；进行了猪、鸡饲喂实验，猪“皮红毛亮”，提高了动物的健康水平，减少了抗生素的使用，降低了料肉比。项目成果已在国内外形成了较为全面的知识产权布局，已申请中国发明专利 8 项，其中 3 项获得授权，在美国、日本、韩国、欧洲进行了专利布局，目前已收到韩国专利授权通知。之后，为推动 5-ALA 低成本生物制造技术在多领域的应用，特别是需求量广阔的农业和畜牧领域将得以大幅拓展，研究所与天津、山东等多家农业和饲料领域企业以普通实施许可的方式建立合作，成果转化净收入的 70% 奖励给成果完成人。其中，山东某企业依托在天津的产业化基地，建立科技成果熟化放大、工艺优化、产业培育的示范基地，充分利用其在健康食品、日化消费品等方面具备完善的应用开发基础和产品销售渠道，拓展 5-ALA 的应用领域，打开 5-ALA 在食品、保健品及化妆品的市场；天津某传统化工企业依托于该项目建设了生物制造中试放大及产业化基地，突破化工产品生物制造的产业化瓶颈，助力天津渤海化工集团由传统化工产业向高值化发展。

第二篇

高等院校

第一章 概 况

本篇对 2021 年 1478 家高等院校的科技成果转化进展和成效[①]进行研究分析。2021 年高等院校科技成果转化总体进展主要数据如表 2-1-1 所示。

表 2-1-1 2021 年高等院校科技成果转化总体进展主要数据

指标名称		2021 年	比上一年变化率[②]
总体概况	总合同项数 / 项	270 527	22.0%
	总合同金额 / 万元	10 860 805.3	31.6%
	合同当年到账金额 / 万元	6 950 990.2	28.0%

① 本篇涉及各维度总数（包括图表）分别指 2021 年 1478 家、2020 年 1433 家、2019 年 1379 家、2018 年 1236 家、2017 年 1234 家、2016 年 924 家相对应总数。今年年度报告在数据核对过程中发现，部分单位的单位性质及个别数据有误，联系填报单位进行更正，因此本年年度报告中显示的 2016—2020 年个别数据会与往年已发布报告中的数据略有变化。

② 比上一年变化率：报告中涉及“比上一年”变化率的统计口径是同时填报了 2021 年和 2020 年年度报告的 1398 家高等院校相应数据。

续表

指标名称		2021 年	比上一年变化率
以转让、许可、作价投资方式转化科技成果	合同项数 / 项	18 977	10.2%
	合同金额 / 万元	1 297 662.8	13.6%
	合同当年到账金额（转让、许可）/ 万元	356 802.4	38.0%
	财政资助项目产生的科技成果转化合同金额 / 万元	376 460.0	3.8%
	中央财政资助项目产生的科技成果转化合同金额 / 万元	335 268.2	–0.1%
	个人获得的现金和股权奖励金额 / 万元	486 841.3	39.1%
	奖励人次 / 万人次	3.2	–0.5%
	人均奖励金额 / 万元	15.1	39.8%
以技术开发、咨询、服务[①]方式转化科技成果	合同项数 / 项	251 550	23.0%
	合同金额 / 万元	9 563 142.6	34.5%
	当年到账金额 / 万元	6 594 187.9	27.5%
获得财政资金资助立项批复的科技项目[②]	科技项目（课题）总金额 / 万元	10 840 751.4	/[③]
	科技项目（课题）财政资助总金额 / 万元	8 684 843.3	
	科技项目（课题）中央财政资助总金额 / 万元	5 884 765.6	
	项目（课题）资金当年到账金额 / 万元[④]	7 859 336.5	
	项目（课题）财政资助资金当年到账金额 / 万元	6 765 022.3	
	项目（课题）中央财政资助资金当年到账金额 / 万元	4 162 990.2	

① 技术开发、咨询、服务：原指产学研合作（技术开发、技术咨询、技术服务）。

② 由于同一个科技项目可能涉及多家承担单位，项目数量可能涉及重复申报，因此不进行科技项目数累加统计。

③ 本次新增指标，无历史数据进行比较。

④ 项目（课题）资金当年到账金额：为当年新获批和往年获批的科技计划项目（课题）在当年实际到账的金额，包含财政资助资金和自筹资金的到账金额总和。

续表

指标名称		2021 年	比上一年变化率
其他[①]	自建技术转移机构的单位数量 / 个	592	3.6%
	与市场化技术转移机构合作的单位数量 / 个	560	9.4%
	与企业共建研发机构、转移机构、转化服务平台数量 / 个	11 220	11.2%
	专职从事科技成果转化工作人数 / 人	7343	12.7%
	在外兼职从事成果转化人员和离岗创业人员数 / 人	10 847	8.2%
	创设新公司和参股新公司数 / 个	2110	14.9%

一、科技成果转化总体进展

2021 年，本报告统计的高等院校以转让、许可、作价投资和技术开发、咨询、服务方式转化科技成果的总合同金额、总合同项数和合同当年到账金额（不含作价投资）均明显增长[②]。1478 家高等院校以转让、许可、作价投资和技术开发、咨询、服务方式转化科技成果的总合同金额为 1086.1 亿元，比上一年增长 31.6%；总合同项数为 270 527 项，比上一年增长 22.0%（图 2–1–1）；合同当年到账金额（不含作价投资）为 695.1 亿元，比上一年增长 28.0%。

① 其他指标为截至 2021 年底的机构、平台、人员、公司的数量。

② 本报告中增长率对应表述：0 表示与上一年基本持平；0（不含）～ 10% 表示略有增长；10%（含）～ 20% 表示有所增长；20%（含）～ 40% 表示明显增长；40%（含）～ 60% 表示显著增长；60%（含）～ 100% 表示大幅增长；100%（含）以上表示按约增长 ×× 倍表述，保留一位小数；减少的情况按类似规则修改为 ×× 降低。

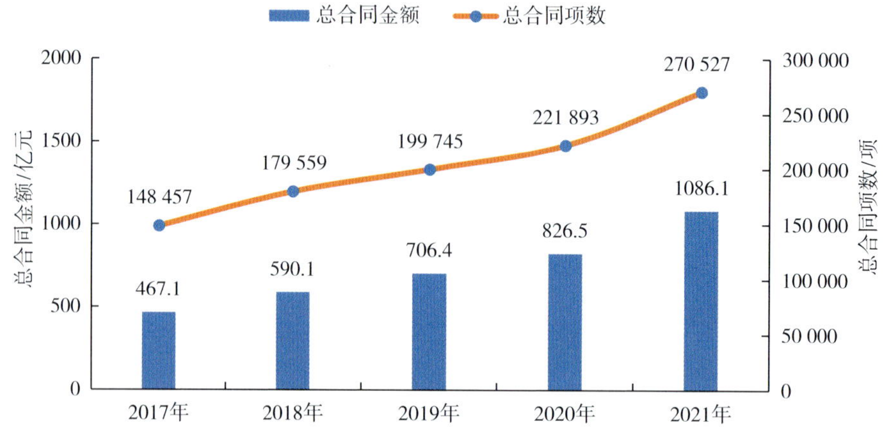

图 2-1-1　高等院校以转让、许可、作价投资和技术开发、咨询、服务方式转化科技成果的总合同金额和总合同项数

2021 年，高等院校以转让、许可、作价投资和技术开发、咨询、服务方式转化科技成果的转化均价略有增长，以转让、许可、作价投资和技术开发、咨询、服务方式转化科技成果的平均合同金额为 40.1 万元，比上一年增长 7.8%。大额科技成果项目数大幅增长，单项科技成果转化合同金额 1 亿元及以上的成果有 48 项，比上一年增长 71.4%；5000 万元及以上的有 104 项，比上一年增长 85.7%；1000 万元及以上的有 830 项，比上一年增长 65.0%。同时，2021 年有 198 家高等院校科技成果转化总合同金额超过 1 亿元，比上一年增长 30.3%。

此外，从高等院校所在地维度统计，总合同金额排名居前 3 位的省份分别为北京市（178.1 亿元）、江苏省（136.7 亿元）、上海市（104.9 亿元），总合同项数排名居前 3 位的省份分别为江苏省（37 379 项）、北京市（25 635 项）、湖北省（20 177 项）。

二、单位类型

1478 家高等院校中，按属地划分，包括中央所属单位 105 家、地方所属单位 1373 家。其中，中央所属高等院校科技成果转化总合同金额为 646.9 亿元，比上一年增长 29.8%，占高等院校转化总金额的 59.6%；转化总合同项数为 99 481 项，比上一年增长 17.0%，占高等院校转化总项数的 36.8%。地方所属高等院校科技成果转化总合同金额为 439.2 亿元，比上一年增长 34.3%，占高等院校转化总金额的 40.4%；转化总合同项数为 171 046 项，比上一年增长 25.2%，占高等院校转化总项数的 63.2%。

三、以转让、许可、作价投资方式转化科技成果

（一）合同金额和合同项数

一是总合同金额和总合同项数均有所增长。2021 年，以转让、许可、作价投资方式转化科技成果的总合同金额为 129.8 亿元，比上一年增长 13.6%；总合同项数为 18 977 项，比上一年增长 10.2%。二是合同金额超过 1 亿元的单位数量有所增长。2021 年，以转让、许可、作价投资方式转化科技成果合同金额超过 1 亿元的高等院校数量为 27 家，比上一年增长 12.5%。三是财政资助项目产生的科技成果转化合同金额略有增长，合同项数有所增长。财政资助项目以转让、许可、作价投资方式转化科技成果的合同金额为 37.6 亿元，比上一年增长 3.8%；合同项数为 2505 项，比上一年增长 10.1%。其中，中央财政资助项目产生的合同金额为 33.5 亿元，比上一年下降 0.1%；合同项数为 1599 项，比上一年增长 4.0%。

（二）平均合同金额

2021 年，以转让、许可、作价投资方式转化科技成果的平均合同金额为 68.4 万元，比上一年增长 3.1%。其中，以转让方式转化科技成果的平均合同金额为 37.2 万元，比上一年增长 35.2%；以许可方式转化科技成果的平均合同金额为 87.6 万元，比上一年下降 17.3%；以作价投资方式转化科技成果的平均合同金额为 877.9 万元，比上一年下降 23.9%，是转让方式转化科技成果平均合同金额的 23.6 倍，是许可方式转化科技成果平均合同金额的 10.0 倍。

（三）现金和股权奖励

一是现金和股权奖励总金额明显增长。2021 年，个人获得的现金和股权奖励金额达 48.7 亿元，比上一年增长 39.1%。其中，现金奖励金额为 28.5 亿元，比上一年增长 56.2%；股权奖励为 20.2 亿元，比上一年增长 20.6%。二是研发与转化主要贡献人员获得的奖励金额明显增长，奖励总金额达 44.1 亿元，比上一年增长 34.5%，占奖励个人总金额（48.7 亿元）的 90.5%。三是奖励人次略有下降，人均奖励金额明显增长。现金和股权奖励科研人员人次为 3.2 万人次，比上一年下降 0.5%，人均奖励金额为 15.1 万元，比上一年增长 39.8%。

（四）转化流向

一是制造业领域成果转化最为活跃（以合同金额计，下同）。2021 年，高等院校转化至制造业的合同金额为 45.9 亿元，占转让、许可、作价投资总合同金额的 35.4%。二是科技成果主要转化至中小微其他企业。转化至中小微其他企业的合同金额为 96.4 亿元，占转让、许可、作价投资总合同金额的 74.3%。三是产出科技成果合同金额排名居前 3 位的省份分别是上海市、北京市、江苏省，承接科技成果合同金额排名居前 3 位的省份分别是上海市、江苏省、广东省。

四、以技术开发、咨询、服务方式转化科技成果

一是合同金额和合同项数均明显增长。2021 年，高等院校以技术开发、咨询、服务方式转化科技成果的总合同金额为 956.3 亿元，比上一年增长 34.5%，占成果转化总合同金额的 88.1%；合同项数为 251 550 项，比上一年增长 23.0%，占成果转化总合同项数的 93.0%。二是合同金额超过 1 亿元的单位数量明显增长。2021 年，高等院校以技术开发、咨询、服务方式转化科技成果合同金额超过 1 亿元的高等院校数量为 182 家，比上一年增长 32.8%。三是平均合同金额略有增长。2021 年，高等院校以技术开发、咨询、服务方式转化科技成果的平均合同金额为 38.0 万元，比上一年增长 9.3%。

第二章
转让、许可、作价投资的进展成效

一、总体情况

科技成果转化活动日益活跃，以转让、许可、作价投资方式转化科技成果的合同金额和合同项数均有所增长。2021 年，1478 家高等院校以转让、许可、作价投资方式转化科技成果的合同金额为 129.8 亿元，比上一年增长 13.6%；合同项数为 18 977 项，比上一年增长 10.2%（图 2-2-1）。

图 2-2-1　高等院校以转让、许可、作价投资方式转化科技成果的合同金额和合同项数

平均合同金额比上一年略有增长。2021 年，高等院校以转让、许可、作价投资方式转化科技成果的平均合同金额为 68.4 万元，比上一年增长 3.1%。高等院校以转让、许可、作价投资方式转化科技成果的单项合同金额及其所对应的合同项数区间分布如表 2-2-1 和图 2-2-2 所示，单项合同金额在 10 万元以下的合同为 12 485 项，合同项数占比为 65.8%，该区间的合同金额为 3.2 亿元，合同金额占比为 2.4%；10 万（含）～100 万元的合同为 5160 项，合同项数占比为 27.2%，该区间的合同金额为 13.9 亿元，合同金额占比为 10.7%；100 万（含）～1000 万元的合同为 1125 项，合同项数占比为 5.9%，该区间的合同金额为 28.9 亿元，合同金额占比为 22.3%；1000 万（含）～1 亿元的合同为 178 项，合同项数占比为 0.9%，该区间的合同金额为 41.8 亿元，合同金额占比为 32.2%；1 亿元及以上的合同为 29 项，合同项数占比为 0.2%，该区间的合同金额为 42.0 亿元，合同金额占比为 32.3%。

表 2-2-1　高等院校以转让、许可、作价投资方式转化科技成果的单项合同金额及其所对应的合同项数区间分布

合同金额区间	合同项数 / 项	合同项数占比	合同金额 / 万元	合同金额占比
1 亿元及以上	29	0.2%	419 778.1	32.3%
1000 万（含）～1 亿元	178	0.9%	417 951.5	32.2%
100 万（含）～1000 万元	1125	5.9%	288 976.1	22.3%
10 万（含）～100 万元	5160	27.2%	139 391.9	10.7%
10 万元以下	12 485	65.8%	31 565.2	2.4%
总计	18 977	/	1 297 662.8	/

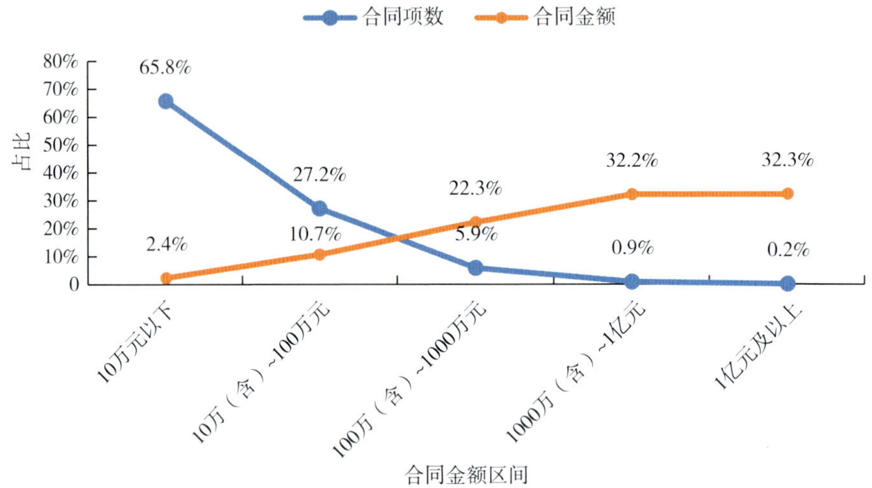

图 2-2-2　高等院校以转让、许可、作价投资方式转化科技成果的合同项数、合同金额占比分布情况

合同金额超过 1 亿元的单位数量有所增长。2021 年，以转让、许可、作价投资方式转化科技成果累计合同金额超过 1 亿元的高等院校有 27 家，比上一年增长 12.5%；超过 1000 万元的有 142 家，这 142 家高等院校的转让、许可、作价投资合同金额占 1478 家高等院校转让、许可、作价投资总合同金额的 92.8%。

转让、许可合同当年到账金额[①]比上一年明显增长。2021 年，高等院校以转让、许可方式转化科技成果合同当年到账金额共计 35.7 亿元，比上一年增长 38.0%（图 2-2-3）。其中，中央所属高等院校当年到账金额为 19.6 亿元，比上一年增长 32.4%；地方所属高等院校当年到账金

① “当年到账金额”为当年新签订和往年签订的合同在当年实际到账的总金额。由于科技成果转化合同对执行方式和执行周期的具体约定不同，部分转让、许可合同按执行周期进展分阶段拨付，通常情况下高等院校会基于当年实际到账金额实施奖励。因此，为了能够更加准确地反映科技成果转化产生的实时经济效益，对各单位转让、许可合同的当年到账金额进行了采集。

额为 16.1 亿元，比上一年增长 45.5%。

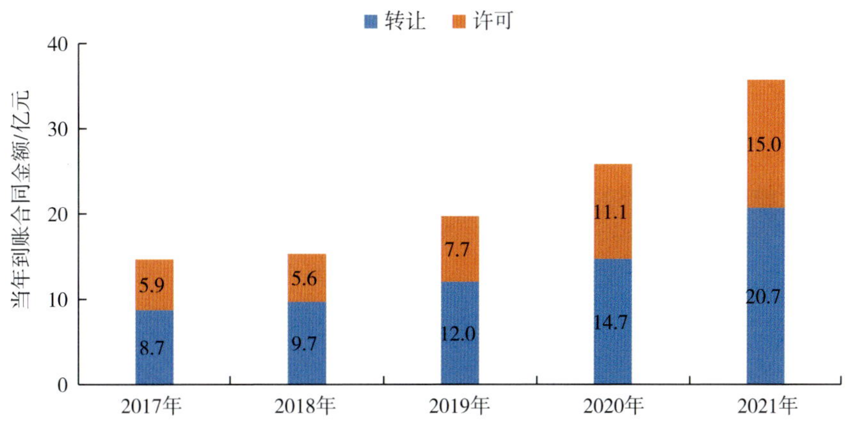

图 2-2-3 高等院校以转让、许可方式转化科技成果的当年到账合同金额

高价值成果转化效益凸显。2021 年，高等院校以转让、许可、作价投资方式转化科技成果单项合同金额 1 亿元及以上的合同有 29 项（表 2-2-2），5000 万元及以上的有 48 项，1000 万元及以上的有 207 项。

将单项合同金额超过 1 亿元的科技成果按转化至单位所在地区来看①，其中 21 项转化至东部地区（上海市 8 项、浙江省 3 项、江苏省 4 项、广东省 3 项、山东省 2 项、北京市 1 项），4 项转化至中部地区（湖南省 2 项、江西省 1 项、湖北省 1 项），3 项转化至西部地区（陕西省 1 项、四川省 1 项、重庆市 1 项），1 项转化至香港特别行政区；按转化

① 根据国家统计局公布的《东西中部和东北地区划分方法》，本报告中东部、中部、西部、东北地区分别指：东部地区包括北京、天津、河北、上海、江苏、浙江、福建、山东、广东和海南（10 个省、直辖市）；中部地区包括山西、安徽、江西、河南、湖北和湖南（6 个省）；西部地区包括内蒙古、广西、重庆、四川、贵州、云南、西藏、陕西、甘肃、青海、宁夏和新疆（12 个省、自治区、直辖市）；东北地区包括辽宁、吉林和黑龙江（3 个省）。

至单位类型[①]来看，其中 4 项转化至国有企业地区（2 项转化至大型国有企业、2 项转化至中小微国有企业），25 项转化至其他企业地区（4 项转化至大型其他企业、21 项转化至中小微其他企业）。

表 2-2-2 高等院校以转让、许可、作价投资方式转化科技成果的单项合同金额 1 亿元及以上的成果分布

序号	高等院校名称	转化方式	合同项数 / 项
1	上海科技大学	许可	5
2	复旦大学	转让	3
		许可	2
3	上海交通大学	转让	2
		许可	1
		作价投资	1
4	中国医科大学	转让	3
5	四川大学	许可	2
6	清华大学	许可	2
7	重庆理工大学	作价投资	1
8	中山大学	转让	1
9	中南大学	转让	1
10	武汉大学	作价投资	1
11	上海海洋大学	转让	1
12	山东大学	转让	1
13	江西中医药大学	作价投资	1
14	湖南大学	作价投资	1

① “中小微企业”和“大型企业”标准参考《统计上大中小微型企业划分办法》（国统字〔2017〕213 号），“国有企业”标准参考《关于划分企业登记注册类型的规定调整的通知》（国统字〔2011〕86 号），非国有企业归类为“其他企业”。

（一）转让、许可、作价投资合同对比

从合同金额维度看，转让合同金额显著增长，许可合同金额略有增长，作价投资合同金额略有下降。2021 年，高等院校以转让方式转化科技成果的合同金额为 49.3 亿元，比上一年增长 40.5%；以许可方式转化科技成果的合同金额为 46.8 亿元，比上一年增长 6.2%；以作价投资方式转化科技成果的合同金额为 33.7 亿元，比上一年下降 4.1%（图 2–2–4）。

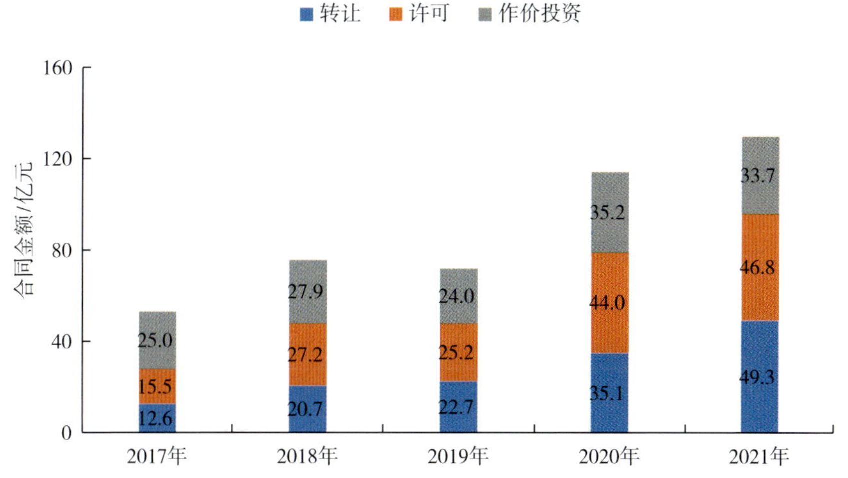

图 2–2–4　高等院校以转让、许可、作价投资方式转化科技成果的合同金额情况

作价投资方式转化科技成果的平均合同金额最高，是转让方式转化科技成果平均合同金额的 23.6 倍，是许可方式转化科技成果平均合同金额的 10.0 倍。2021 年，高等院校以转让方式转化科技成果的平均合同金额为 37.2 万元，比上一年增长 35.2%；以许可方式转化科技成果的平均合同金额为 87.6 万元，比上一年下降 17.3%；以作价投资方式转化科技成果的平均合同金额为 877.9 万元，比上一年下降 23.9%（图 2–2–5）。

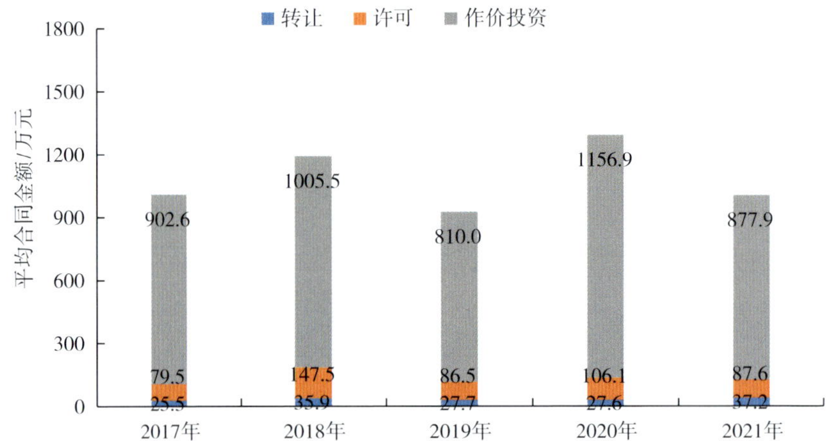

图 2-2-5　高等院校以转让、许可、作价投资方式转化科技成果的平均合同金额情况

高等院校以转让方式转化科技成果的合同项目数最多，占以转让、许可、作价投资方式转化科技成果总合同项数（18 977 项）的 69.9%。2021 年，高等院校以转让方式转化科技成果的合同项数为 13 258 项，比上一年增长 3.9%；以许可方式转化科技成果的合同项数为 5335 项，比上一年增长 28.4%；以作价投资方式转化科技成果的合同项数为 384 项，比上一年增长 26.0%（图 2-2-6）。

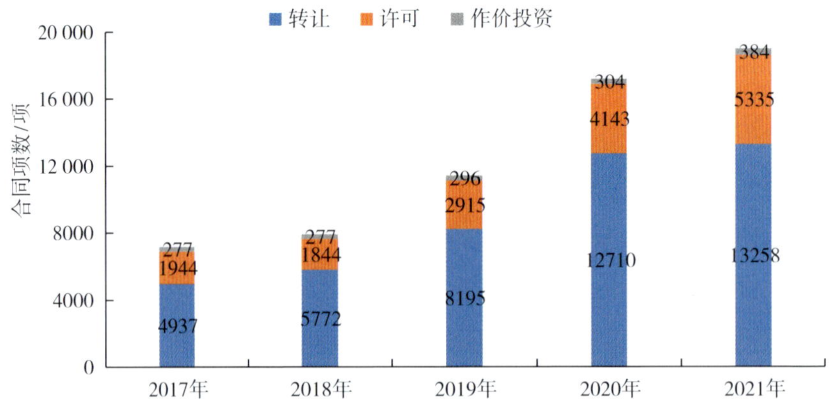

图 2-2-6　高等院校以转让、许可、作价投资方式转化科技成果的合同项数情况

（二）中央所属高等院校科技成果转化情况

中央所属高等院校以转让、许可、作价投资方式转化科技成果的合同金额有所增长，合同项数略有增长。2021 年，中央所属高等院校以转让、许可、作价投资方式转化科技成果的合同金额为 82.4 亿元，比上一年增长 10.9%；合同项数为 4735 项，比上一年增长 2.4%（图 2-2-7）。

图 2-2-7　中央所属高等院校以转让、许可、作价投资方式转化科技成果的合同金额和合同项数情况

（三）地方所属高等院校科技成果转化情况

地方所属高等院校以转让、许可、作价投资方式转化科技成果的合同金额有所增长，合同项数有所增长。2021 年，地方所属高等院校以转让、许可、作价投资方式转化科技成果的合同金额为 47.4 亿元，比上一年增长 18.6%；合同项数为 14 242 项，比上一年增长 13.1%（图 2-2-8）。

图 2-2-8　地方所属高等院校以转让、许可、作价投资方式转化科技成果的合同金额和合同项数情况

2021 年，地方所属高等院校以转让、许可、作价投资方式转化科技成果的合同金额排名居前 3 位的省份分别是上海市（13.5 亿元）、山东省（5.4 亿元）、广东省（3.7 亿元）（图 2-2-9）。

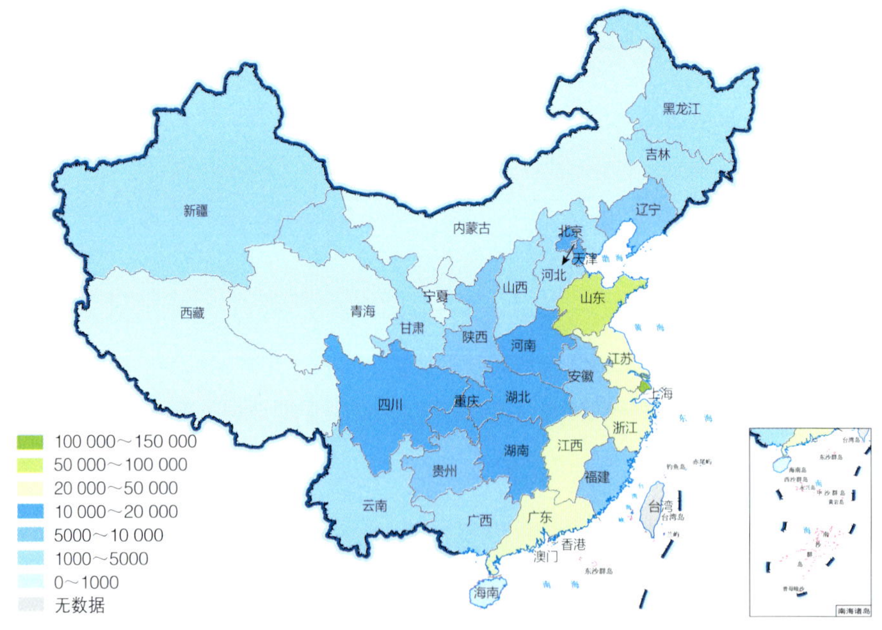

图 2-2-9　地方所属高等院校以转让、许可、作价投资方式转化科技成果的合同金额（单位：万元）区间分布

（四）各地方辖区内高等院校[①]科技成果转化情况

按照高等院校所在地统计，2021年各地方辖区内高等院校以转让、许可、作价投资方式转化科技成果合同金额排名居前3位的省份分别是上海市（35.9亿元）、北京市（16.4亿元）、江苏省（14.4亿元）（图2-2-10）。

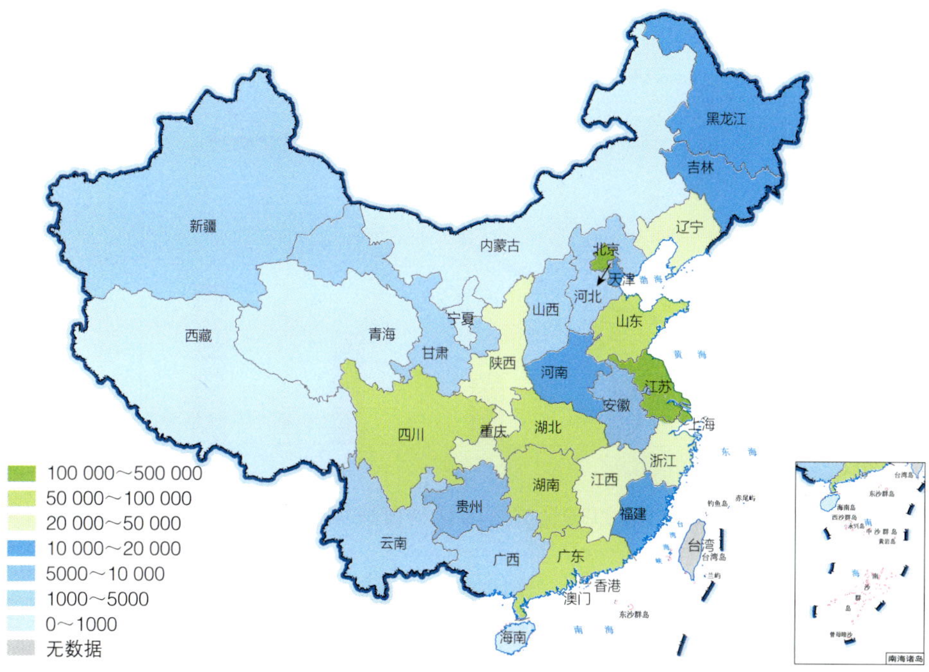

图2-2-10　各地方辖区内高等院校以转让、许可、作价投资方式转化科技成果的合同金额（单位：万元）区间分布

① 辖区数据为按照单位所在地统计的数据，是各地方所属单位及其辖区内中央所属单位相应数据的加和。

二、以转让方式转化科技成果

以转让方式转化科技成果的合同金额显著增长，合同项数略有增长，平均合同金额明显增长。2021 年，高等院校以转让方式转化科技成果的合同金额为 49.3 亿元，比上一年增长 40.5%；合同项数为 13 258 项，比上一年增长 3.9%（图 2-2-11）；平均合同金额为 37.2 万元，比上一年增长 35.2%。

图 2-2-11 高等院校以转让方式转化科技成果的合同金额和合同项数

三、以许可方式转化科技成果

以许可方式转化科技成果的合同金额略有增长，合同项数明显增长，平均合同金额有所下降。2021 年，高等院校以许可方式转化科技成果的合同金额为 46.8 亿元，比上一年增长 6.2%；合同项数为 5335 项，比上一年增长 28.4%（图 2-2-12）；平均合同金额为 87.6 万元，比上一年下降 17.3%。

图 2-2-12 高等院校以许可方式转化科技成果的合同金额和合同项数

四、以作价投资方式转化科技成果

以作价投资方式转化科技成果的合同金额略有下降，合同项数明显增长，平均合同金额明显下降。2021 年，高等院校以作价投资方式转化科技成果的合同金额为 33.7 亿元，比上一年下降 4.1%；合同项数为 384 项，比上一年增长 26.0%（图 2-2-13）；平均合同金额为 877.9 万元，比上一年下降 23.9%。

图 2-2-13 高等院校以作价投资方式转化科技成果的合同金额和合同项数

五、科技成果转化定价方式

协议定价方式是科技成果转化主要定价方式。2021 年，高等院校以转让、许可、作价投资方式转化科技成果的 18 977 项合同中，采用协议定价方式的有 18 273 项，占总数的 96.3%，总合同金额为 118.6 亿元，平均合同金额为 64.9 万元；采用拍卖方式的有 86 项，占总数的 0.5%，总合同金额为 0.6 亿元，平均合同金额为 74.5 万元；采用挂牌交易方式的有 618 项，占总数的 3.3%，总合同金额为 10.5 亿元，平均合同金额为 170.4 万元（图 2-2-14）。

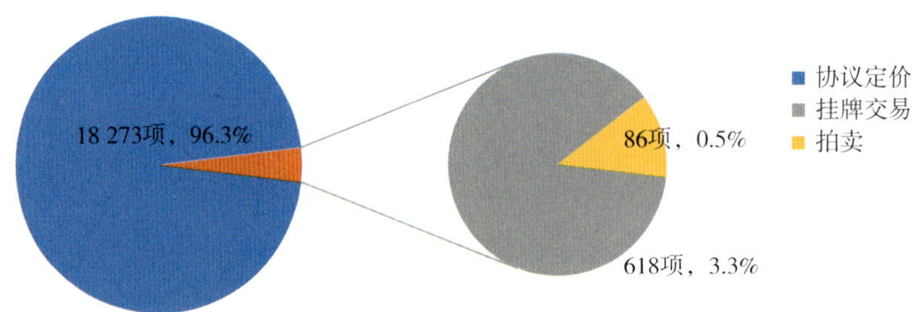

图 2-2-14　高等院校以转让、许可、作价投资方式转化科技成果的定价方式

科技成果转化定价过程中，经过评估的转化成果为 5100 项，占总数的 26.9%，总合同金额为 61.2 亿元，平均合同金额为 120.0 万元；未经过评估的转化成果为 13 877 项，占总数的 73.1%，总合同金额为 68.6 亿元，平均合同金额为 49.4 万元（图 2-2-15）。

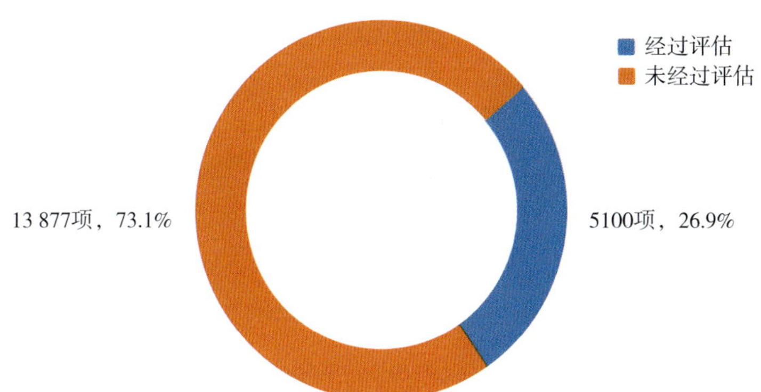

图 2-2-15　高等院校以转让、许可、作价投资方式转化科技成果的合同定价过程中的评估情况

六、科技成果转化流向

（一）转化至单位类型

科技成果主要转化至境内中小微企业。2021 年，高等院校科技成果以转让、许可、作价投资方式转化到境内、境外的合同金额分别是 129.1 亿元、0.7 亿元，占比分别为 99.5%、0.5%（图 2-2-16），科技成果以转让、许可、作价投资方式转化到境内、境外的合同项数分别是 18 962 项、15 项，占比分别为 99.9%、0.1%（图 2-2-17）。

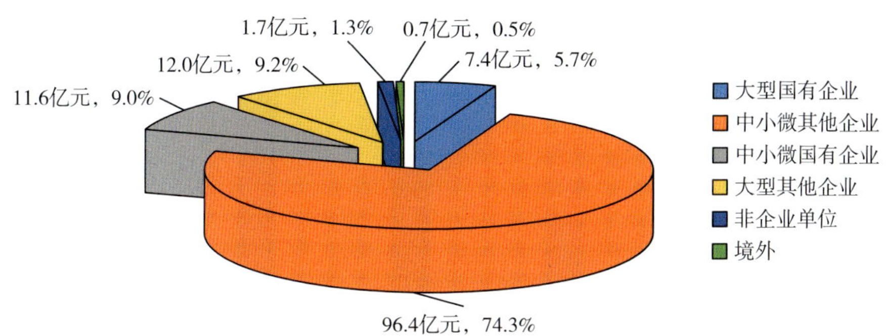

图 2-2-16　高等院校与境内外单位签订的以转让、许可、作价投资方式转化的科技成果转化去向、合同金额及占比情况

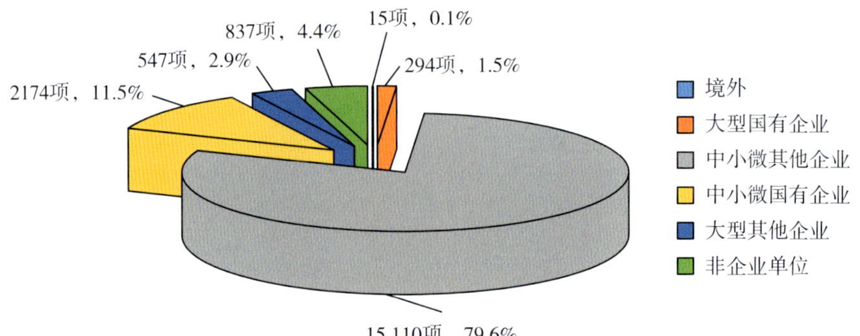

图 2-2-17　高等院校与境内外单位签订的以转让、许可、作价投资方式转化的科技成果转化去向、合同项数及占比情况

在境内转化的科技成果中，转化至中小微企业、大型企业、非企业单位的科技成果合同金额分别为 108.0 亿元、19.3 亿元、1.7 亿元，占总合同金额的比重分别为 83.2%、14.9%、1.3%，比重比上一年分别增长 12.7%、增长 26.5%、下降 30.0%（图 2-2-18）；转化至中小微企业、大型企业、非企业单位的科技成果数量分别为 17 284 项、841 项、837 项，占科技成果转化总合同数的比重分别为 91.1%、4.4%、4.4%，比重比上一年分别增长 9.4%、增长 15.4%、增长 23.1%（图 2-2-19）。

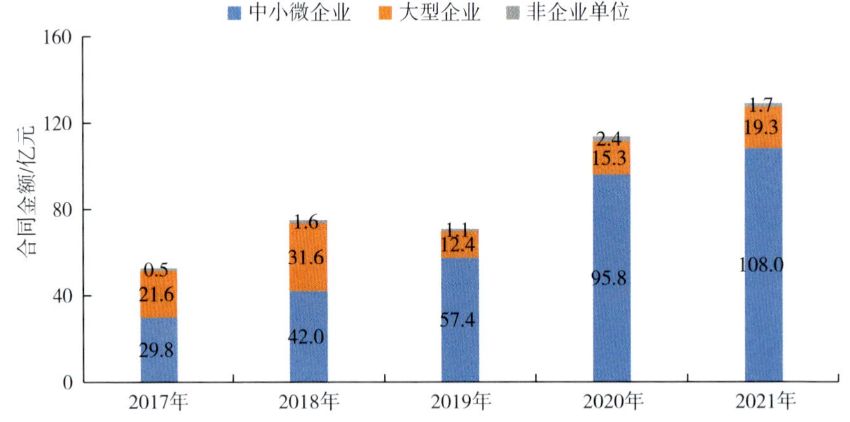

图 2-2-18　高等院校以转让、许可、作价投资方式转化的科技成果与境内单位签订的合同金额

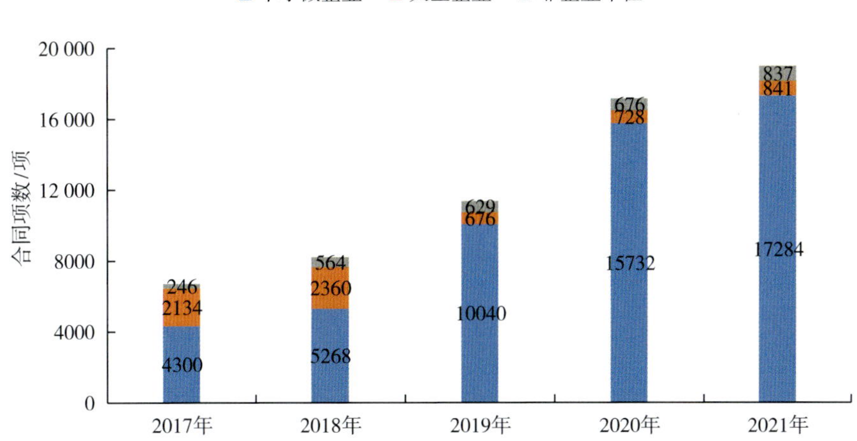

图 2-2-19 高等院校以转让、许可、作价投资方式转化的科技成果与境内单位签订的合同项数

（二）转化至单位所在地

1478 家高等院校中科技成果转化至上海市的合同金额最高，转化至江苏省的合同项数最多。按照科技成果转化至单位所在地统计，2021 年高等院校以转让、许可、作价投资方式转化科技成果地方合同金额排名居前 3 位的省份分别是上海市、江苏省、广东省，科技成果转化总合同金额分别为 22.2 亿元、16.7 亿元、13.1 亿元，占以转让、许可、作价投资方式转化总合同金额的比重分别为 17.1%、12.9%、10.1%（图 2-2-20）。转化至地方成果合同项数排名居前 3 位的省份分别是江苏省、浙江省、广东省，合同项数分别为 3917 项、1720 项、1654 项。

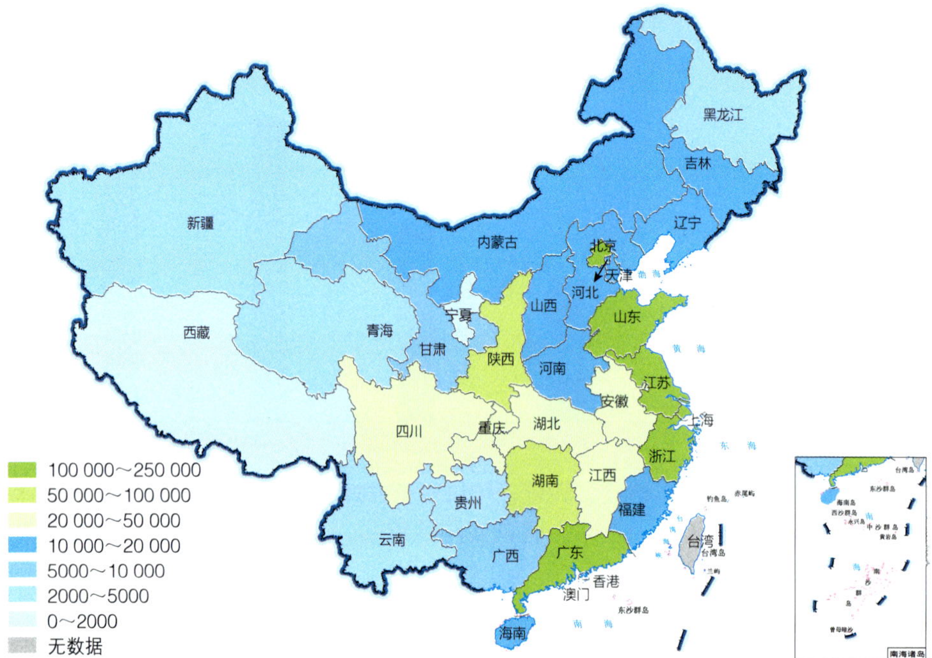

图 2-2-20　高等院校与各地方辖区单位签订的以转让、许可、作价投资方式转化的合同金额（单位：万元）区间分布

按地方承接科技成果所属行业领域统计，2021 年承接高等院校转让、许可、作价投资成果合同金额排名居前 10 位的省份中合同金额最高的行业领域有 4 个是卫生和社会工作，4 个是制造业，2 个是科学研究和技术服务业（表 2-2-3）。

表 2-2-3　2021 年承接高等院校以转让、许可、作价投资成果合同金额排名居前 10 位的省份

排名	省份	总合同金额 / 万元	合同金额最高的行业
1	上海市	221 739.3	科学研究和技术服务业
2	江苏省	166 912.8	卫生和社会工作

续表

排名	省份	总合同金额 / 万元	合同金额最高的行业
3	广东省	131 130.2	制造业
4	山东省	117 126.1	制造业
5	北京市	110 399.3	制造业
6	浙江省	107 584.9	科学研究和技术服务业
7	湖南省	65 899.2	制造业
8	陕西省	52 928.9	卫生和社会工作
9	湖北省	45 013.3	卫生和社会工作
10	四川省	44 074.7	卫生和社会工作

（三）转化至行业领域

科技成果转化至制造业的合同金额和合同项数均最多。按照科技成果应用的行业领域[①]统计显示，2021 年高等院校境内以转让、许可、作价投资方式转化合同金额排名居前 3 位的依次是“制造业”“科学研究和技术服务业”“卫生和社会工作”，其总合同金额分别为 45.9 亿元、40.1 亿元、18.1 亿元，占以转让、许可、作价投资方式转化总合同金额的比重分别为 35.4%、30.9%、14.0%（图 2-2-21）；合同项数排名居前 3 位的依次是“制造业”“科学研究和技术服务业”“信息传输、软件和信息技术服务业”，其合同项数分别为 7065 项、4340 项、2304 项。

① 按照国民经济行业门类，选取与科技相关性强的 9 个门类作为选项，剩余门类均归为“其他”，包括：①农、林、牧、渔业；②制造业；③电力、热力、燃气及水生产和供应业；④交通运输、仓储和邮政业；⑤信息传输、软件和信息技术服务业；⑥科学研究和技术服务业；⑦水利、环境和公共设施管理业；⑧卫生和社会工作；⑨文化、体育和娱乐业；⑩其他。

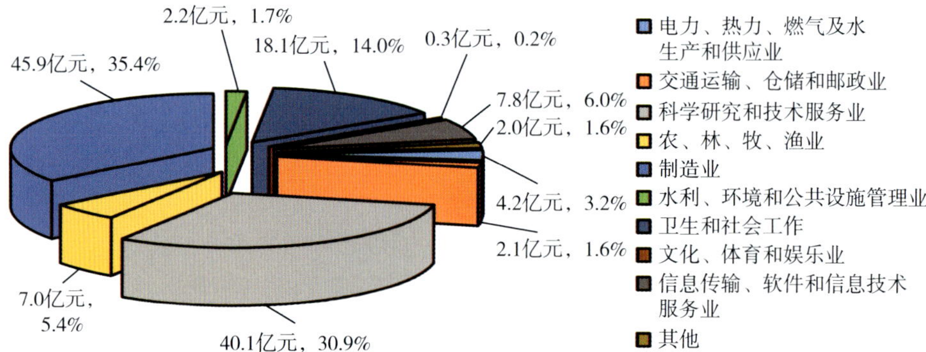

图 2-2-21　高等院校以转让、许可、作价投资方式境内转化科技成果合同金额的行业领域分布

（四）本地转化和跨区域转化

50% 以上（按合同金额占比计）科技成果在本地实现转化，服务本地企业，促进本地经济发展。按照高等院校科技成果产出区域和转让、许可、作价投资转化至的区域统计，2021 年，在本地方实现转化合同金额排名居前 3 位的省份分别是上海市（19.6 亿元）、北京市（8.9 亿元）、江苏省（8.8 亿元）（表 2-2-4）。

表 2-2-4　高等院校与本辖区内单位签订的以转让、许可、作价投资方式转化科技成果合同金额排名居前 10 位的省份

排名	省份	本地转化合同金额 / 亿元	占本地产出合同金额的比重	本地转化合同项数 / 项	占本地产出合同项数的比重
1	上海市	19.62	54.7%	303	52.1%
2	北京市	8.93	54.6%	496	43.5%
3	江苏省	8.82	61.4%	3021	74.5%
4	山东省	6.58	87.0%	832	60.5%
5	广东省	6.18	81.3%	692	76.3%

续表

排名	省份	本地转化合同金额 / 亿元	占本地产出合同金额的比重	本地转化合同项数 / 项	占本地产出合同项数的比重
6	湖南省	4.85	58.7%	303	64.3%
7	湖北省	2.64	40.5%	692	58.6%
8	四川省	2.60	44.6%	586	73.7%
9	陕西省	2.48	51.4%	748	60.3%
10	江西省	2.16	87.3%	104	52.5%

2021 年，本地方辖区内高等院校科技成果以转让、许可、作价投资方式转化到外区域的合同金额为 54.1 亿元，占总合同金额的 41.7%；合同项数为 6514 项，占总合同项数的 34.3%。

承接其他地方科技成果合同金额排名居前 3 位的省份分别是浙江省（8.8 亿元）、江苏省（7.9 亿元）、广东省（6.9 亿元）（图 2-2-22）；合同项数排名居前 3 位的省份分别是广东省（962 项）、江苏省（896 项）、北京市（606 项）（图 2-2-23）。

本地方产出科技成果输出至其他地方合同金额排名居前 3 位的省份分别是上海市（16.3 亿元）、北京市（7.4 亿元）、江苏省（5.5 亿元）（图 2-2-22）；合同项数排名居前 3 位的省份分别是江苏省（1035 项）、北京市（644 项）、山东省（544 项）（图 2-2-23）。

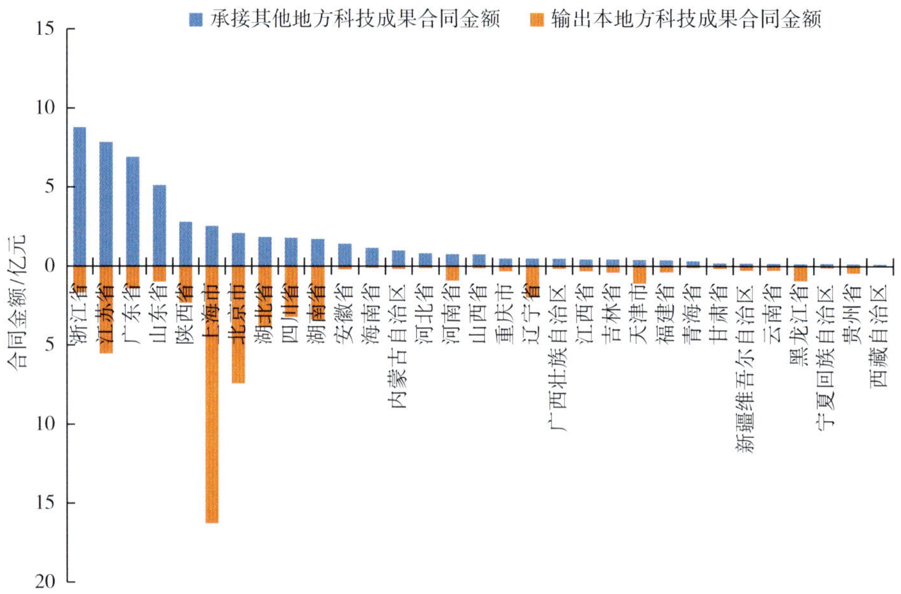

图 2-2-22　各地方高等院校以转让、许可、作价投资方式承接其他地方和输出本地科技成果的合同金额统计

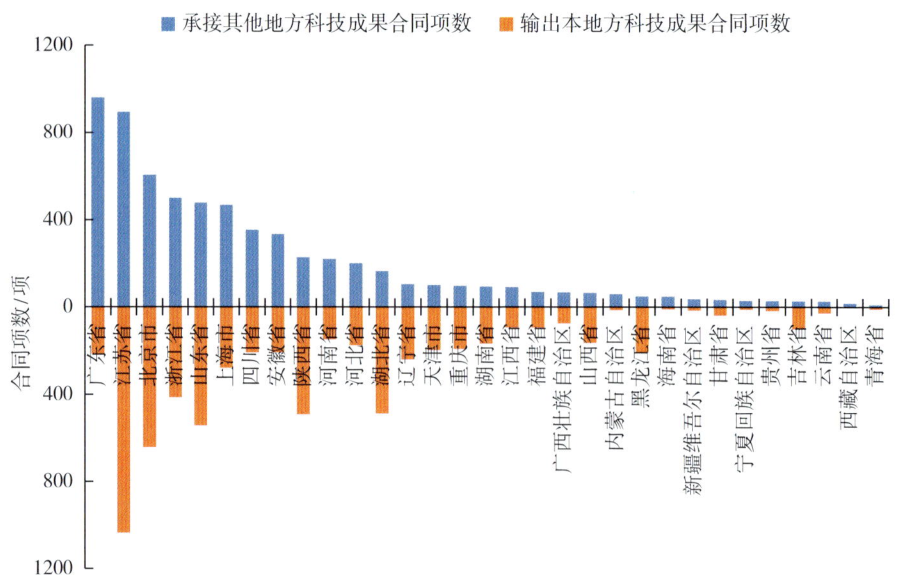

图 2-2-23　各地方高等院校以转让、许可、作价投资方式承接其他地方和输出本地科技成果的合同项数统计

第三章
财政资助项目的科技成果转化

受财政资助产生的科技成果以转让、许可、作价投资方式转化的合同金额略有增长，合同项数有所增长。其中，中央财政资助项目产生的科技成果转化合同金额略有下降，合同项数略有增长。

一、总体情况

（一）全国财政资助项目[①]成果转化情况

受全国财政资助项目成果合同金额略有增长，合同项数有所增长。2021 年，高等院校受全国财政资助项目成果以转让、许可、作价投资方式转化的合同金额为 37.6 亿元，比上一年增长 3.8%，占高等院校以转让、许可、作价投资方式转化科技成果总合同金额（129.8 亿元）的 29.0%；合同项数为 2505 项，比上一年增长 10.1%，占高等院校以转让、许可、作价投资方式转化总合同项数（18 977 项）的 13.2%（图 2-3-1）。

① 全国财政资助项目包括中央财政资助项目和地方财政资助项目。

图 2-3-1　高等院校受财政资助项目成果以转让、许可、作价投资方式转化的合同金额和合同项数情况

（二）中央财政资助项目成果转化情况

受中央财政资助项目成果以转让、许可、作价投资方式转化的合同金额略有下降，合同项数略有增长。2021 年，高等院校受中央财政资助项目成果以转让、许可、作价投资方式转化的合同金额为 33.5 亿元，比上一年下降 0.1%，占高等院校受全国财政资助项目成果以转让、许可、作价投资方式转化总合同金额（37.6 亿元）的 89.1%；合同项数为 1599 项，比上一年增长 4.0%，占高等院校受全国财政资助项目成果以转让、许可、作价投资方式转化总合同项数（2505 项）的 63.8%（图 2-3-2）。

图 2-3-2　高等院校受中央财政资助项目成果以转让、许可、作价投资方式转化的合同金额和合同项数

二、中央所属高等院校科技成果转化

（一）全国财政资助项目成果转化情况

中央所属高等院校受全国财政资助项目成果以转让、许可、作价投资方式转化的合同金额和合同项数均略有增长。2021 年，中央所属高等院校受全国财政资助项目成果以转让、许可、作价投资方式转化的合同金额为 31.4 亿元，比上一年增长 2.2%，占中央所属高等院校受全国财政资助项目成果以转让、许可、作价投资方式转化总合同金额（82.4 亿元）的 38.1%；合同项数为 1393 项，比上一年增长 2.0%，占中央所属高等院校受全国财政资助项目成果以转让、许可、作价投资方式转化总合同项数（4735 项）的 29.4%（图 2-3-3）。

图 2-3-3　中央所属高等院校受财政资助项目成果以转让、许可、作价投资方式转化的合同金额和合同项数

（二）中央财政资助项目成果转化情况

中央所属高等院校受中央财政资助项目成果以转让、许可、作价投资方式转化的合同金额和合同项数均略有下降。2021 年，中央所属高等院校受中央财政资助项目成果以转让、许可、作价投资方式转化的合同金额为 29.1 亿元，比上一年下降 0.9%，占中央所属高等院校受全国财政资助项目成果以转让、许可、作价投资方式转化总合同金额（31.4 亿元）的 92.6%；合同项数为 1126 项，比上一年下降 3.8%，占中央所属高等院校受全国财政资助项目成果以转让、许可、作价投资方式转化总合同项数（1393 项）的 80.8%（图 2-3-4）。

图 2-3-4　中央所属高等院校受中央财政资助项目成果以转让、许可、作价投资方式转化的合同金额和合同项数

三、地方所属高等院校科技成果转化

（一）全国财政资助项目成果转化情况

地方所属高等院校受全国财政资助项目成果以转让、许可、作价投资方式转化的合同金额有所增长，合同项数明显增长。2021 年，地方所属高等院校受财政资助项目成果以转让、许可、作价投资方式转化的合同金额为 6.3 亿元，比上一年增长 12.2%，占地方所属高等院校受全国财政资助项目成果以转让、许可、作价投资方式转化总合同金额（47.4 亿元）的 13.2%；合同项数为 1112 项，比上一年增长 22.5%，占地方高等院校受全国财政资助项目成果以转让、许可、作价投资方式转化总合同项数（14 242 项）的 7.8%（图 2-3-5）。

2021 年，地方所属高等院校受全国财政资助项目成果以转让、许可、作价投资方式转化的合同金额排名居前 3 位的省份分别是浙江省（1.0 亿元）、北京市（0.8 亿元）、广东省（0.8 亿元）（图 2-3-6）。

图 2-3-5 地方所属高等院校受财政资助项目成果以转让、许可、作价投资方式转化的合同金额和合同项数

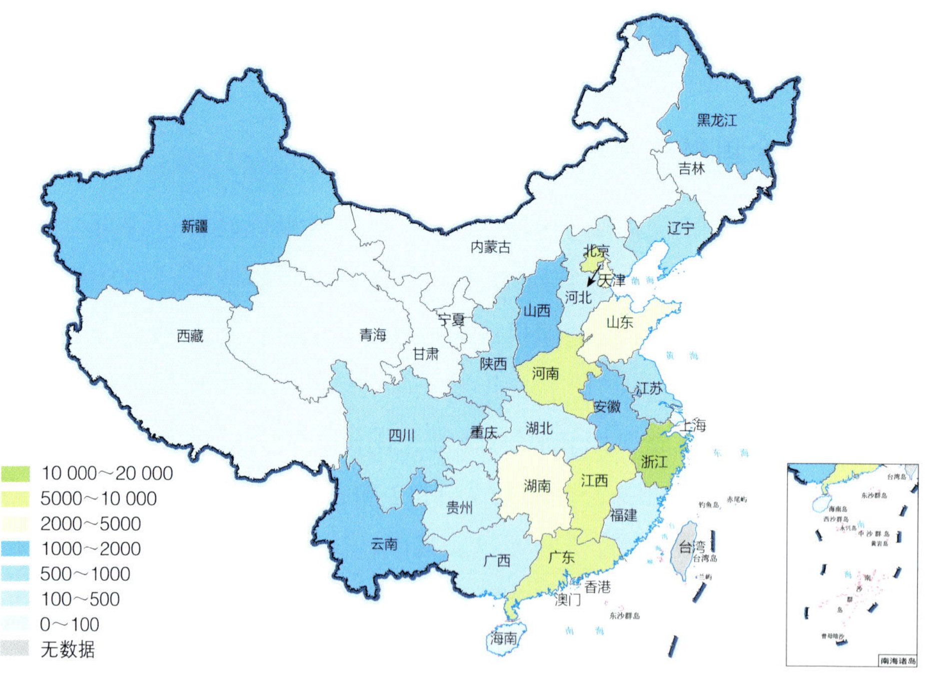

图 2-3-6 地方所属高等院校受财政资助项目成果以转让、许可、作价投资方式转化的合同金额（单位：万元）区间分布

（二）中央财政资助项目成果转化情况

地方所属高等院校受中央财政资助项目成果以转让、许可、作价投资转化的合同金额略有增长，合同项数明显增长。2021 年，地方所属高等院校受中央财政资助项目成果以转让、许可、作价投资方式转化的合同金额为 4.5 亿元，比上一年增长 5.2%，占地方所属高等院校受全国财政资助项目成果以转让、许可、作价投资方式转化总合同金额（6.3 亿元）的 71.2%；合同项数为 473 项，比上一年增长 29.2%，占地方所属高等院校受全国财政资助项目成果以转让、许可、作价投资方式转化总合同项数（1112 项）的 42.5%（图 2-3-7）。

图 2-3-7　地方所属高等院校受中央财政资助项目成果以转让、许可、作价投资方式转化的合同金额和合同项数

2021 年，地方所属高等院校受中央财政资助项目成果以转让、许可、作价投资方式转化的合同金额排名居前 3 位的省份分别是浙江省（1.0 亿元）、北京市（0.8 亿元）、江西省（0.7 亿元）（图 2-3-8）。

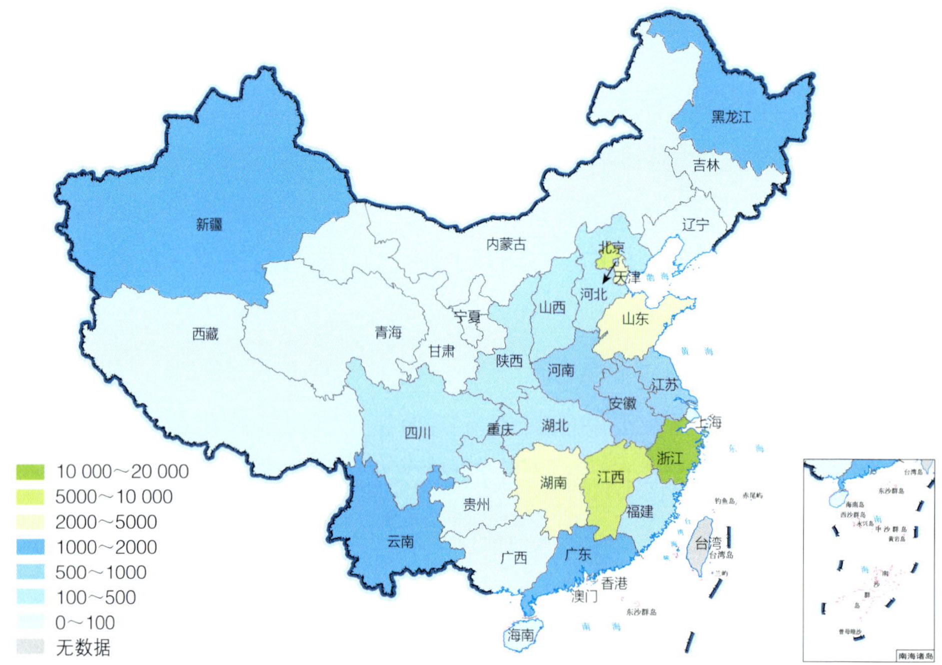

图 2-3-8　地方所属高等院校受中央财政资助项目成果以转让、许可、作价投资方式转化的合同金额（单位：万元）区间

四、辖区内高等院校科技成果转化

（一）全国财政资助项目成果转化情况

按照高等院校所在地统计，2021 年各地方辖区内高等院校受全国财政资助项目成果以转让、许可、作价投资方式转化的合同金额排名居前 3 位的省份分别是上海市（10.0 亿元）、北京市（8.8 亿元）、江苏省（3.9 亿元）（图 2-3-9）。

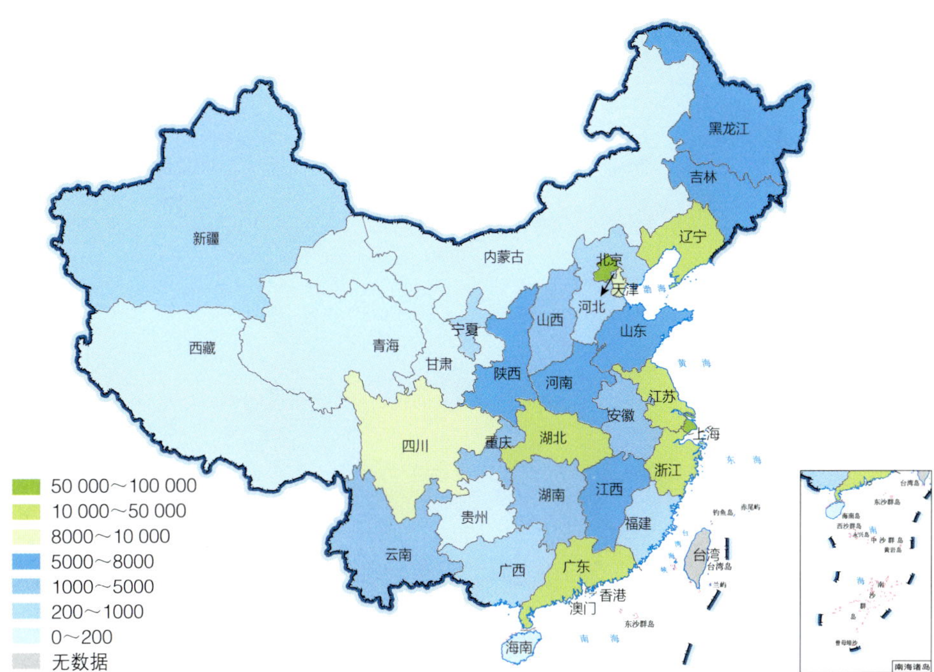

图 2-3-9　各地方辖区内高等院校受财政资助项目成果以转让、许可、作价投资方式转化的合同金额（单位：万元）区间分布

（二）中央财政资助项目成果转化情况

2021 年各地方辖区内的高等院校受中央财政资助项目成果以转让、许可、作价投资方式转化的合同金额排名居前 3 位的省份分别是上海市（10.0 亿元）、北京市（8.4 亿元）、江苏省（3.6 亿元）（图 2-3-10）。

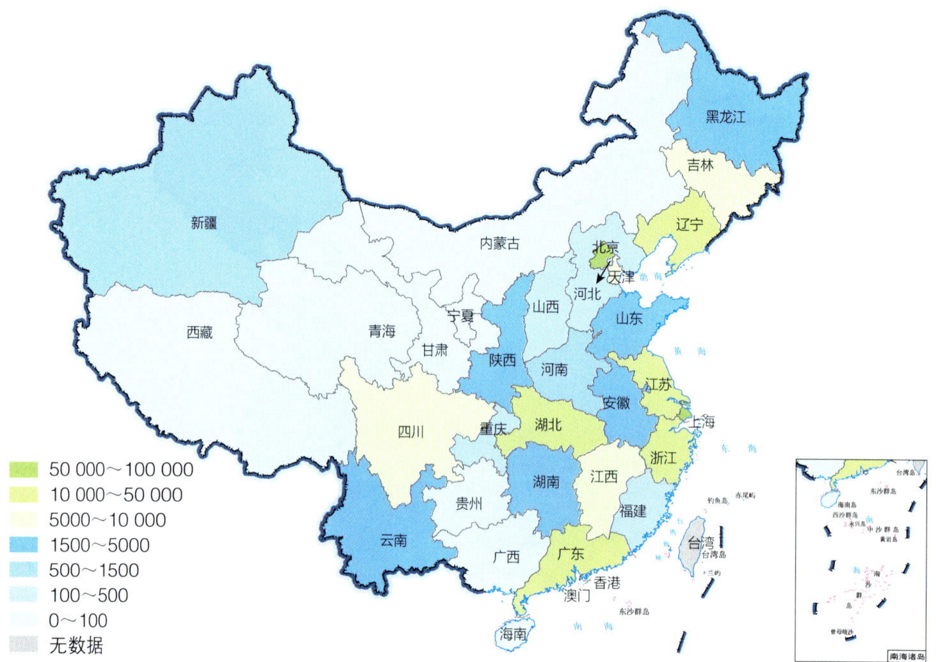

图 2-3-10　各地方辖区内高等院校受中央财政资助项目成果以转让、许可、作价投资方式转化的合同金额（单位：万元）区间分布

第四章
转让、许可、作价投资的收益分配

一、总体情况

（一）现金和股权收益分配

高等院校以转让、许可、作价投资方式转化的现金和股权总收入显著增长，个人获得的现金和股权奖励明显增长。2021年，高等院校当年实际完成分配的现金和股权总收入为69.7亿元，比上一年增长40.8%；个人获得的现金和股权奖励金额为48.7亿元，比上一年增长39.1%；奖励个人金额超过1亿元的高等院校有10家；研发与转化主要贡献人员获得的现金和股权奖励金额为44.1亿元，比上一年增长34.5%（图2-4-1）。

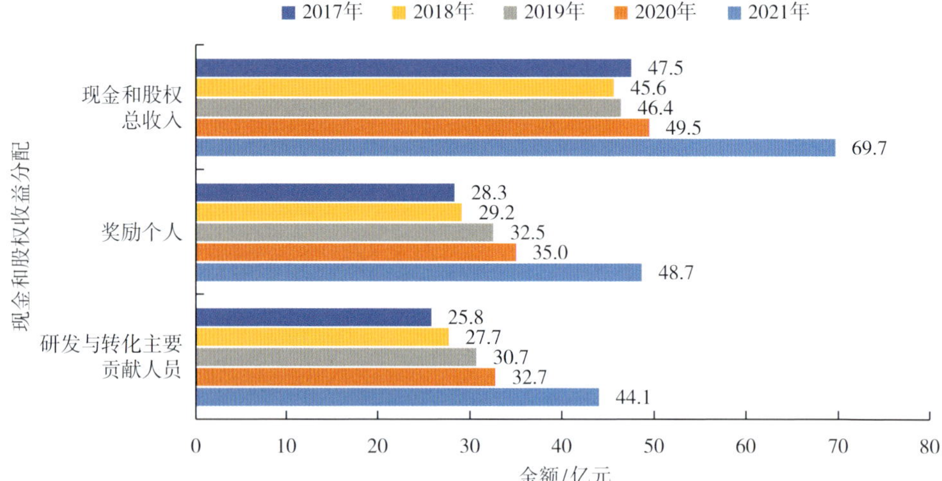

图 2-4-1　高等院校以转让、许可、作价投资方式转化科技成果实现的现金和股权收益分配情况

2021 年，高等院校个人获得的现金和股权奖励占现金和股权收入的比重为 69.9%，比上一年（70.7%）下降 1.2%（图 2-4-2）；研发与转化主要贡献人员获得的奖励占奖励个人金额的比重为 90.5%，比上一

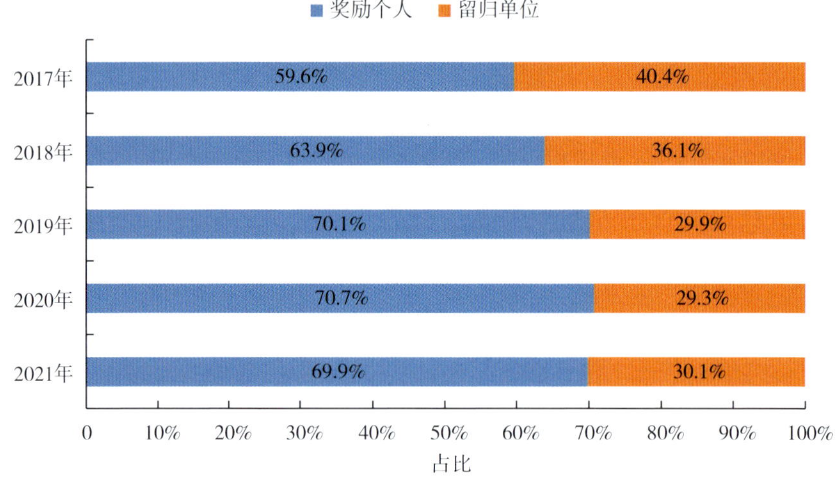

图 2-4-2　高等院校以转让、许可、作价投资方式转化科技项目成果实现的现金和股权收益奖励个人和留归单位占比

年（93.6%）下降 3.3%，符合《中华人民共和国促进科技成果转化法》和《实施〈中华人民共和国促进科技成果转化法〉若干规定》的比重要求。奖励人次为 32 258 人次，比上一年下降 0.5%；人均奖励金额为 15.1 万元，比上一年增长 39.8%。

（二）现金收益分配

高等院校以转让、许可方式转化科技成果获得的现金收入和个人获得的现金奖励均显著增长。2021 年，高等院校当年实际完成分配的转让、许可现金收入总金额为 38.2 亿元，比上一年增长 53.2%；个人获得的现金奖励金额为 28.5 亿元，比上一年增长 56.2%；奖励个人金额超过 1 亿元的高等院校有 4 家；研发与转化主要贡献人员获得的现金奖励金额为 25.3 亿元，比上一年增长 54.4%（图 2-4-3）。

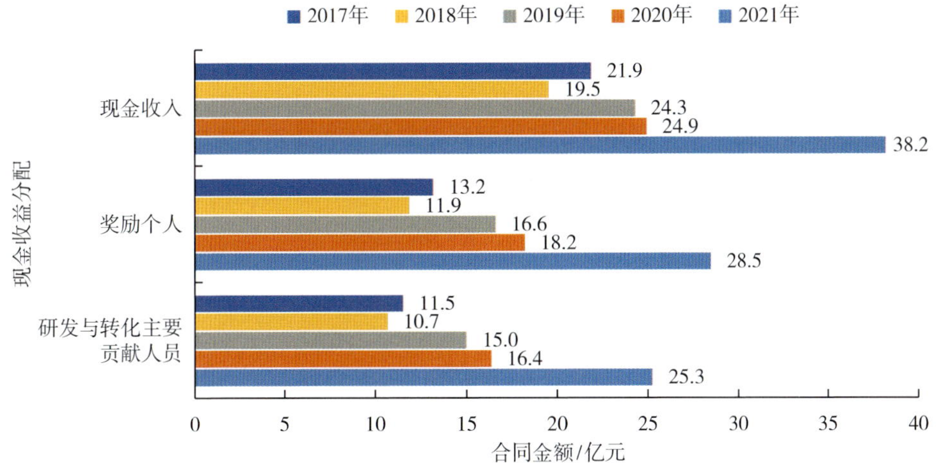

图 2-4-3　高等院校以转让、许可方式转化科技成果实现的现金收益分配情况

2021 年，高等院校个人获得的现金奖励占现金收入的比重为 74.5%，比上一年（73.1%）增长 2.0%（图 2-4-4）；研发与转化主要贡献人员获得的奖励占奖励个人金额的比重为 88.8%，比上一年（89.8%）下降 1.2%。奖励人次为 31 292 人次，比上一年下降 1.2%；人均奖励金额为 9.1 万元，比上一年增长 58.1%。

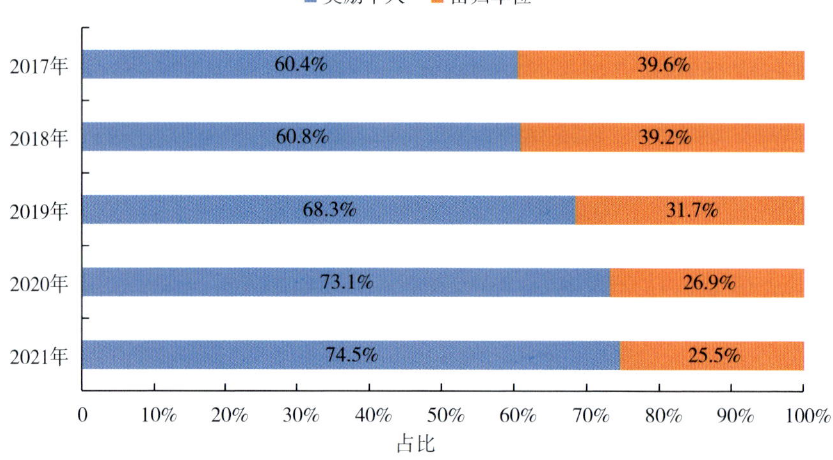

图 2-4-4　高等院校以转让、许可实现方式转化科技成果实现的现金收益奖励个人和留归单位占比

（三）股权收益分配

高等院校以作价投资方式转化科技成果实现的股权收入和个人获得的股权奖励均明显增长。2021 年，高等院校当年实际完成分配的作价投资股权收入为 31.5 亿元，比上一年增长 28.3%；个人获得的股权奖励金额为 20.2 亿元，比上一年增长 20.6%；奖励个人金额超过 1 亿元的高等院校有 7 家；研发与转化主要贡献人员获得的股权奖励金额为 18.8 亿元，比上一年增长 14.7%（图 2-4-5）。

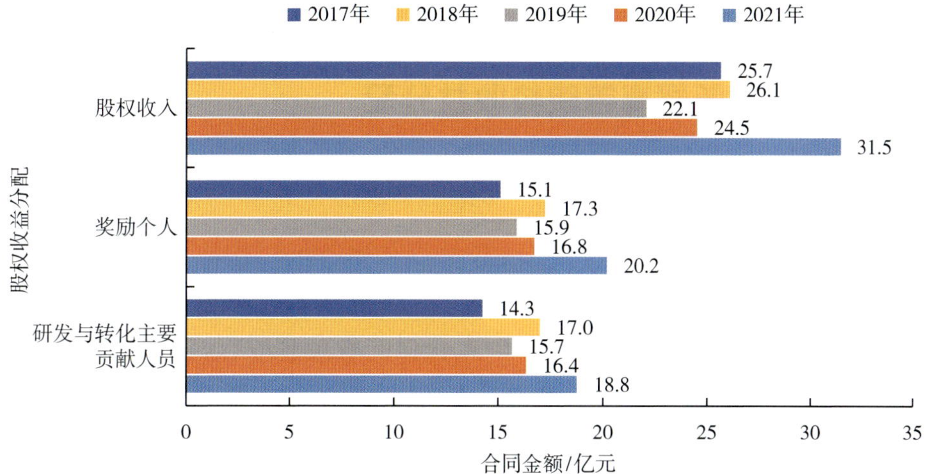

图 2-4-5 高等院校以作价投资方式转化科技成果实现的股权收益分配情况

2021 年，高等院校个人获得的股权奖励占股权收入的比重为 64.2%，比上一年（68.3%）下降 6.0%（图 2-4-6）；研发与转化主要贡献人员获得的奖励占奖励个人金额的比重为 93.0%，比上一年（97.8%）下降 4.9%。奖励人次为 966 人次，比上一年增长 29.3%；人均奖励金额为 209.3 万元，比上一年下降 6.8%，人均股权奖励金额是人均现金奖励金额的 23.0 倍。

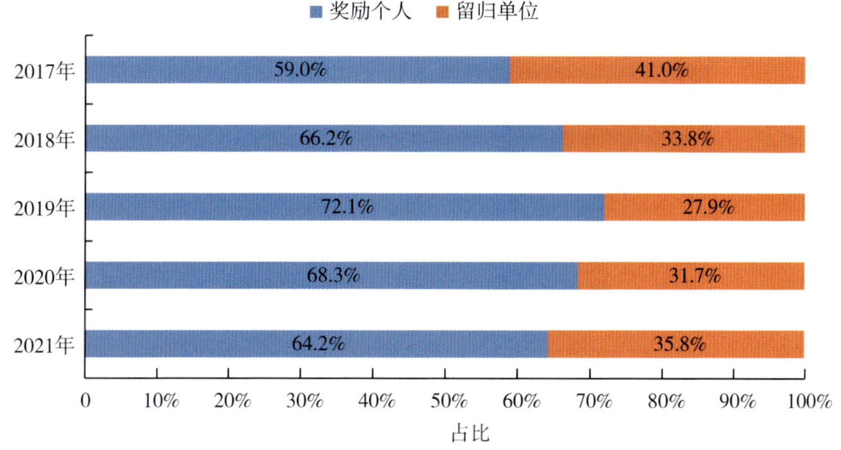

图 2-4-6 高等院校以作价投资方式转化科技成果实现的股权收益奖励个人和留归单位占比

二、中央所属高等院校收益分配

（一）现金和股权收益分配

中央所属高等院校以转让、许可、作价投资方式转化科技成果获得的现金和股权收入明显增长，个人获得的现金和股权奖励显著增长。2021 年，中央所属高等院校当年实际完成分配的现金和股权收入总金额为 45.8 亿元，比上一年增长 37.5%；个人获得的现金和股权奖励金额为 31.3 亿元，比上一年增长 40.3%；研发与转化主要贡献人员获得的现金和股权奖励金额为 27.6 亿元，比上一年增长 29.9%（图 2-4-7）。

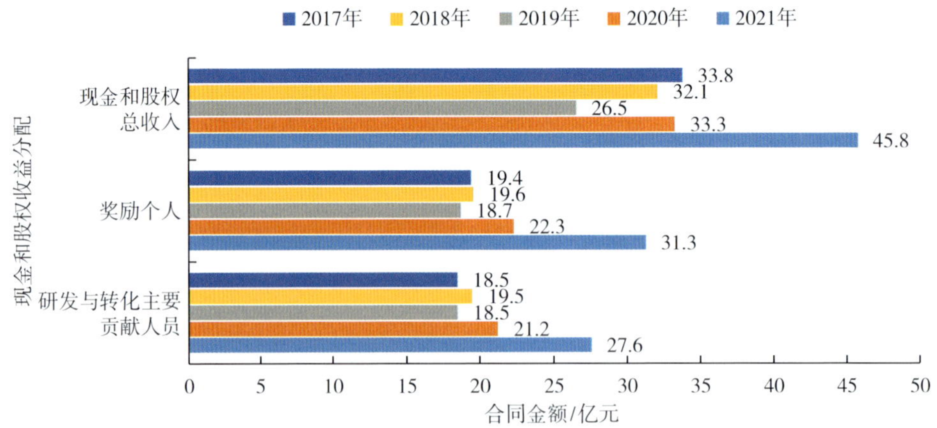

图 2-4-7　中央所属高等院校以转让、许可、作价投资方式转化科技成果实现的现金和股权收益分配情况

2021 年，中央所属高等院校个人获得的现金和股权奖励占现金和股权收入的比重为 68.3%，比上一年（67.0%）增长 2.0%（图 2-4-8）；研发与转化主要贡献人员获得的奖励占奖励个人金额的比重为 88.1%，

比上一年（95.2%）有所下降。奖励人次为 10 515 人次，比上一年下降 23.7%；人均奖励金额为 29.7 万元，比上一年增长 83.9%。

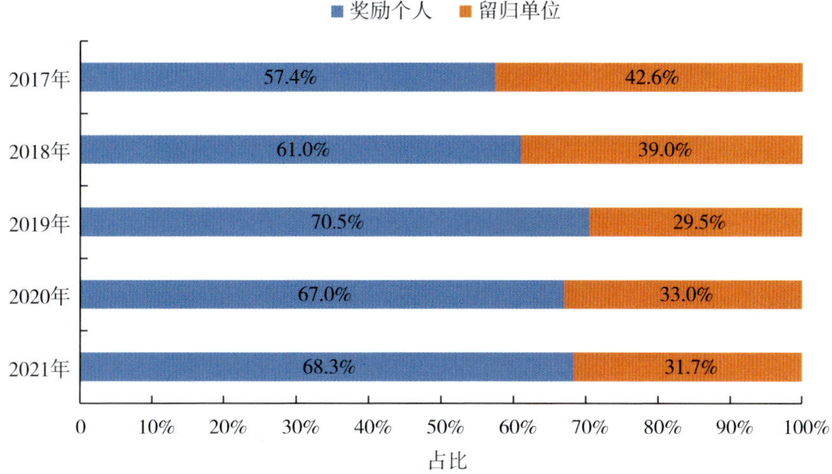

图 2-4-8 中央所属高等院校以转让、许可、作价投资方式转化科技成果实现的现金和股权收益奖励个人和留归单位占比

（二）现金收益分配

中央所属高等院校以转让、许可方式转化科技成果获得的现金收入显著增长，个人获得的现金奖励大幅增长。2021 年，中央所属高等院校当年实际完成分配的转让、许可现金收入为 24.6 亿元，比上一年增长 57.9%；个人获得的现金奖励金额为 17.8 亿元，比上一年增长 65.5%；研发与转化主要贡献人员获得的现金奖励金额为 15.5 亿元，比上一年增长 59.7%（图 2-4-9）。

2021 年，中央所属高等院校以转让、许可方式奖励个人的现金占现金收入的比重为 72.5%，比上一年（69.2%）增长 4.8%（图 2-4-10）；研发与转化主要贡献人员获得的奖励占奖励个人金额的比重为 87.0%，比上一年（90.1%）下降 3.5%。奖励人次为 9969 人次，比上一年下降 25.7%；人均奖励金额为 17.9 万元，比上一年增长 1.2 倍。

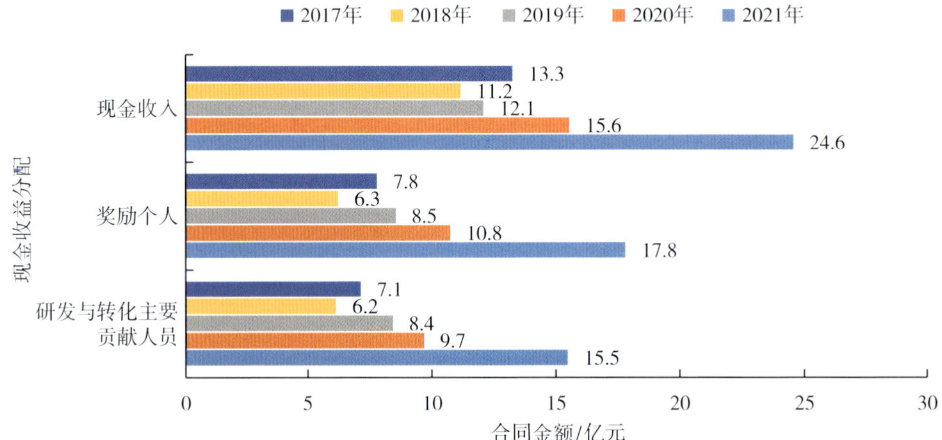

图 2-4-9　中央所属高等院校以转让、许可方式转化科技成果实现的现金收益分配情况

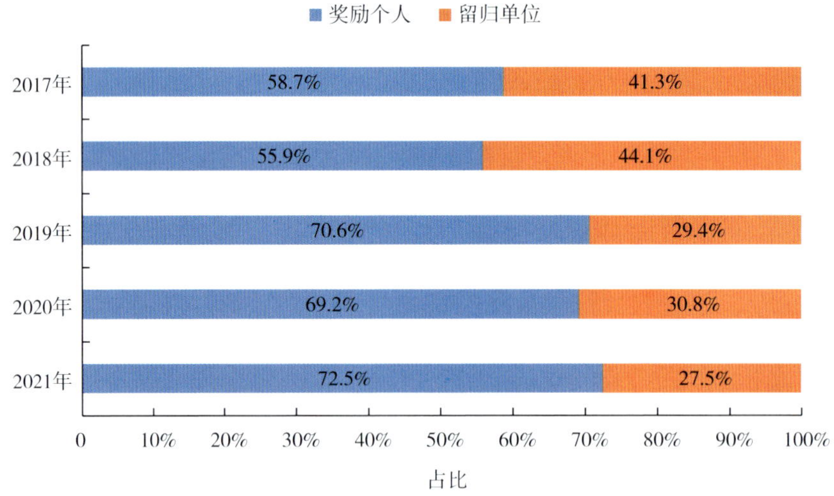

图 2-4-10　中央所属高等院校以转让、许可方式转化科技成果的现金收益奖励个人和留归单位占比

（三）股权收益分配

中央所属高等院校以作价投资方式获得的股权收入和个人获得的股权奖励均有所增长。2021 年，中央所属高等院校当年实际完成分配的作价投资股权收入总金额为 21.2 亿元，比上一年增长 19.6%；个人获得的股权奖励金额为 13.5 亿元，比上一年增长 16.7%；研发与转化主要贡献人员获得的股权奖励金额为 12.1 亿元，比上一年增长 4.8%（图 2-4-11）。

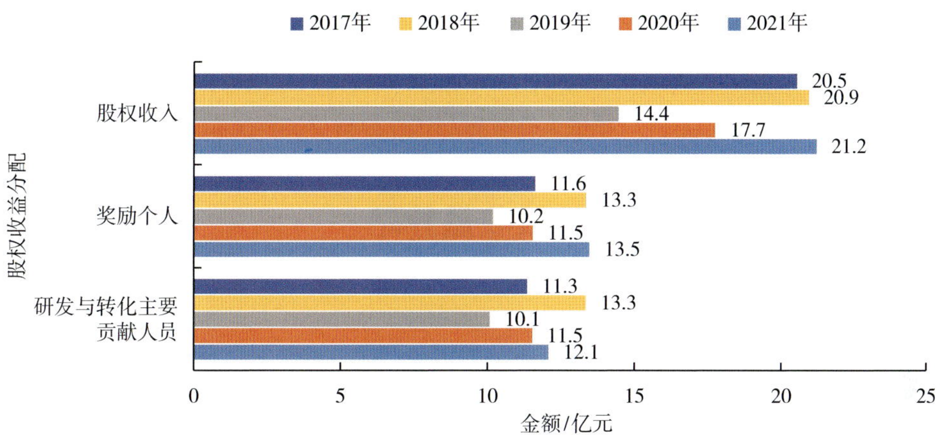

图 2-4-11　中央所属高等院校以作价投资方式转化科技成果实现的股权收益分配情况

2021 年，中央所属高等院校个人获得的股权奖励占股权收入的比重为 63.5%，比上一年（65.1%）下降 2.4%（图 2-4-12）；研发与转化主要贡献人员获得的股权奖励占奖励个人金额的比重为 89.7%，比上一年（99.9%）下降 10.2%。奖励人次为 546 人次，比上一年增长 45.2%；人均奖励金额为 246.4 万元，比上一年下降 19.6%。

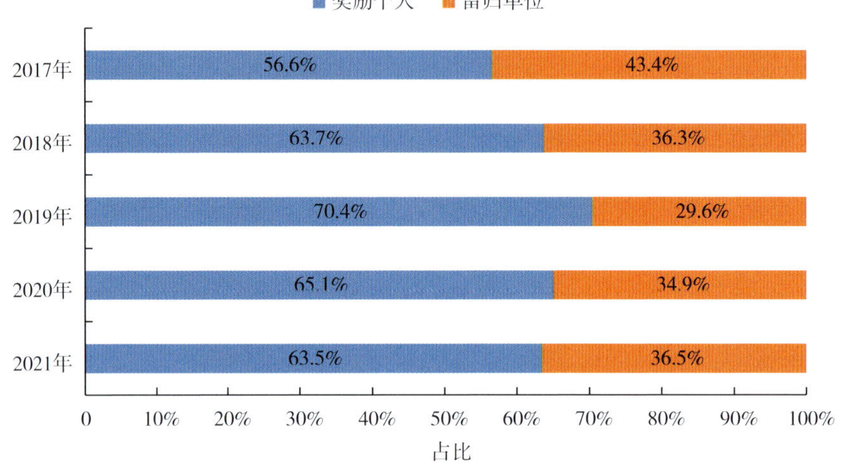

图 2-4-12　中央所属高等院校以作价投资方式转化科技成果实现的股权收益奖励个人和留归单位占比

三、地方所属高等院校收益分配

（一）现金和股权收益分配

地方所属高等院校以转让、许可、作价投资方式转化科技成果获得的现金和股权总收入显著增长，个人获得的现金和股权奖励明显增长。2021 年，地方所属高等院校当年实际完成分配的现金和股权总收入为 23.9 亿元，比上一年增长 47.6%；个人获得的现金和股权奖励金额为 17.4 亿元，比上一年增长 37.1%；研发与转化主要贡献人员获得的现金和股权奖励金额为 16.5 亿元，比上一年增长 43.0%（图 2-4-13）。

2021 年，地方所属高等院校以转让、许可、作价投资方式转化科技成果个人获得的现金和股权奖励占现金和股权收入的比重为 72.9%，比上一年（78.4%）下降 7.1%（图 2-4-14）；研发与转化主要贡献人员获得的奖励占奖励个人金额的比重为 94.8%，比上一年（90.9%）增长

4.3%。奖励人次为 21 743 人次，比上一年增长 16.7%；人均奖励金额为 8.0 万元，比上一年增长 17.4%。

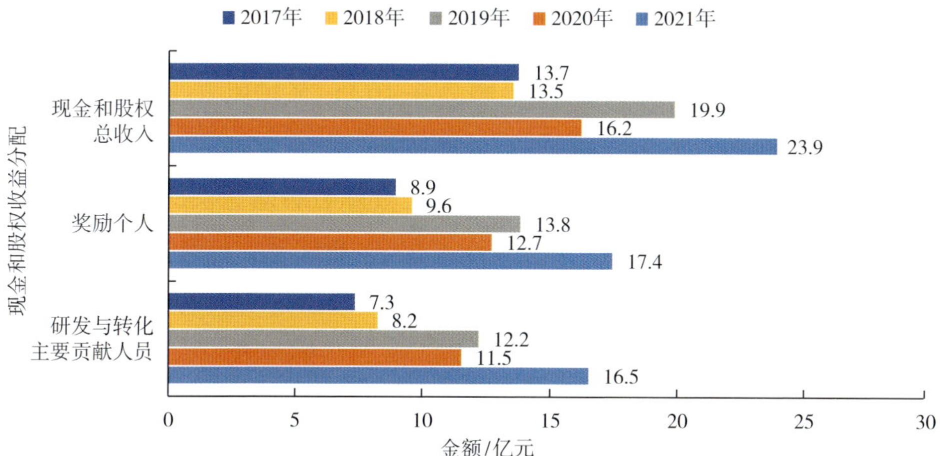

图 2-4-13　地方所属高等院校以转让、许可、作价投资方式转化科技成果实现的现金和股权收益奖励分配情况

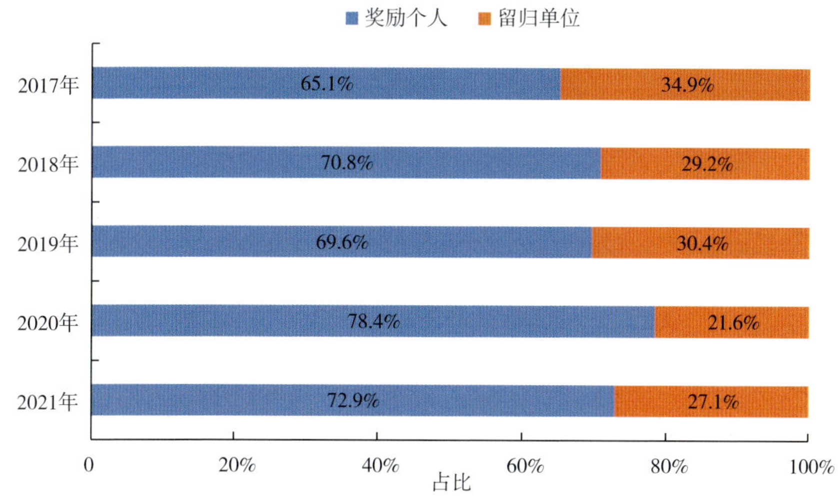

图 2-4-14　地方所属高等院校以转让、许可、作价投资方式转化科技成果实现的现金和股权收益奖励个人和留归单位占比

2021 年，地方所属高等院校以转让、许可、作价投资方式转化科技成果当年实际完成分配的现金和股权收入金额排名 3 位的省份分别是广东省（3.7 亿元）、山东省（3.5 亿元）、江苏省（2.3 亿元）（图 2-4-15）；奖励个人金额排名居前 3 位的省份分别是广东省（2.7 亿元）、山东省（2.5 亿元）、浙江省（1.8 亿元）（图 2-4-16）；奖励研发与转化主要贡献人员金额的排名居前 3 位的省份分别是广东省（2.7 亿元）、山东省（2.5 亿元）、江苏省（1.8 亿元）；奖励人次排名居前 3 位的省份分别是江苏省（4048 人次）、辽宁省（1800 人次）、浙江省（1781 人次）。

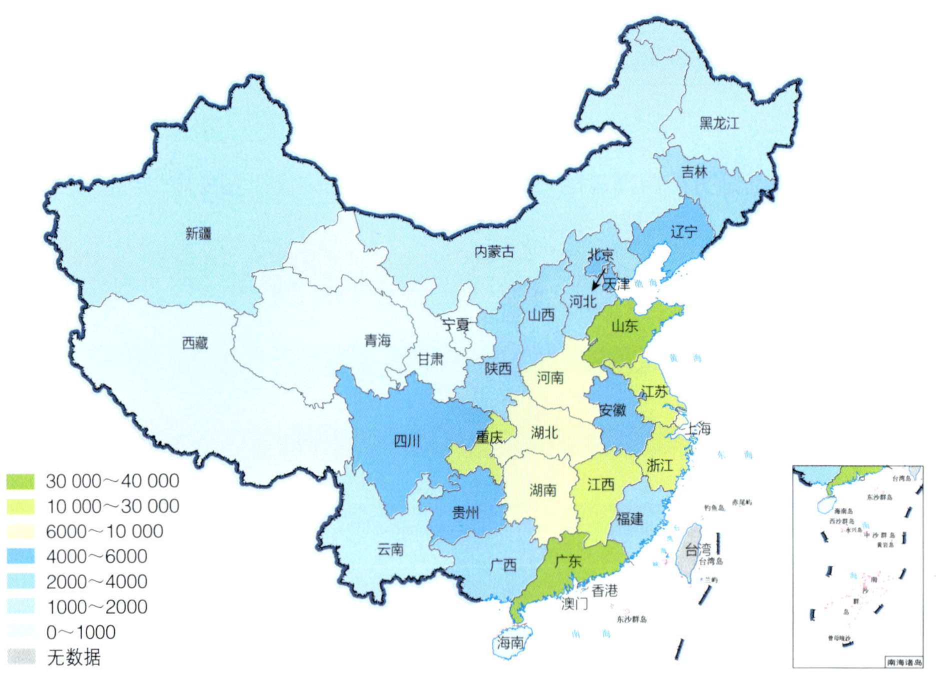

图 2-4-15 地方所属高等院校以转让、许可、作价投资方式转化科技成果实现的现金和股权收入（单位：万元）区间分布

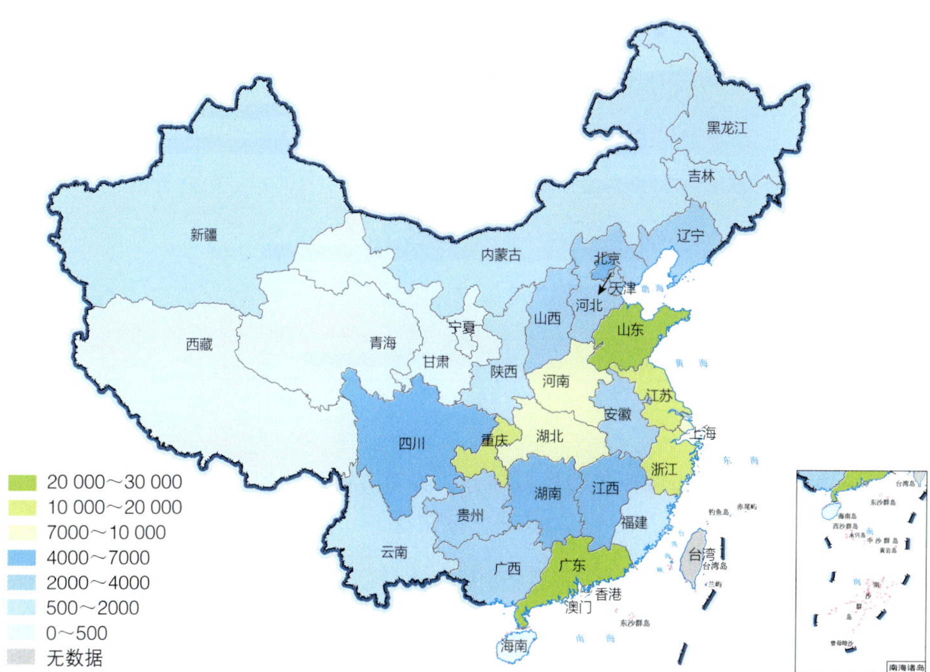

图 2-4-16　地方所属高等院校以转让、许可、作价投资方式转化科技成果实现的现金和股权金额（单位：万元）区间分布

（二）现金收益分配

地方所属高等院校以转让、许可方式转化科技成果获得的现金收入和个人获得的现金奖励均显著增长。2021 年，地方所属高等院校当年实际完成分配的转让、许可现金收入为 13.6 亿元，比上一年增长 45.3%；个人获得的现金奖励金额为 10.6 亿元，比上一年增长 42.8%；研发与转化主要贡献人员获得的现金奖励金额为 9.8 亿元，比上一年增长 46.7%（图 2-4-17）。

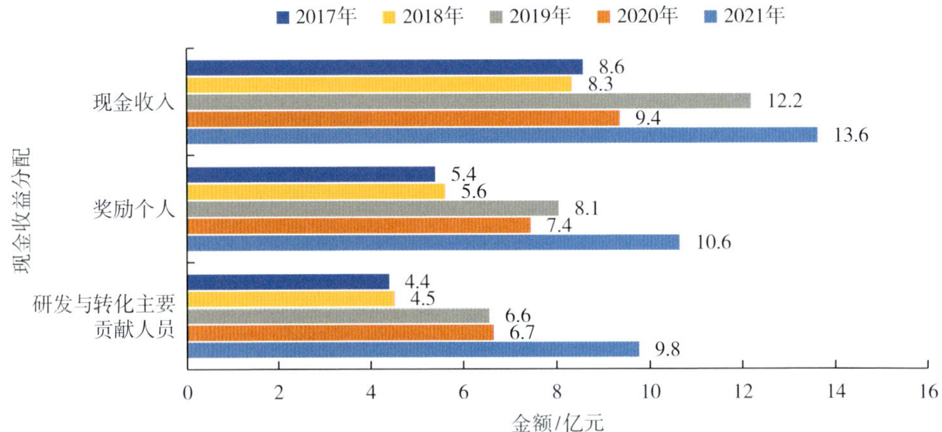

图 2-4-17　地方所属高等院校以转让、许可方式转化科技成果实现的现金收益分配情况

2021 年，地方所属高等院校以转让、许可方式转化科技成果个人获得的现金奖励占现金收入的比重为 78.2%，比上一年（79.6%）下降 1.8%（图 2-4-18）；研发与转化主要贡献人员获得的奖励占奖励个人金额的比重为 91.7%，比上一年（89.3%）增长 2.7%。奖励人次为 21 323 人次，比上一年增长 16.8%；人均奖励金额为 5.0 万元，比上一年增长 22.2%。

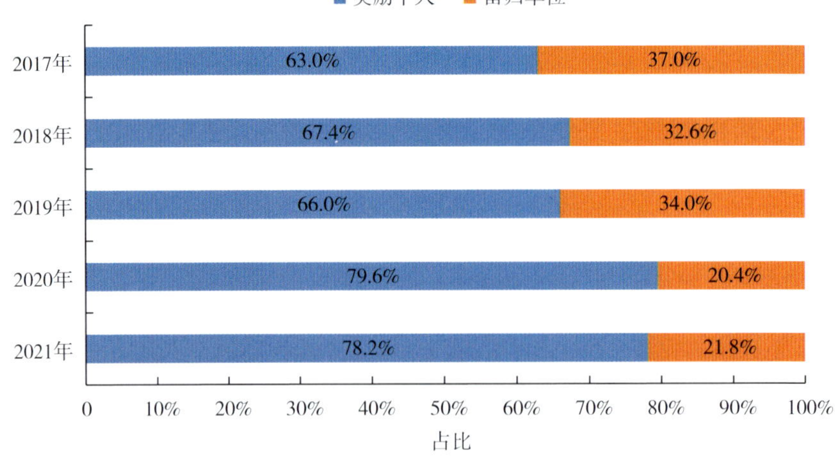

图 2-4-18　地方所属高等院校以转让、许可方式转化科技成果实现的现金收益奖励个人和留归单位占比

（三）股权收益分配

地方所属高等院校以作价投资方式转化科技成果获得的股权收入显著增长，个人获得的股权奖励明显增长。2021 年，地方所属高等院校当年实际完成分配的作价投资股权收入为 10.3 亿元，比上一年增长 50.6%；个人获得的股权奖励金额为 6.8 亿元，比上一年增长 29.0%；研发与转化主要贡献人员获得的股权奖励金额为 6.7 亿元，比上一年增长 38.0%（图 2-4-19）。

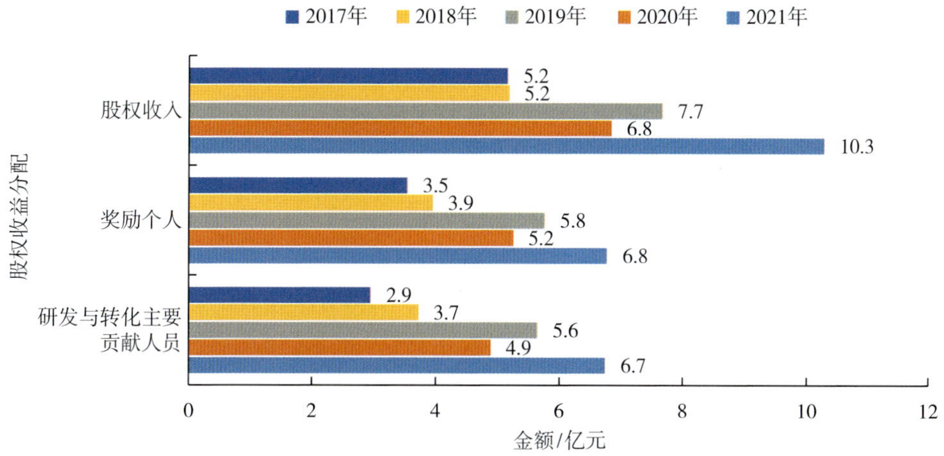

图 2-4-19　地方所属高等院校以作价投资方式转化科技成果实现的股权收益分配情况

2021 年，地方所属高等院校以作价投资方式转化科技成果个人获得的股权奖励占股权收入的比重为 65.8%，比上一年（76.8%）下降 14.4%（图 2-4-20）；研发与转化主要贡献人员获得的奖励占奖励个人金额的比重为 99.6%，比上一年（93.1%）增长 7.0%。奖励人次为 420 人次，比上一年增长 13.2%；人均奖励金额为 161.1 万元，比上一年增长 14.0%。

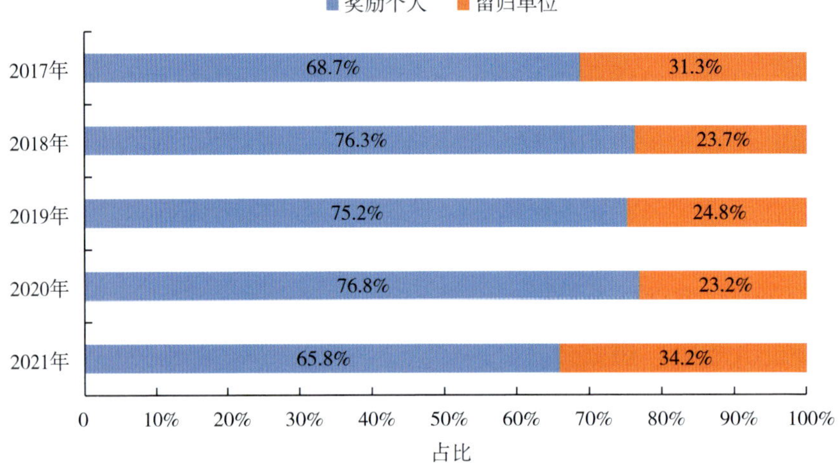

图 2-4-20 地方所属高等院校以作价投资方式转化科技成果实现的股权收益奖励个人和留归单位占比

四、辖区内高等院校收益分配

按高等院校所在地统计，2021 年，各地方辖区内高等院校以转让、许可、作价投资方式转化科技成果当年实际完成分配的现金和股权收入金额排名居前 3 位的省份分别是北京市（14.4 亿元）、湖南省（7.6 亿元）、江苏省（6.1 亿元）；奖励个人金额排名居前 3 位的省份分别是北京市（9.9 亿元）、湖南省（5.7 亿元）、广东省（4.7 亿元）（图 2-4-21）；奖励研发与转化主要贡献人员金额排名居前 3 位的省份分别是北京市（9.7 亿元）、广东省（4.7 亿元）、江苏省（4.0 亿元）；奖励人次排名居前 3 位的省份分别是江苏省（7006 人次）、北京市（2638 人次）、辽宁省（2160 人次）。

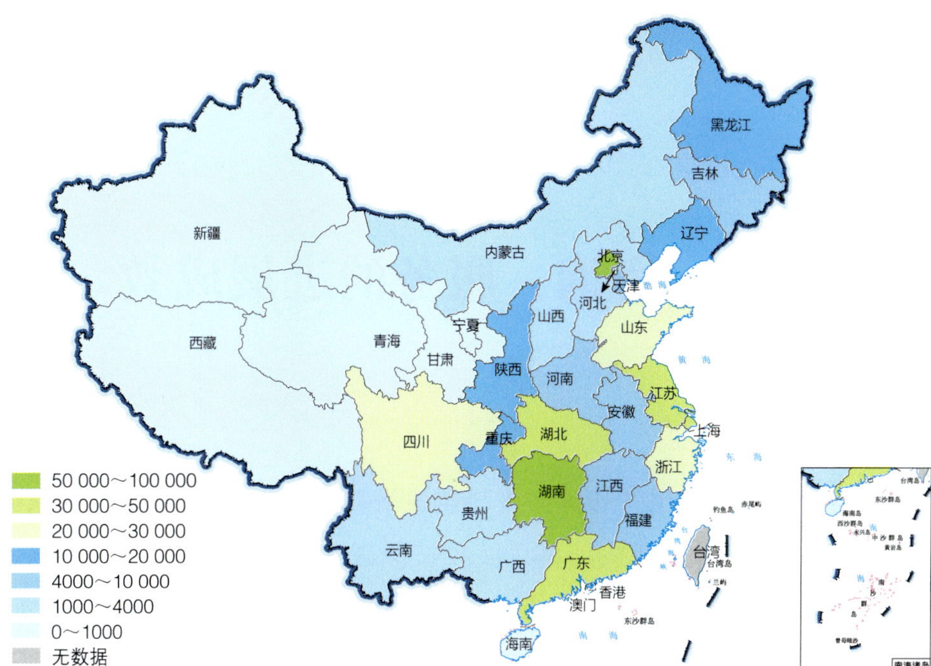

图 2-4-21　各地方辖区内高等院校以转让、许可、作价投资转化科技成果奖励个人的现金和股权金额（单位：万元）区间分布

第五章
技术开发、咨询、服务的进展成效

《实施〈中华人民共和国促进科技成果转化法〉若干规定》指出，国家设立的研究开发机构、高等院校按照规定格式报送的科技成果转化年度报告中，应包括签订的技术开发合同、技术咨询合同、技术服务合同等产学研合作情况。统计发现，2021 年 1478 家高等院校输出技术、服务能力不断强化，技术开发、咨询、服务数量和质量稳步提升。

一、总体情况

技术开发、咨询、服务合同金额、合同项数及合同当年到账金额均明显增长。2021 年，高等院校签订技术开发、咨询、服务合同金额为 956.3 亿元，比上一年增长 34.5%（图 2–5–1），占高等院校以转让、许可、作价投资和技术开发、咨询、服务方式转化科技成果总合同金额的 88.1%（2020 年占比为 86.2%）；合同项数为 251 550 项，比上一年增长 23.0%（图 2–5–2），占高等院校以转让、许可、作价投资和技术开发、咨询服务方式转化科技成果的总合同项数的 93.0%（2020 年占比为 92.3%）；合同当年到账金额为 659.4 亿元，比上一年增长 27.5%。

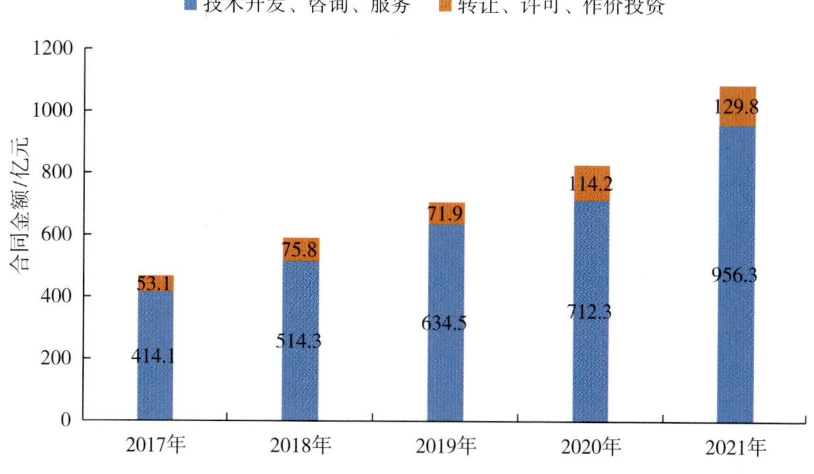

图 2-5-1　高等院校以多种方式转化科技成果的合同金额

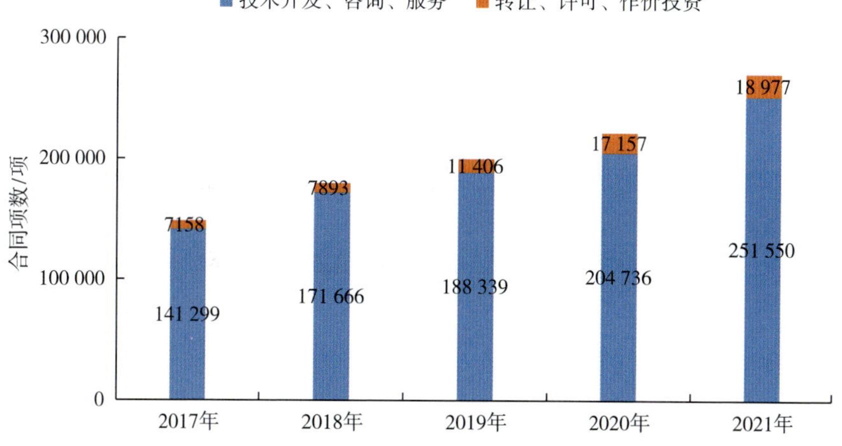

图 2-5-2　高等院校以多种方式转化科技成果的合同项数

平均合同金额比上一年略有增长。2021 年，高等院校以技术开发、咨询、服务方式转化科技成果的平均合同金额为 38.0 万元，比上一年增长 9.3%。表 2-5-1 给出了高等院校以技术开发、咨询、服务方式转化科技成果的总合同金额区间分布。

表 2-5-1　高等院校以技术开发、咨询、服务方式转化科技成果的总合同金额区间分布

合同金额区间	合同项数 / 项	合同项数占比	合同金额 / 万元	合同金额占比
1 亿元（含）以上	19	0.0%	332 100.1	3.5%
1000 万元（含）～1 亿元	604	0.2%	1 163 791.8	12.2%
100 万元（含）～1000 万元	15 006	6.0%	3 100 861.9	32.4%
100 万元以下	235 921	93.8%	4 966 388.7	51.9%
总计	251 550	/	9 563 142.6	/

2021 年，高等院校以技术开发、咨询、服务方式转化科技成果单项合同金额 1 亿元及以上的合同有 19 项（表 2-5-2），5000 万元及以上的有 56 项，1000 万元及以上的有 623 项。

表 2-5-2　高等院校以技术开发、咨询、服务方式转化科技成果单项合同金额 1 亿元及以上的成果分布

序号	单位名称	成果项数 / 项
1	清华大学	7
2	浙江大学	4
3	四川大学	4
4	北京大学	3
5	中国地质大学（北京）	1

二、中央所属高等院校以技术开发、咨询、服务方式转化科技成果

中央所属高等院校以技术开发、咨询、服务方式签订的合同金额和合同当年到账金额均明显增长，合同项数有所增长。2021 年，中央

所属高等院校签订的技术开发、咨询、服务合同金额为 564.5 亿元，比上一年增长 33.1%；合同项数为 94 746 项，比上一年增长 17.8%（图 2-5-3）；合同当年到账金额为 387.0 亿元，比上一年增长 23.0%。

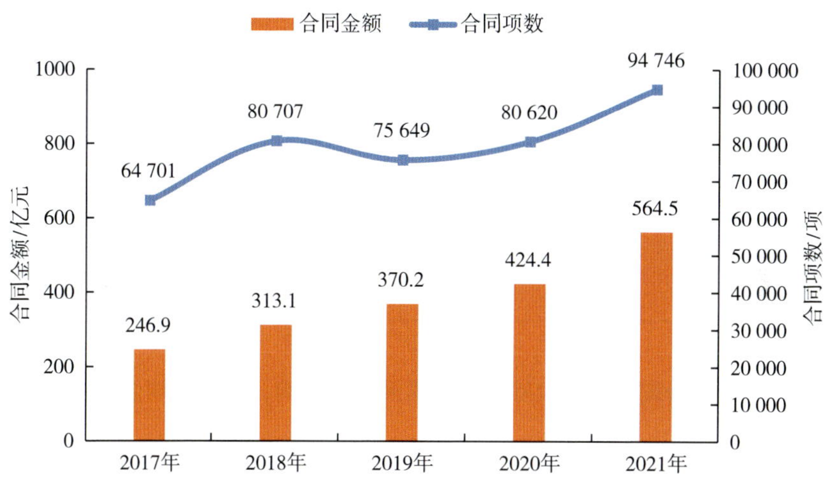

图 2-5-3　中央所属高等院校签订的技术开发、咨询、服务合同金额和合同项数

三、地方所属高等院校以技术开发、咨询、服务方式转化科技成果

地方所属高等院校以技术开发、咨询、服务转化科技成果的合同金额、合同项数和合同当年到账金额均明显增长。2021 年，地方所属高等院校签订的技术开发、咨询、服务合同金额为 391.9 亿元，比上一年增长 36.5%；合同项数为 156 804 项，比上一年增长 26.4%（图 2-5-4）；合同当年到账金额为 272.4 亿元，比上一年增长 34.6%。

2021 年，各地方所属的高等院校签订的技术开发、咨询、服务总合同金额排名居前 3 位的省份分别是江苏省（58.6 亿元）、浙江省（37.2 亿元）、山东省（28.0 亿元）（图 2-5-5），总合同项数排名居前 3 位的省份分别是江苏省（18 585项）、浙江省（14 639项）、河北省（11 091项）。

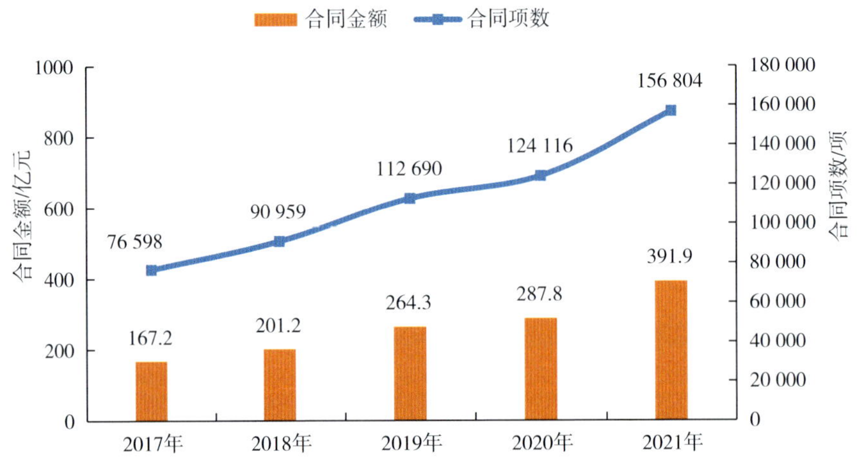

图 2-5-4　地方所属高等院校签订的技术开发、咨询、服务合同金额和合同项数

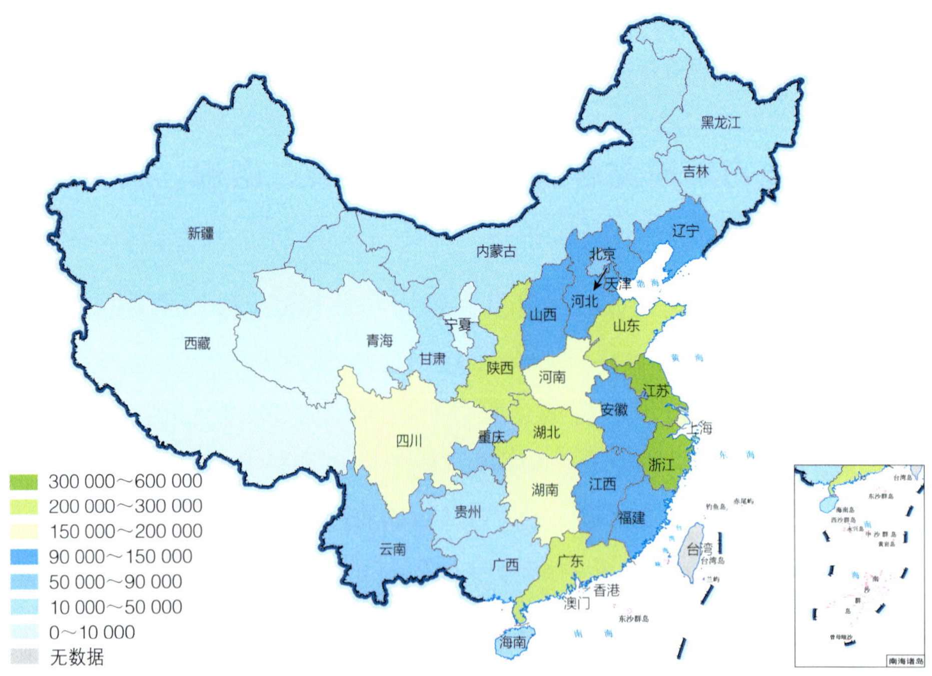

图 2-5-5　地方所属高等院校签订的技术开发、咨询、服务合同金额（单位：万元）区间分布

四、辖区内高等院校以技术开发、咨询、服务方式转化科技成果

按照高等院校所在地统计，2021 年各地方辖区内高等院校以技术开发、咨询、服务方式转化科技成果的合同金额排名居前 3 位的省份分别是北京市（161.7 亿元）、江苏省（122.3 亿元）、浙江省（78.3 亿元）（图 2–5–6）；合同项数排名居前 3 位的省份分别是江苏省（33 323 项）、北京市（24 495 项）、湖北省（18 996 项）。

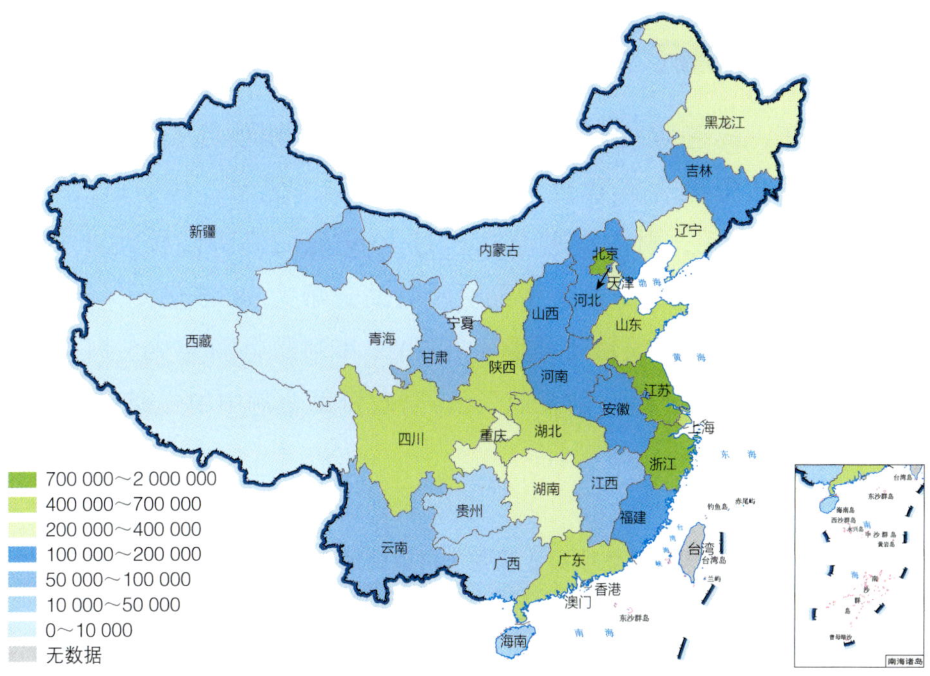

图 2–5–6　各地方辖区内高等院校以技术开发、咨询、服务方式转化科技成果的合同金额（单位：万元）区间分布

第六章
新立项的科技计划项目

一、总体情况

2021 年，高等院校新获立项批复的科技计划项目（课题）总金额（包括财政资助金额和自筹金额）为 1084.1 亿元，其中财政资助金额为 868.5 亿元，财政资助金额超过 10 亿元的高等院校共计 18 家（表 2-6-1）。财政资助金额中中央财政资助金额为 588.5 亿元。新获批和往年获批科技计划项目（课题）在 2021 年到账金额为 785.9 亿元，其中财政资助到账金额为 676.5 亿元。财政资助金额中中央财政资助到账金额为 416.3 亿元。

表 2-6-1　2021 年科技计划项目（课题）财政资助金额超过 10 亿元的高等院校

序号	单位名称
1	中山大学
2	清华大学
3	浙江大学
4	北京航空航天大学
5	复旦大学

续表

序号	单位名称
6	华中科技大学
7	西北工业大学
8	北京大学
9	山东大学
10	四川大学
11	中国科学技术大学
12	中国农业大学
13	南方科技大学
14	中国海洋大学
15	哈尔滨工业大学
16	南京航空航天大学
17	南京理工大学
18	同济大学

二、中央所属高等院校新立项的科技计划项目

2021 年，中央所属高等院校新获立项批复的科技计划项目（课题）总金额为 776.3 亿元。其中财政资助金额为 596.2 亿元。财政资助金额中中央财政资助金额为456.4亿元。新获批和往年获批科技计划项目(课题）在 2021 年到账金额为 516.9 亿元，其中财政资助到账金额为 439.3 亿元。财政资助金额中中央财政资助到账金额为 313.8 亿元。

三、地方所属高等院校新立项的科技计划项目

2021 年，地方所属高等院校新获立项批复的科技计划项目（课题）

总金额为 307.7 亿元，其中财政资助金额为 272.3 亿元。财政资助金额中中央财政资助金额为 132.1 亿元。新获批和往年获批科技计划项目（课题）在 2021 年到账金额为 269.1 亿元。其中财政资助到账金额 237.2 亿元。财政资助金额中中央财政资助到账金额为 102.5 亿元。

四、辖区内高等院校新立项的科技计划项目

按照高等院校所在地统计，2021 年各地方辖区内高等院校新获立项批复的科技计划项目（课题）总金额排名居前 3 位的省份分别是北京市（172.6 亿元）、上海市（106.6 亿元）、广东省（105.5 亿元）（图 2-6-1）。

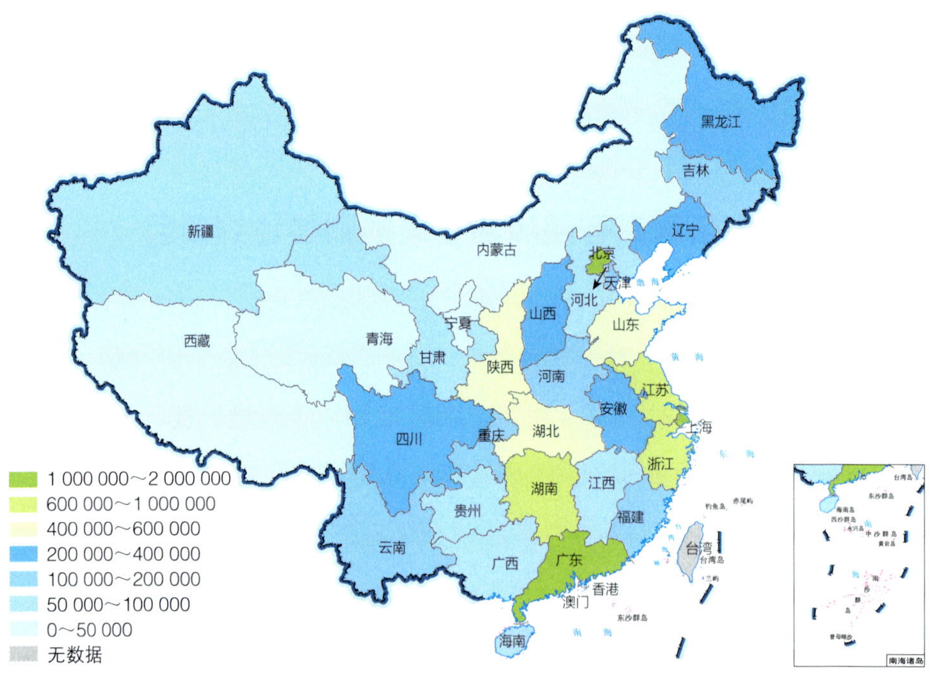

图 2-6-1　2021 年各地方辖区内高等院校新获立项批复的科技计划项目（课题）总金额（单位：万元）区间分布

第七章 兼职及离岗创业和创设参股公司

一、兼职及离岗创业人员

兼职从事科技成果转化和离岗创业人员数量略有增长。截至 2021 年底，高等院校兼职从事科技成果转化和离岗创业人员数量为 10 847 人，比截至上一年底增长 8.2%。其中，中央所属高等院校兼职从事成果转化和离岗创业人员数量为 3135 人，比截至上一年底增长 37.1%；地方所属高等院校兼职从事成果转化和离岗创业人员数量为 7712 人，比截至上一年底下降 0.3%（图 2-7-1）。

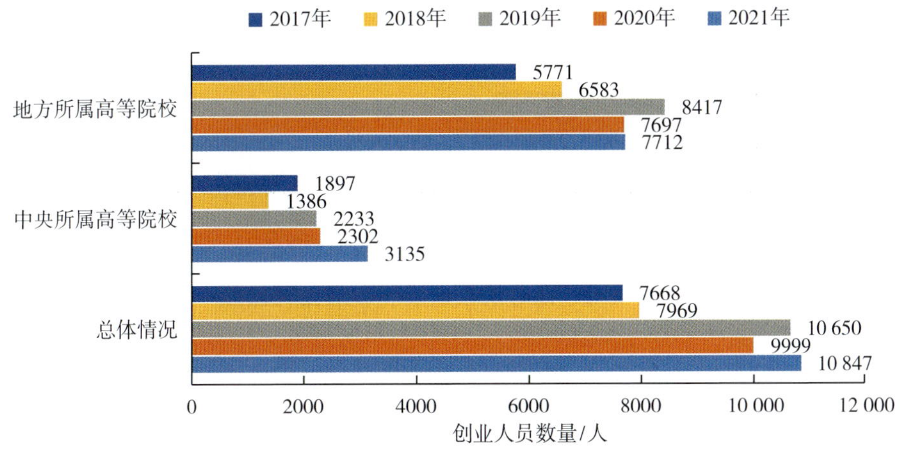

图 2-7-1　高等院校兼职从事科技成果转化和离岗创业人数

1478 家高等院校平均每家兼职从事成果转化和离岗创业人员数量为 7.3 人，其中中央所属高等院校平均每家兼职从事成果转化和离岗创业人员数量为 29.9 人，地方所属高等院校平均每家兼职从事成果转化和离岗创业人员数量为 5.6 人。

二、创设和参股公司

创设和参股公司数量有所增长。截至 2021 年底，高等院校创设和参股公司数量为 2110 家，比截至上一年底增长 14.9%。其中，中央所属高等院校创设和参股公司数量为 729 家，比截至上一年底增长 52.2%；地方所属高等院校创设和参股公司数量为 1381 家，比截至上一年底增长 1.6%（图 2-7-2）。

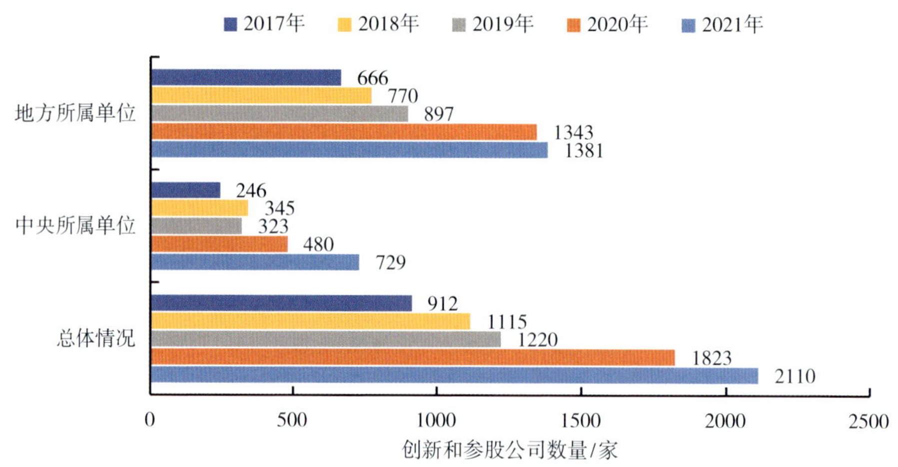

图 2-7-2　高等院校创设和参股公司数量

1478 家高等院校平均每家创设和参股公司为 1.4 家，其中中央所属高等院校平均每家创设和参股公司为 6.9 家，地方所属高等院校平均每家创设和参股公司为 1.0 家。

第八章
技术转移机构与人才建设

一、技术转移机构

（一）高等院校自建

自建科技成果转移转化机构的高等院校占比略有增长。截至 2021 年底，592 家高等院校自建了技术转移机构，占高等院校总数（1478 家）的 40.1%（图 2-8-1），比截至上一年底增长 3.6%。该 592 家高等院校累计共自建了 1468 家技术转移机构，比截至上一年底下降 11.1%。

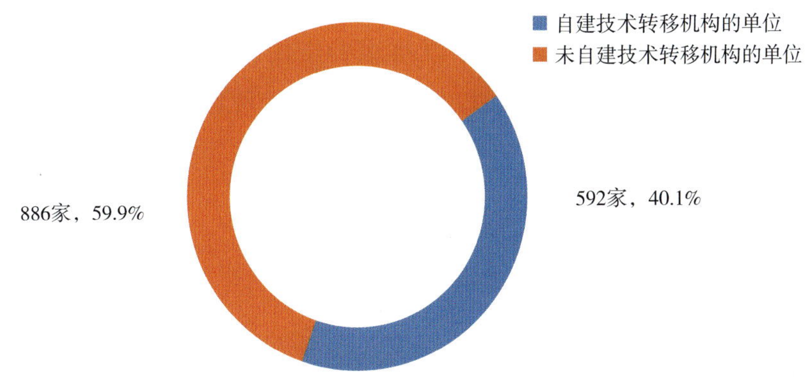

图 2-8-1　自建技术成果转移机构的高等院校数量和占比情况

（二）与市场化技术转移机构合作

截至 2021 年底，560 家高等院校与市场化转移机构合作开展科技成果转化，占高等院校总数的 37.9%（图 2–8–2），比截至上一年底增长 9.4%。该 560 家高等院校累计与 2116 家市场化技术转移机构合作开展科技成果转化活动，比截至上一年底增长 13.8%。

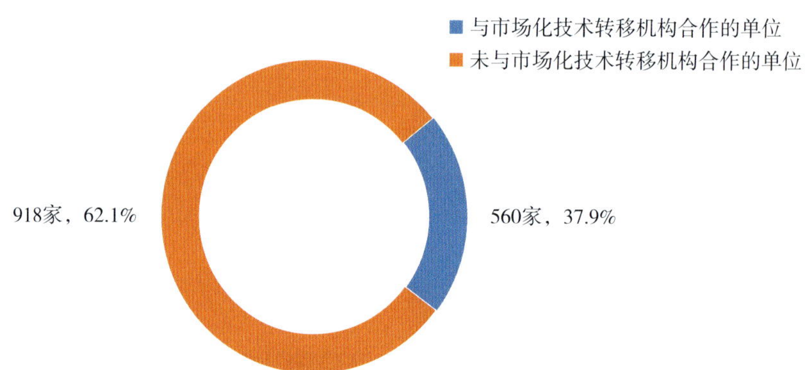

图 2–8–2　与市场化技术成果转移机构合作的高等院校数量和占比情况

（三）机构作用认可

2021 年，1478 家高等院校中 53.1%（共 785 家）的认为技术转移机构在科技成果转移转化过程中发挥重要作用；19.6%（共 289 家）的认为发挥一般作用；8.4%（共 124 家）的认为发挥很小作用；18.9%（共 280 家）的认为未发挥作用（图 2–8–3）。

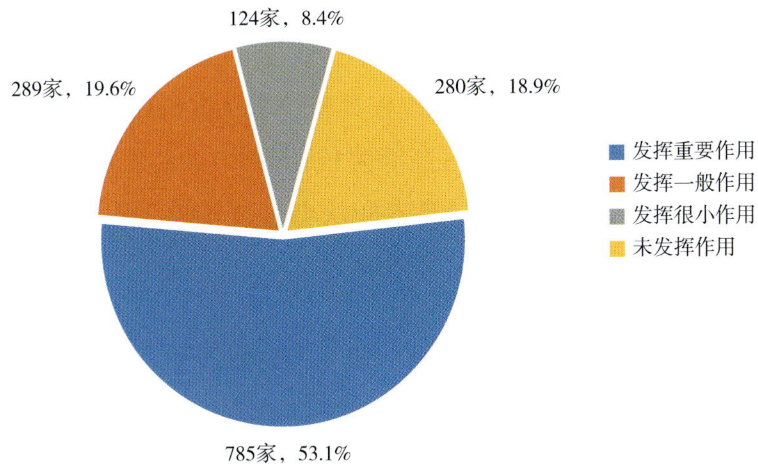

图 2-8-3　高等院校对技术转移机构的作用认可

592 家有自建技术转移机构的高等院校中，75.2%（共 445 家）的认为技术转移机构在科技成果转移转化过程中发挥重要作用；18.8%（共 111 家）的认为发挥一般作用；4.1%（共 24 家）的认为发挥很小作用；2.0%（共 12 家）的认为未发挥作用（图 2-8-4）。

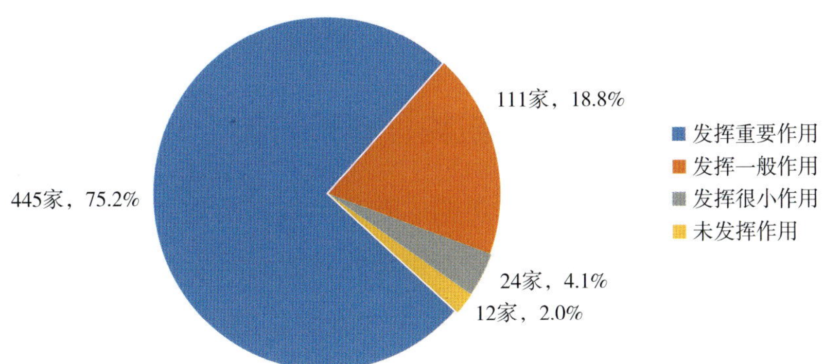

图 2-8-4　有自建技术转移机构的高等院校对技术转移机构的作用认可

二、技术转移人员

截至 2021 年底，864 家高等院校具有专职从事科技转化工作人员，比截至上一年底增长 9.1%，占高等院校总数（1478 家）的 58.5%。该 864 家高等院校累计拥有 7343 名专职从事科技转化工作人员，人员数量比截至上一年底增长 12.7%（图 2–8–5）。

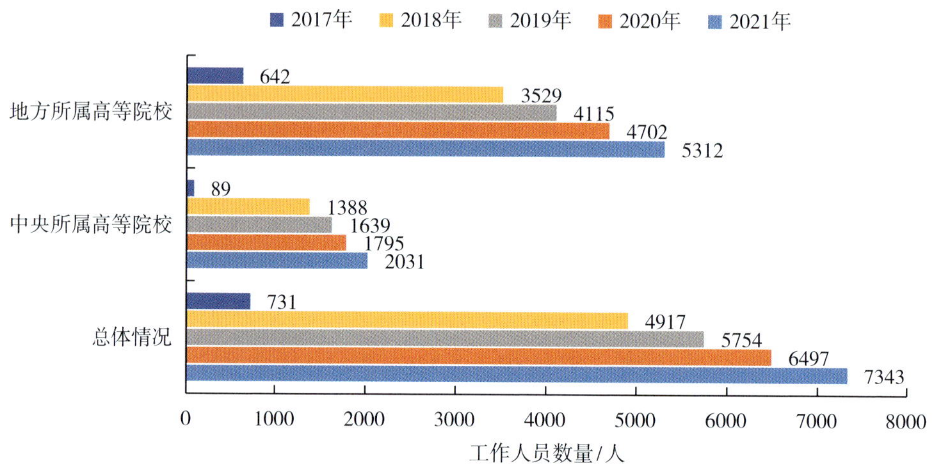

图 2–8–5　高等院校专职从事科技转化工作人员数量

三、与企业共建研发机构、转移机构、转化服务平台

高等院校与企业共建研发机构、转移机构、转化服务平台数量有所增长，对促进科技成果和科技研发供需的有效对接发挥了重要作用。截至 2021 年底，由高等院校（750 家）与企业共建的研发机构、转移机构、转化服务平台总数为 11 220 个，比截至上一年底增长 11.7%。其中，由中央所属高等院校与企业共建 2571 个，比截至上一年底下降 7.5%；由地方所属高等院校与企业共建 8649 个，比截至上一年底增长 19.1%（图 2–8–6）。

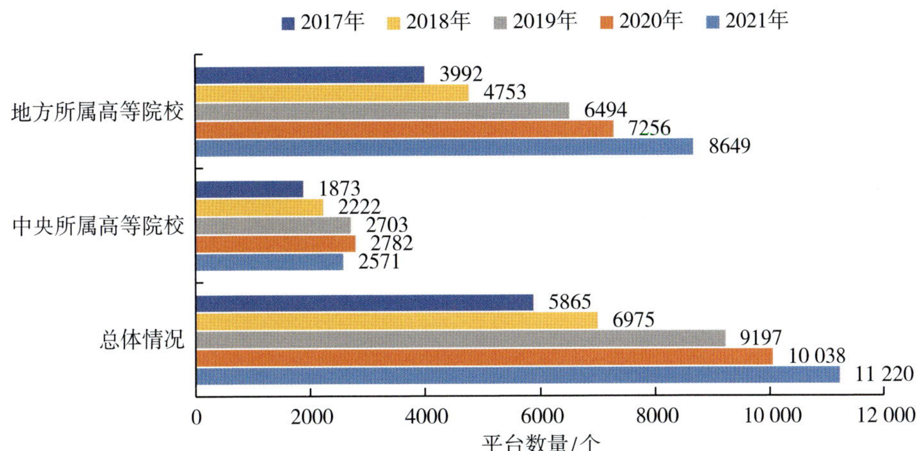

图 2-8-6　高等院校与企业共建研发机构、转移机构、转化服务平台数量

1478 家高等院校平均与企业共建研发机构、转移机构、转化服务平台数量为 7.6 家，其中中央所属高等院校平均与企业共建研发机构、转移机构、转化服务平台数量为 24.5 家，地方所属高等院校平均与企业共建研发机构、转移机构、转化服务平台数量为 6.3 家。

第三篇

科研院所

第一章 概况

本篇对 2021 年 2171 家研究开发机构（以下简称“科研院所”）① 的科技成果转化进展和成效 ② 进行研究分析。2021 年科研院所科技成果转化总体进展主要数据如表 3-1-1 所示。

表 3-1-1 2021 年科研院所科技成果转化总体进展主要数据

指标名称		2021 年	比上一年变化率③
总体概况	总合同项数 / 项	294 089	21.1%
	总合同金额 / 万元	4 957 518.9	10.3%
	合同当年到账金额 / 万元	3 218 266.1	14.1%

① 本报告中“科研院所”指修订后的《中华人民共和国促进科技成果转化法》中“研究开发机构”。

② 本篇涉及各维度总数（包括图表）分别指 2021 年 2171 家、2020 年 2121 家、2019 年 2068 家、2018 年 1962 家、2017 年 2159 家、2016 年 1665 家相对应总数。今年年度报告在数据核对过程中发现，部分单位的单位性质及个别数据有误，联系填报单位进行更正，因此本年年度报告中显示的 2016—2020 年个别数据会与往年已发布报告中的数据略有变化。

③ 比上一年变化率：报告中涉及“比上一年”变化率的统计口径是同时填报了 2021 年和 2020 年年度报告的 1908 家科研院所相应数据。

续表

指标名称		2021 年	比上一年变化率
以转让、许可、作价投资方式转化科技成果	合同项数 / 项	4356	10.9%
	合同金额 / 万元	976 376.8	7.8%
	合同当年到账金额（转让、许可）/ 万元	348 145.4	19.1%
	财政资助项目产生的科技成果转化合同金额 / 万元	451 350.1	36.3%
	中央财政资助项目产生的科技成果转化合同金额 / 万元	402 428.8	37.0%
	个人获得的现金和股权奖励金额 / 万元	320 427.0	50.0%
	奖励人次 / 万人次	4.4	23.3%
	人均奖励金额 / 万元	7.4	21.6%
以技术开发、咨询、服务[①]方式转化科技成果	合同项数 / 项	289 733	21.2%
	合同金额 / 万元	3 981 142.1	11.0%
	当年到账金额 / 万元	2 870 120.7	13.5%
获得财政资金资助立项批复的科技项目[②]	科技项目（课题）总金额 / 万元	7 507 929.7	/[③]
	科技项目（课题）财政资助总金额 / 万元	6 201 332.8	
	科技项目（课题）中央财政资助总金额 / 万元	3 870 257.7	
	项目（课题）资金当年到账金额 / 万元[④]	5 866 081.0	
	项目（课题）财政资助资金当年到账金额 / 万元	5 138 120.2	
	项目（课题）中央财政资助资金当年到账金额 / 万元	3 361 696.5	

① 技术开发、咨询、服务：原指产学研合作（技术开发、技术咨询、技术服务）。

② 由于同一个科技项目可能涉及多家承担单位，项目数量可能涉及重复申报，因此不进行科技项目数累加统计。

③ 本次新增指标，无历史数据进行比较。

④ 项目（课题）资金当年到账金额：为当年新获批和往年获批的科技计划项目（课题）在当年实际到账的金额，包含财政资助资金和自筹资金的到账金额总和。

续表

指标名称		2021 年	比上一年变化率
其他[①]	自建技术转移机构的单位数量 / 个	279	13.2%
	与市场化技术转移机构合作的单位数量 / 个	349	6.8%
	与企业共建研发机构、转移机构、转化服务平台数量 / 个	1960	16.6%
	专职从事科技成果转化工作人数 / 人	7667	13.1%
	在外兼职从事成果转化人员和离岗创业人员数 / 人	4491	11.2%
	创设新公司和参股新公司数 / 个	1305	22.9%

一、科技成果转化总体进展

2021 年，本报告统计的科研院所以转让、许可、作价投资和技术开发、咨询、服务方式转化科技成果的总合同金额和合同当年到账金额（不含作价投资）均有所增长[②]，总合同项数明显增长。2171 家科研院所以转让、许可、作价投资和技术开发、咨询、服务方式转化科技成果的总合同金额为 495.8 亿元，比上一年增长 10.3%；总合同项数为 294 089 项，比上一年增长 21.1%；合同当年到账金额（不含作价投资）为 321.8 亿元，比上一年增长 14.1%。

① 其他指标为截至 2021 年底的机构、平台、人员、公司的数量。

② 本报告中增长率对应表述：0 表示与上一年基本持平；0（不含）～ 10% 表示略有增长；10%（含）～ 20% 表示有所增长；20%（含）～ 40% 表示明显增长；40%（含）～ 60% 表示显著增长；60%（含）～ 100% 表示大幅增长；100%（含）以上表示按约增长 ×× 倍表述，保留一位小数；减少的情况按类似规则修改为 ×× 降低。

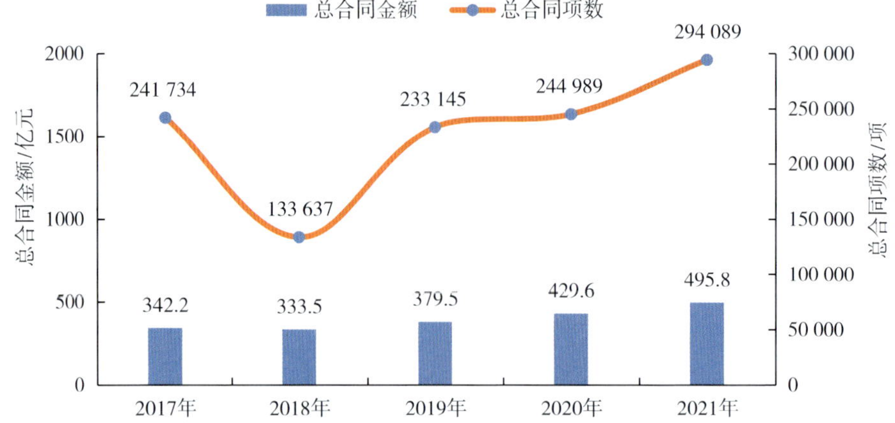

图 3-1-1　科研院所以转让、许可、作价投资和技术开发、咨询、服务方式转化科技成果的总合同金额和总合同项数

2021 年，科研院所以转让、许可、作价投资和技术开发、咨询、服务方式转化科技成果的转化均价略有下降，以转让、许可、作价投资和技术开发、咨询、服务方式转化科技成果的平均合同金额为 16.9 万元，比上一年下降 8.9%。大额科技成果项目数略有增长，单项科技成果转化合同金额 1 亿元及以上的成果有 18 项，比上一年下降 26.3%；5000 万元及以上的有 57 项，比上一年增长 15.6%；1000 万元及以上的有 424 项，比上一年增长 6.5%。同时，有 116 家科研院所 2021 年科技成果转化总合同金额超过 1 亿元，与上一年基本持平。

此外，从科研院所所在地维度统计，总合同金额排名居前 3 位的省份分别为北京市（140.9 亿元）、广东省（59.6 亿元）、上海市（45.9 亿元），总合同项数排名居前 3 位的省份分别为广东省（162 368 项）、浙江省（24 681 项）、北京市（23 452 项）。

二、单位类型

2171 家科研院所中，按属地划分，包括中央所属单位 500 家、地方所属单位 1671 家。其中，中央所属科研院所科技成果转化总合同金额为 339.1 亿元，比上一年增长 10.1%，占科研院所转化总金额的 68.4%；总合同项数为 51 208 项，比上一年增长 11.9%，占科研院所转化总项数的 17.4%。地方所属科研院所科技成果转化总合同金额为 156.7 亿元，比上一年增长 10.8%，占科研院所转化总金额的 31.6%；转化总合同项数为 242 881 项，比上一年增长 23.1%，占科研院所转化总项数的 82.6%。

三、以转让、许可、作价投资方式转化科技成果

（一）合同金额和合同项数

一是总合同金额略有增长，总合同项数有所增长。2021 年，以转让、许可、作价投资方式转化科技成果的总合同金额为 97.6 亿元，比上一年增长 7.8%；总合同项数为 4356 项，比上一年增长 10.9%。二是合同金额超过 1 亿元的单位数量与上一年持平。2021 年，以转让、许可、作价投资方式转化科技成果合同金额超过 1 亿元的科研院所数量为 18 家，与上一年持平。三是财政资助项目产生的科技成果转化合同金额和合同项数均明显增长。财政资助项目以转让、许可、作价投资方式转化科技成果的合同金额为 45.1 亿元，比上一年增长 36.3%；合同项数为 1453 项，比上一年增长 22.9%。其中，中央财政资助项目产生的合同金额为 40.2 亿元，比上一年增长 37.0%；合同项数为 879 项，比上一年增长 26.5%。

（二）平均合同金额

2021 年，以转让、许可、作价投资方式转化科技成果的平均合同金额为 224.1 万元，比上一年下降 2.8%。其中，以转让方式转化科技成果的平均合同金额为 191.4 万元，比上一年下降 8.5%；以许可方式转化科技成果的平均合同金额为 123.0 万元，比上一年增长 4.0%；以作价投资方式转化科技成果的平均合同金额为 1985.2 万元，比上一年增长 30.4%，是转让方式转化科技成果平均合同金额的 10.4 倍，是许可方式转化科技成果平均合同金额的 16.1 倍。

（三）现金和股权奖励

一是现金和股权奖励总金额显著增长。2021 年，个人获得的现金和股权奖励金额达 32.0 亿元，比上一年增长 50.0%。其中，现金奖励金额为 16.3 亿元，比上一年增长 65.2%；股权奖励为 15.8 亿元，比上一年增长 36.8%。二是研发与转化主要贡献人员获得的奖励金额显著增长，奖励总金额达 28.9 亿元，比上一年增长 42.9%，占奖励个人总金额（32.0 亿元）的 90.2%。三是奖励人次和人均奖励金额均明显增长。现金和股权奖励科研人员人次为 4.4 万人次，比上一年增长 23.3%，人均奖励金额为 7.4 万元，比上一年增长 21.6%。

（四）转化流向

一是制造业领域成果转化最为活跃（以合同金额计，下同）。2021 年，科研院所转化至制造业的合同金额为 48.7 亿元，占转让、许可、作价投资总合同金额的 49.9%。二是科技成果主要转化至中小微其他企业。转化至中小微其他企业的合同金额为 58.0 亿元，占转让、许可、作价投资总合同金额的59.4%。三是产出科技成果合同金额排名居前3位的省份分别是北京市、上海市、吉林省，承接科技成果合同金额排名居前3位的省份分别是上海市、吉林省、广东省。

四、以技术开发、咨询、服务方式转化科技成果

一是合同金额有所增长，合同项数明显增长。2021年，科研院所以技术开发、咨询、服务方式转化科技成果的总合同金额为398.1亿元，比上一年增长11.0%，占成果转化总合同金额的80.3%；合同项数为289 733项，比上一年增长21.2%，占成果转化总合同项数的98.5%。二是合同金额超过1亿元的单位数量略有增长。2021年，以技术开发、咨询、服务方式转化科技成果合同金额超过1亿元的科研院所数量为100家，比上一年增长1.1%。三是平均合同金额略有下降。2021年，科研院所以技术开发、咨询、服务方式转化科技成果的平均合同金额为13.7万元，比上一年下降8.4%。

第二章
转让、许可、作价投资的进展成效

一、总体情况

科技成果转化活动日益活跃，以转让、许可、作价投资方式转化科技成果的合同金额略有增长，合同项数有所增长。2021 年，2171 家科研院所以转让、许可、作价投资方式转化科技成果的合同金额为 97.6 亿元，比上一年增长 7.8%；合同项数为 4356 项，比上一年增长 10.9%（图 3-2-1）。

图 3-2-1　科研院所以转让、许可、作价投资方式转化科技成果的合同金额和合同项数

平均合同金额比上一年略有下降。2021 年，科研院所以转让、许可、作价投资方式转化科技成果的平均合同金额为 224.1 万元，比上一年下降 2.8%。科研院所以转让、许可、作价投资方式转化科技成果的单项合同金额及其所对应的合同项数区间分布如表 3-2-1 和图 3-2-2 所示，单项合同金额在 10 万元以下的合同为 1620 项，合同项数占比为 37.2%，该区间的合同金额为 0.5 亿元，合同金额占比为 0.5%；10 万（含）～100 万元的合同为 1902 项，合同项数占比为 43.7%，该区间的合同金额为 6.0 亿元，合同金额占比为 6.1%；100 万（含）～1000 万元的合同为 686 项，合同项数占比为 15.7%，该区间的合同金额为 18.8 亿元，合同金额占比为 19.2%；1000 万（含）～1 亿元的合同为 140 项，合同项数占比为 3.2%，该区间的合同金额为 44.8 亿元，合同金额占比为 45.9%；1 亿元及以上的合同为 8 项，合同项数占比为 0.2%，该区间的合同金额为 27.6 亿元，合同金额占比为 28.2%。

表 3-2-1　科研院所以转让、许可、作价投资方式转化科技成果的单项合同金额及其对应的合同项数区间分布

合同金额区间	合同项数 / 项	合同项数占比	合同金额 / 万元	合同金额占比
1 亿元及以上	8	0.2%	275 600.0	28.2%
1000 万（含）～1 亿元	140	3.2%	448 222.8	45.9%
100 万（含）～1000 万元	686	15.7%	187 650.8	19.2%
10 万（含）～100 万元	1902	43.7%	59 690.7	6.1%
10 万元以下	1620	37.2%	5 212.5	0.5%
总计	4356	/	976 376.8	/

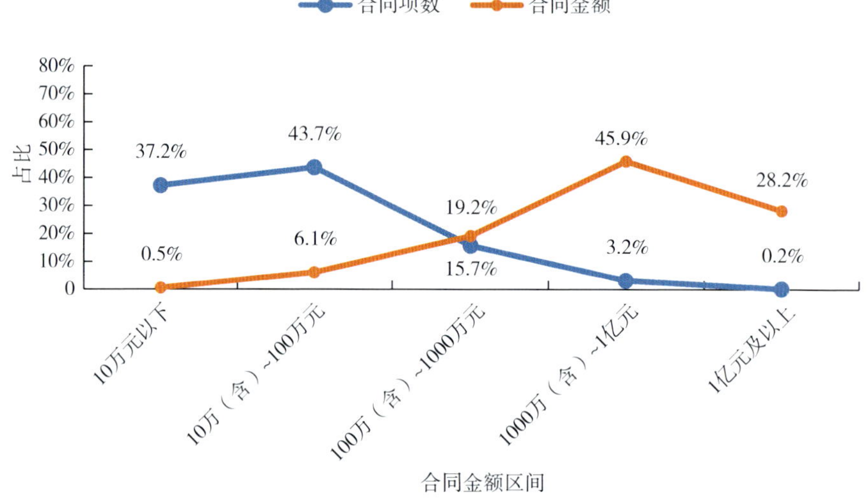

图 3-2-2　科研院所以转让、许可、作价投资方式转化科技成果的合同项数、合同金额占比分布情况

合同金额超过 1 亿元的单位数量基本持平。2021 年，以转让、许可、作价投资方式转化科技成果累计合同金额超过 1 亿元的科研院所有 18 家，与上一年基本持平；超过 1000 万元的科研院所有 118 家，这 118 家科研院所的转让、许可、作价投资合同金额占 2171 家科研院所转让、许可、作价投资总合同金额的 91.7%。

转让、许可合同当年到账金额[①]比上一年有所增长。2021 年，科研院所以转让、许可方式转化科技成果合同当年到账金额共计 34.8 亿元，比上一年增长 19.1%（图 3-2-3）。其中，中央所属科研院所当年到账金额为 24.7 亿元，比上一年增长 47.1%；地方所属科研院所当年到账金

① “当年到账金额”为当年新签订和往年签订的合同在当年实际到账的总金额。由于科技成果转化合同对执行方式和执行周期的具体约定不同，部分转让、许可合同按执行周期进展分阶段拨付，通常情况下科研院所会基于当年实际到账金额实施奖励。因此，为了能够更加准确地反映科技成果转化产生的实时经济效益，对各单位转让、许可合同的当年到账金额进行了采集。

额为 10.1 亿元，比上一年下降 18.5%。

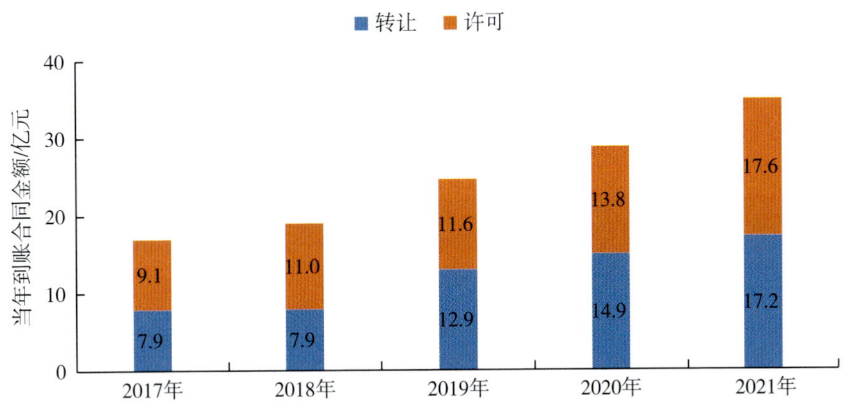

图 3-2-3　科研院所以转让、许可方式转化科技成果的当年到账合同金额

高价值成果转化效益凸显。2021 年，科研院所以转让、许可、作价投资方式转化科技成果单项合同金额 1 亿元及以上的合同有 8 项（表 3-2-2），5000 万元及以上的有 37 项，1000 万元及以上的有 148 项。

将单项合同金额超过 1 亿元的科技成果按转化至单位所在地区来看[①]，其中 2 项转化至东北地区（吉林省 1 项、辽宁省 1 项），4 项转化至东部地区（上海市 2 项、江苏省 1 项、北京市 1 项），1 项转化至中部地区（安徽省 1 项），1 项转化至西部地区（四川省 1 项）；按转化至

① 根据国家统计局公布的《东西中部和东北地区划分方法》，本报告中东部、中部、西部、东北地区分别指：东部地区包括北京、天津、河北、上海、江苏、浙江、福建、山东、广东和海南（10 个省、直辖市）；中部地区包括山西、安徽、江西、河南、湖北和湖南（6 个省）；西部地区：包括内蒙古、广西、重庆、四川、贵州、云南、西藏、陕西、甘肃、青海、宁夏和新疆（12 个省、自治区、直辖市）；东北地区包括辽宁、吉林和黑龙江（3 个省）。

单位类型[①]来看，其中1项转化至国有企业地区（1项转化至大型国有企业），7项转化至其他企业地区（1项转化至大型其他企业、6项转化至中小微其他企业）。

表 3-2-2　科研院所以转让、许可、作价投资方式转化科技成果的单项合同金额1亿元及以上的成果分布

序号	科研院所	转化方式	合同项数 / 项
1	中国科学院上海药物研究所	转让	2
2	中国科学院长春光学精密机械与物理研究所	作价投资	1
3	中国科学院微生物研究所	许可	1
4	中国科学院金属研究所	转让	1
5	中国科学院合肥物质科学研究院	作价投资	1
6	中国科学院动物研究所	许可	1
7	上海市公共卫生临床中心	转让	1

（一）转让、许可、作价投资合同对比

从合同金额维度看，转让和作价投资合同金额均略有增长，许可合同金额有所增长。2021年，科研院所以转让方式转化科技成果的合同金额为37.3亿元，比上一年增长6.2%；以许可方式转化科技成果的合同金额为27.6亿元，比上一年增长13.7%；以作价投资方式转化科技成果的合同金额为32.8亿元，比上一年增长5.0%（图3-2-4）。

作价投资方式转化科技成果平均合同金额最高，是转让方式转化科技成果平均合同金额的10.4倍，是许可方式转化科技成果平均合同金

① “中小微企业”和“大型企业”标准参考《统计上大中小微型企业划分办法》（国统字〔2017〕213号），“国有企业”标准参考《关于划分企业登记注册类型的规定调整的通知》（国统字〔2011〕86号），非国有企业归类为“其他企业”。

额的16.1倍。2021年，科研院所以转让方式转化科技成果的平均合同金额为191.4万元，比上一年下降8.5%；以许可方式转化科技成果的平均合同金额为123.0万元，比上一年增长4.0%；以作价投资方式转化科技成果的平均合同金额为1985.2万元，比上一年增长30.4%（图3-2-5）。

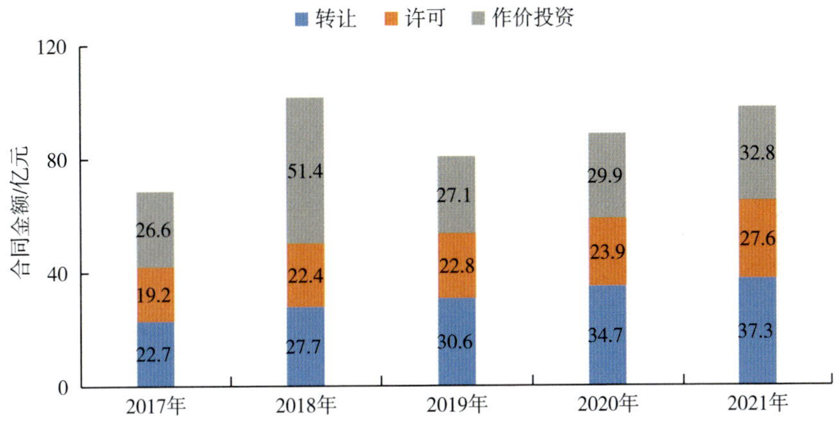

图3-2-4　科研院所以转让、许可、作价投资方式转化科技成果的合同金额情况

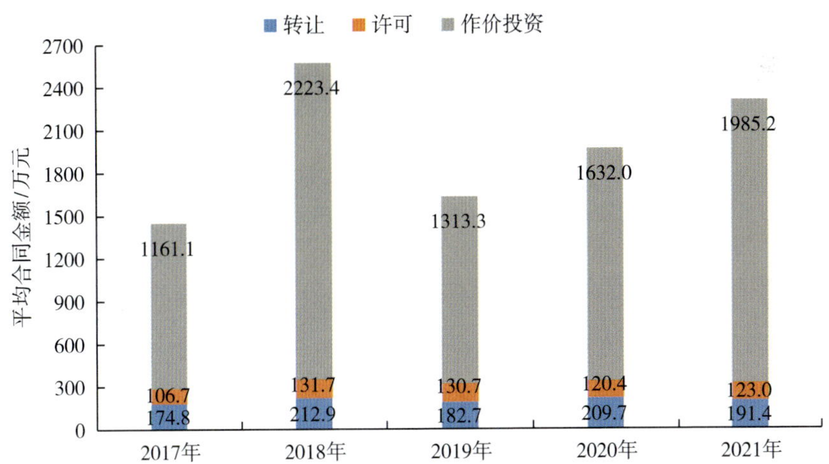

图3-2-5　科研院所以转让、许可、作价投资方式转化科技成果的平均合同金额情况

科研机构以转让方式转化科技成果合同项目数最多，占以转让、许可、作价投资方式转化科技成果总合同项数（4356 项）的 44.7%。2021 年，科研院所以转让方式转化科技成果的合同项数为 1949 项，比上一年增长 16.1%；以许可方式转化科技成果的合同项数为 2242 项，比上一年增长 9.3%；以作价投资方式转化科技成果的合同项数为 165 项，比上一年下降 19.4%（图 3-2-6）。

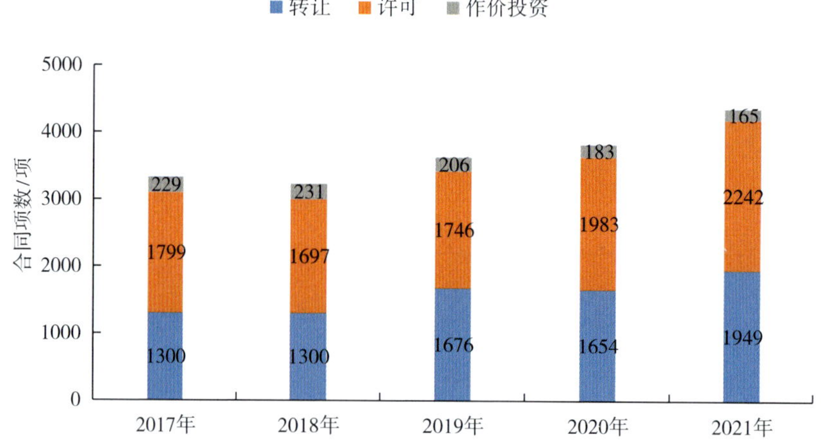

图 3-2-6　科研院所以转让、许可、作价投资方式转化科技成果的合同项数情况

（二）中央所属科研院所科技成果转化情况

中央所属科研院所以转让、许可、作价投资方式转化科技成果的合同金额略有增长，合同项数有所增长。2021 年，中央所属科研院所以转让、许可、作价投资方式转化科技成果的合同金额为 79.0 亿元，比上一年增长 6.8%；合同项数为 1584 项，比上一年增长 18.5%（图 3-2-7）。

图 3-2-7　中央所属科研院所以转让、许可、作价投资方式转化科技成果的合同金额和合同项数情况

（三）地方所属科研院所科技成果转化情况

地方所属科研院所以转让、许可、作价投资方式转化科技成果的合同金额有所增长，合同项数略有增长。2021 年，地方所属科研院所以转让、许可、作价投资方式转化科技成果的合同金额为 18.6 亿元，比上一年增长 13.0%；合同项数为 2772 项，比上一年增长 6.9%（图 3-2-8）。

图 3-2-8　地方所属科研院所以转让、许可、作价投资方式转化科技成果的合同金额和合同项数情况

2021 年，地方所属科研院所以转让、许可、作价投资方式转化科技成果的合同金额排名居前 3 位的省份分别是广东省（4.1 亿元）、上海市（2.8 亿元）、浙江省（1.1 亿元）（图 3-2-9）。

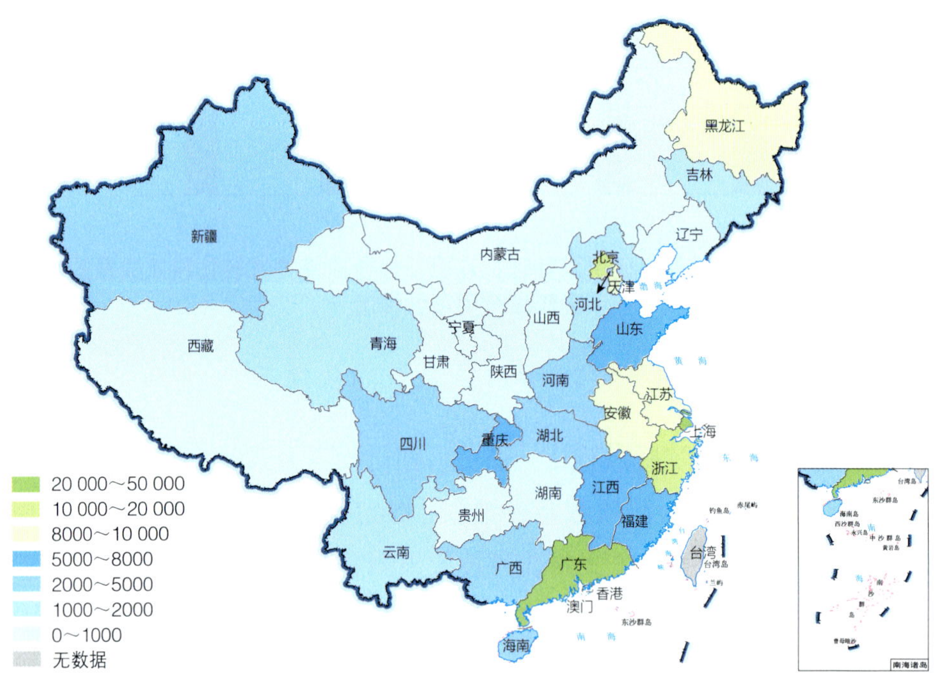

图 3-2-9　地方所属科研院所以转让、许可、作价投资方式转化科技成果的合同金额（单位：万元）区间分布

（四）各地方辖区内科研院所[①]科技成果转化情况

按照科研院所所在地统计，2021 年各地方辖区内科研院所以转让、许可、作价投资方式转化科技成果合同金额排名居前 3 位的省份分别是北京市（25.7 亿元）、上海市（20.4 亿元）、吉林省（13.0 亿元）

① 辖区数据为按照单位所在地统计的数据，是各地方所属单位及其辖区内中央所属单位相应数据的加和。

（图 3-2-10）。

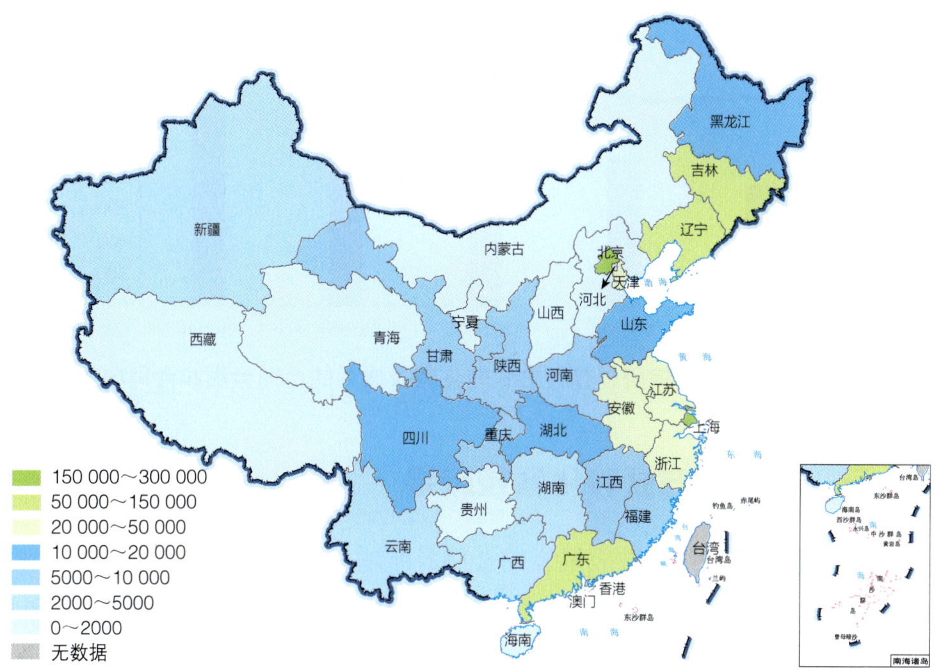

图 3-2-10 各地方辖区内科研院所以转让、许可、作价投资方式转化科技成果的合同金额（单位：万元）区间分布

二、以转让方式转化科技成果

以转让方式转化科技成果的合同金额略有增长，合同项数有所增长，平均合同金额略有下降。2021 年，科研院所以转让方式转化科技成果的合同金额为 37.3 亿元，比上一年增长 6.2%；合同项数为 1949 项，比上一年增长 16.1%（图 3-2-11）；平均合同金额为 191.4 万元，比上一年下降 8.5%。

图 3-2-11　科研院所以转让方式转化科技成果的合同金额和合同项数

三、以许可方式转化科技成果

以许可方式转化科技成果合同金额有所增长，合同项数略有增长，平均合同金额略有增长。2021 年，科研院所以许可方式转化科技成果的合同金额为 27.6 亿元，比上一年增长 13.7%；合同项数为 2242 项，比上一年增长 9.3%（图 3-2-12）；平均合同金额为 123.0 万元，比上一年增长 4.0%。

图 3-2-12　科研院所以许可方式转化科技成果的合同金额和合同项数

四、以作价投资方式转化科技成果

以作价投资方式转化科技成果的合同金额略有增长，合同项数有所下降，平均合同金额明显增长。2021 年，科研院所以作价投资方式转化科技成果的合同金额为 32.8 亿元，比上一年增长 5.0%；合同项数为 165 项，比上一年下降 19.4%（图 3-2-13）；平均合同金额为 1985.2 万元，比上一年增长 30.4%。

图 3-2-13　科研院所以作价投资方式转化科技成果的合同金额和合同项数

五、科技成果转化定价方式

协议定价方式是科技成果转化主要定价方式。2021 年，科研院所以转让、许可、作价投资方式转化科技成果的 4356 项合同中，采用协议定价方式的有 4138 项，占总数的 95.0%，总合同金额为 93.1 亿元，平均合同金额为 224.9 万元；采用拍卖方式的有 84 项，占总数的 1.9%，总合同金额为 0.9 亿元，平均合同金额为 109.1 万元；采用挂牌交易方式的有 134 项，占总数的 3.1%，总合同金额为 3.7 亿元，平均合同金额为 273.7 万元（图 3-2-14）。

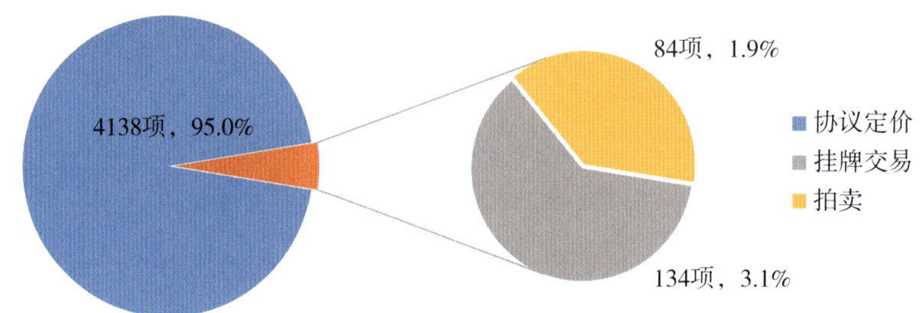

图 3-2-14　科研院所以转让、许可、作价投资方式转化科技成果的定价方式

科技成果转化定价过程中，经过评估的转化成果为 1200 项，占总数的 27.5%，总合同金额为 58.1 亿元，平均合同金额为 484.1 万元；未经过评估的转化成果为 3156 项，占总数的 72.5%，总合同金额为 39.5 亿元，平均合同金额为 125.3 万元（图 3-2-15）。

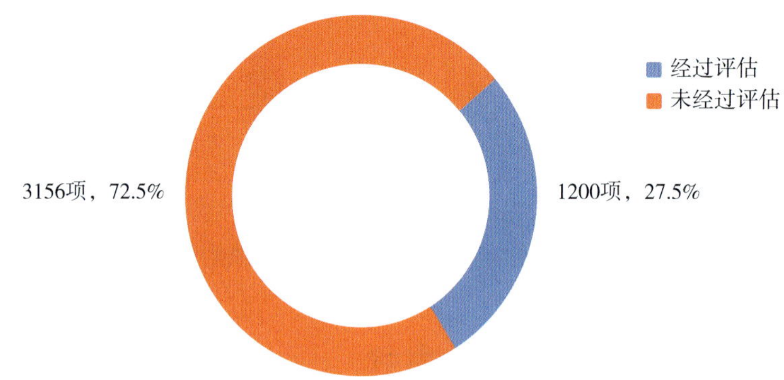

图 3-2-15　科研院所以转让、许可、作价投资方式转化科技成果的合同定价过程中的评估情况

六、科技成果转化流向

（一）转化至单位类型

科技成果主要转化至境内中小微企业。2021 年，科研院所科技成

果以转让、许可、作价投资方式转化到境内、境外的合同金额分别是96.3 亿元、1.3 亿元，占比分别为 98.6%、1.4%（图 3–2–16），科技成果以转让、许可、作价投资方式转化到境内、境外的合同项数分别是 4349 项、7 项，占比分别为 99.8%、0.2%（图 3–2–17）。

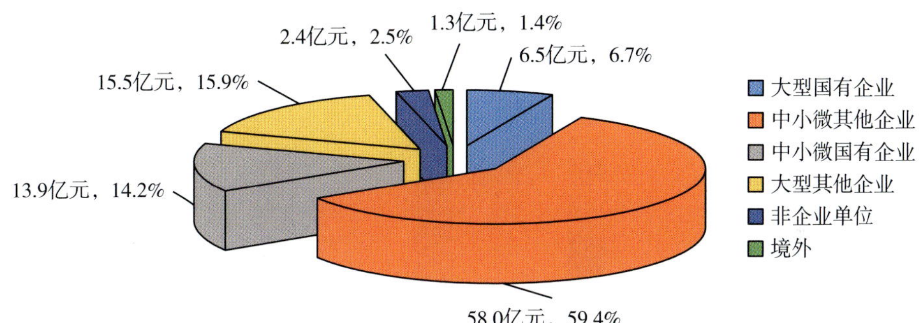

图 3–2–16　科研院所与境内外单位签订的以转让、许可、作价投资方式转化的科技成果转化去向、合同金额及占比情况

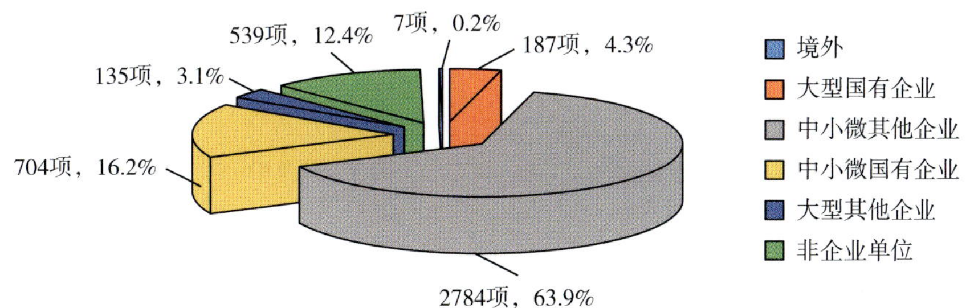

图 3–2–17　科研院所与境内外单位签订的以转让、许可、作价投资方式转化的科技成果转化去向、合同项数及占比情况

在境内转化的科技成果中，转化至中小微企业、大型企业、非企业单位的科技成果合同金额分别为 71.9 亿元、22.0 亿元、2.4 亿元，占总合同金额的比重分别为 73.6%、22.6%、2.5%，比重比上一年分别增长 12.8%、下降 5.5%、下降 16.8%（图 3–2–18）。转化至中小微

企业、非企业单位、大型企业的科技成果数量分别为 3488 项、539 项、322 项，占科技成果转化总合同数的比重分别为 80.1%、12.4%、7.4%，比重分别比上一年分别增长 19.5%、下降 27.2%、增长 27.5%（图 3-2-19）。

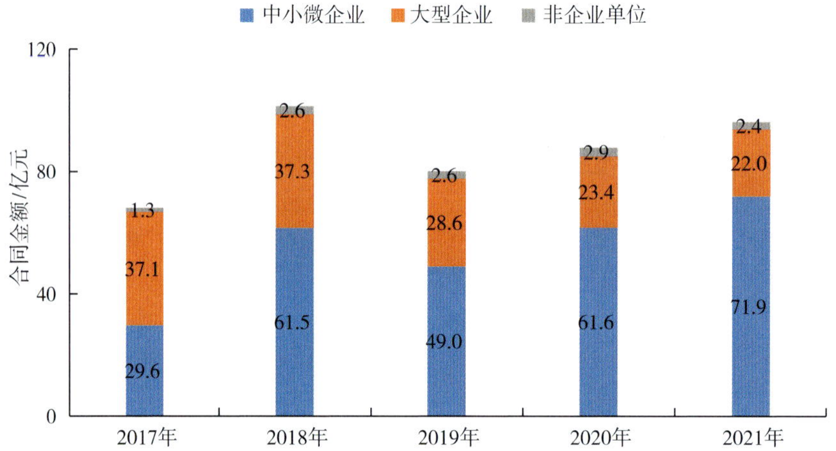

图 3-2-18　科研院所以转让、许可、作价投资方式转化的科技成果与境内单位签订的合同金额

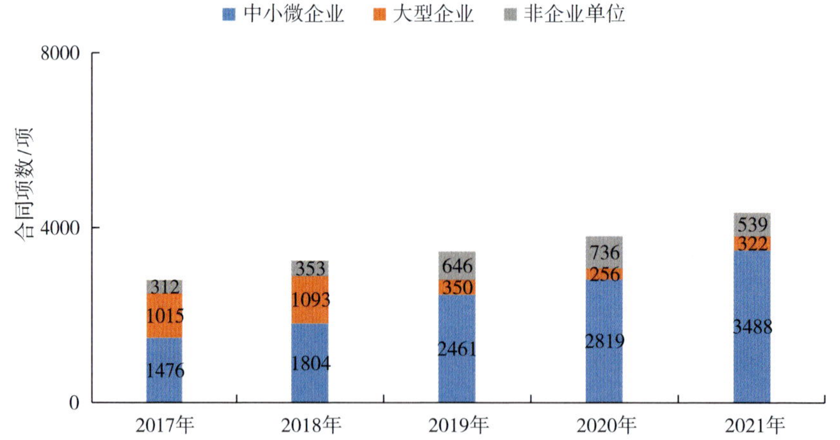

图 3-2-19　科研院所以转让、许可、作价投资方式转化的科技成果与境内单位签订的合同项数

（二）转化至单位所在地

2171 家科研院所科技成果转化至上海市的合同金额最高，转化至广东省的合同项数最多。按照科技成果转化至单位所在地统计，2021 年科研院所以转让、许可、作价投资方式转化科技成果地方合同金额排名居前 3 位的省份分别是上海市、吉林省、广东省，科技成果转化总合同金额分别为 14.8 亿元、12.4 亿元、9.6 亿元，占以转让、许可、作价投资方式转化总合同金额的比重分别为 15.1%、12.7%、9.8%（图 3-2-20）。转化至地方成果合同项数排名居前 3 位的省份分别是广东省、北京市、江苏省，合同项数分别为 504 项、447 项、326 项。

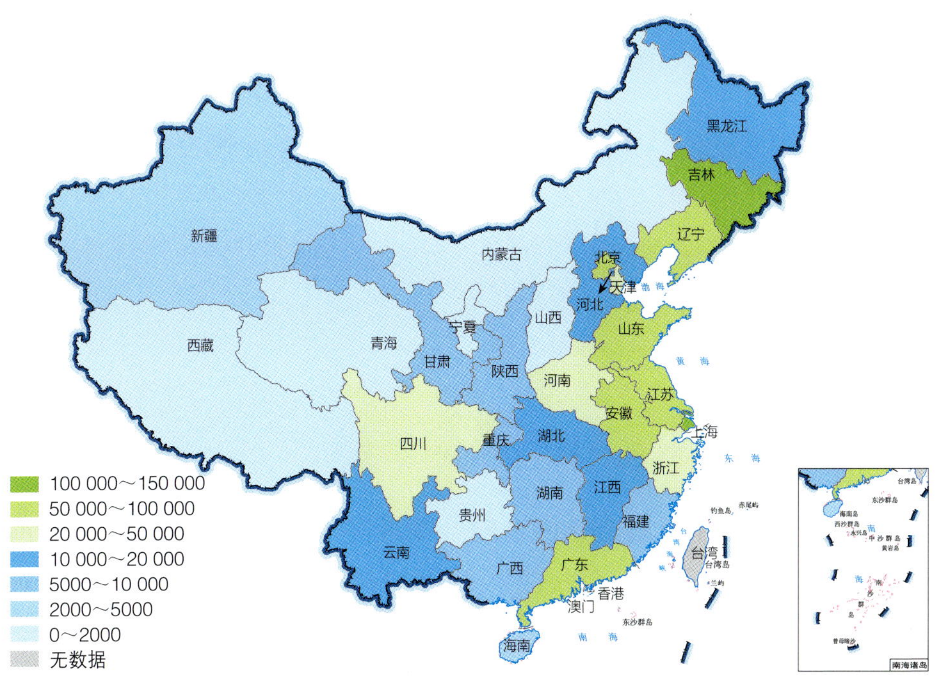

图 3-2-20　科研院所与各地方辖区单位签订的以转让、许可、作价投资方式转化的合同金额（单位：万元）区间分布

按地方承接科技成果所属行业领域统计，2021 年承接科研院所转让、许可、作价投资成果合同金额排名居前 10 的省份中合同金额最高的行业领域有 7 个是制造业，2 个是科学研究和技术服务业，1 个是卫生和社会工作（表 3-2-3）。

表 3-2-3　2021 年承接科研院所以转让、许可、作价投资成果合同金额排名居前 10 位的省份

排名	省份	合同总金额 / 万元	合同金额最高的行业
1	上海市	147 695.0	制造业
2	吉林省	123 618.2	制造业
3	广东省	96 133.6	制造业
4	江苏省	85 927.4	制造业
5	北京市	80 345.9	卫生和社会工作
6	辽宁省	67 710.2	制造业
7	山东省	67 409.3	科学研究和技术服务业
8	安徽省	64 520.3	科学研究和技术服务业
9	浙江省	43 836.7	制造业
10	四川省	21 511.6	制造业

（三）转化至行业领域

科技成果转化至制造业的合同金额最高，转化至农、林、牧、渔业的合同项数最多。按照科技成果应用的行业领域[①]统计显示，2021 年

① 按照国民经济行业门类，选取与科技相关性强的 9 个门类作为选项，剩余门类均归为“其他”，包括：①农、林、牧、渔业；②制造业；③电力、热力、燃气及水生产和供应业；④交通运输、仓储和邮政业；⑤信息传输、软件和信息技术服务业；⑥科学研究和技术服务业；⑦水利、环境和公共设施管理业；⑧卫生和社会工作；⑨文化、体育和娱乐业；⑩其他。

科研院所境内以转让、许可、作价投资方式转化合同金额排名居前3位的依次是“制造业”“科学研究和技术服务业”“农、林、牧、渔业”，其总合同金额分别为48.7亿元、17.9亿元、11.9亿元，占以转让、许可、作价投资方式转化总合同金额的比重分别为49.9%、18.3%、12.2%（图3-2-21）；合同项数排名居前3位的依次是“农、林、牧、渔业”“科学研究和技术服务业”“制造业”，其合同项数分别为2409项、662项、565项。

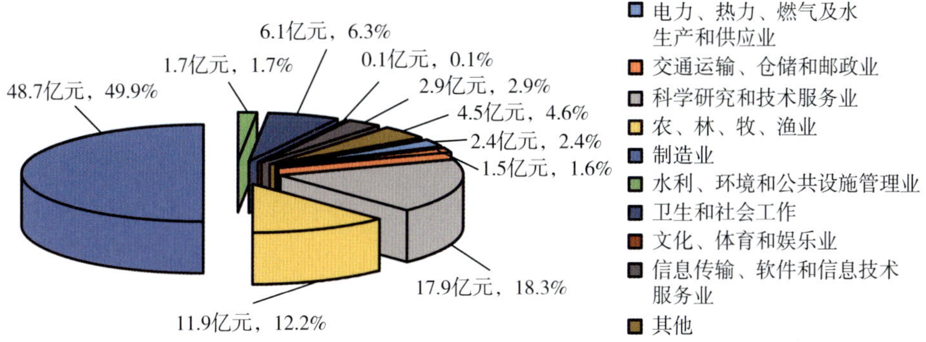

图3-2-21　科研院所以转让、许可、作价投资方式境内转化科技成果合同金额的行业领域分布

（四）本地转化和跨区域转化

50%以上（按合同金额占比计）科技成果在本地实现转化，服务本地企业，促进本地经济发展。按照科研院所科技成果产出区域和转让、许可、作价投资转化至的区域统计，2021年，在本地方实现转化合同金额排名居前3位的省份分别是吉林省（12.2亿元）、上海市（11.4亿元）、北京市（7.4亿元）（表3-2-4）。

表 3-2-4 科研院所与本辖区内单位签订的以转让、许可、作价投资方式转化科技成果合同金额排名居前 10 位的省份

排名	省份	本地转化合同金额/亿元	占本地产出合同金额的比重	本地转化合同项数/项	占本地产出合同项数的比重
1	吉林省	12.25	94.1%	47	51.6%
2	上海市	11.39	55.8%	107	55.4%
3	北京市	7.38	28.7%	341	45.3%
4	辽宁省	6.47	69.9%	63	52.9%
5	广东省	5.59	90.3%	386	75.0%
6	安徽省	3.83	91.5%	83	86.5%
7	江苏省	1.71	70.0%	188	69.6%
8	浙江省	1.53	76.3%	158	56.2%
9	山东省	1.09	83.4%	117	70.5%
10	天津市	1.02	39.6%	47	50.0%

2021 年，本地方辖区内科研院所科技成果以转让、许可、作价投资方式转化到外区域的合同金额为 38.1 亿元，占总合同金额的 39.0%；合同项数为 1370 项，占总合同项数的 31.5%。

承接其他地方科技成果合同金额排名居前 3 位的省份分别是江苏省（6.9 亿元）、山东省（5.7 亿元）、广东省（4.0 亿元）（图 3-2-22）；合同项数排名居前 3 位的省份分别是江苏省（138 项）、山东省（119 项）、广东省（118 项）（图 3-2-23）。

本地方产出科技成果输出至其他地方合同金额排名居前 3 位的省份分别是北京市（18.3 亿元）、上海市（9.0 亿元）、辽宁省（2.8 亿元）（图 3-2-22）；合同项数排名居前 3 位的省份分别是北京市（411 项）、广东省（129 项）、浙江省（123 项）（图 3-2-23）。

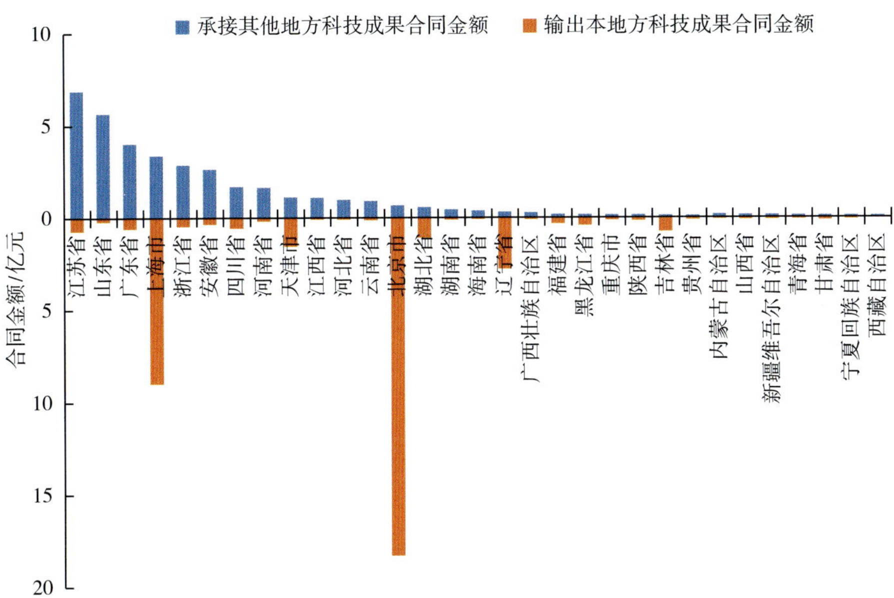

图 3-2-22　各地方科研院所以转让、许可、作价投资承接其他地方和输出本地科技成果的合同金额统计

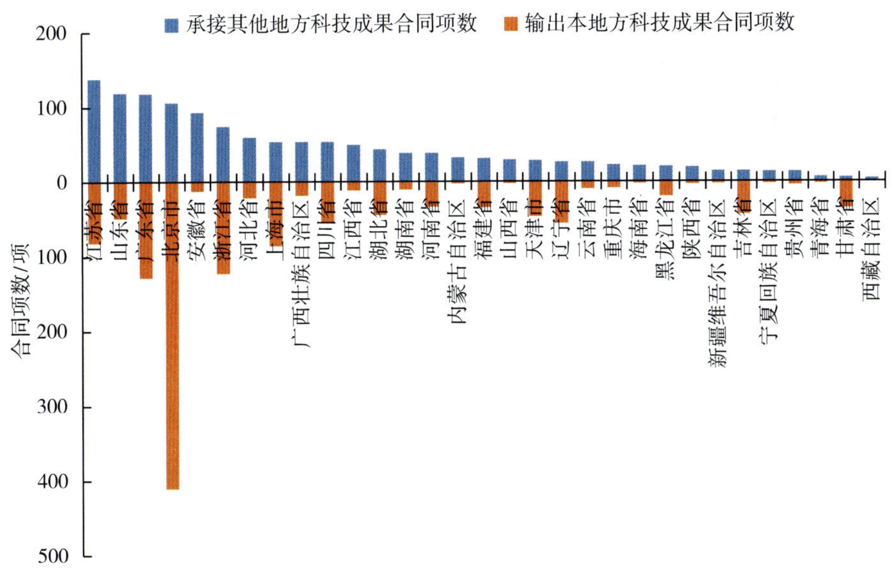

图 3-2-23　各地方科研院所以转让、许可、作价投资方式承接其他地方和输出本地科技成果的合同项数统计

第三章
财政资助项目的科技成果转化

受财政资助产生的科技成果以转让、许可、作价投资方式转化的合同金额和合同项数均明显增长。其中，中央财政资助项目产生的科技成果转化合同金额和合同项数也均明显增长。

一、总体情况

（一）全国财政资助项目[①]成果转化情况

受全国财政资助项目成果合同金额和合同项数均明显增长。2021年，科研院所受全国财政资助项目成果以转让、许可、作价投资方式转化的合同金额为45.1亿元，比上一年增长36.3%，占科研院所以转让、许可、作价投资方式转化科技成果总合同金额（97.6亿元）的46.2%；合同项数为1453项，比上一年增长22.9%，占科研院所以转让、许可、作价投资方式转化总合同项数（4356项）的33.4%（图3-3-1）。

① 全国财政资助项目包括中央财政资助项目和地方财政资助项目。

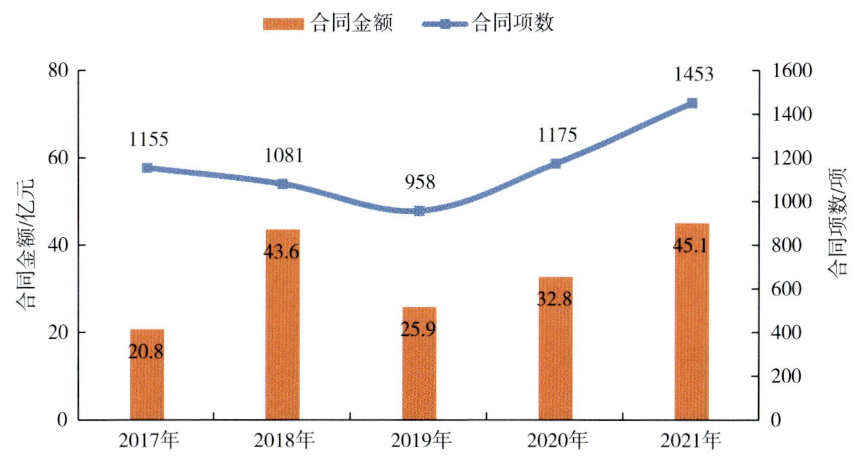

图 3–3–1　科研院所受财政资助项目成果以转让、许可、作价投资方式转化的合同金额和合同项数情况

（二）中央财政资助项目成果转化情况

受中央财政资助项目成果以转让、许可、作价投资方式转化的合同金额和合同项数均明显增长。2021 年，科研院所受中央财政资助项目成果以转让、许可、作价投资方式转化的合同金额为 40.2 亿元，比上一年增长 37.0%，占科研院所受全国财政资助项目成果以转让、许可、作价投资方式转化总合同金额（45.1 亿元）的 89.2%；合同项数为 879 项，比上一年增长 26.5%，占科研院所受全国财政资助项目成果以转让、许可、作价投资方式转化总合同项数（1453 项）的 60.5%（图 3–3–2）。

图 3-3-2　科研院所受中央财政资助项目成果以转让、许可、作价投资方式转化的合同金额和合同项数

二、中央所属科研院所科技成果转化

（一）全国财政资助项目成果转化情况

中央所属科研院所受全国财政资助项目以转让、许可、作价投资方式转化的成果合同金额和合同项数均明显增长。2021 年，中央所属科研院所受全国财政资助项目成果以转让、许可、作价投资方式转化的合同金额为 38.4 亿元，比上一年增长 34.6%，占中央所属科研院所受全国财政资助项目以转让、许可、作价投资方式转化的科技成果总合同金额（79.0 亿元）的 48.6%；合同项数为 631 项，比上一年增长 24.0%，占中央所属科研院所受全国财政资助项目成果以转让、许可、作价投资方式转化总合同项数（1584 项）的 39.8%（图 3-3-3）。

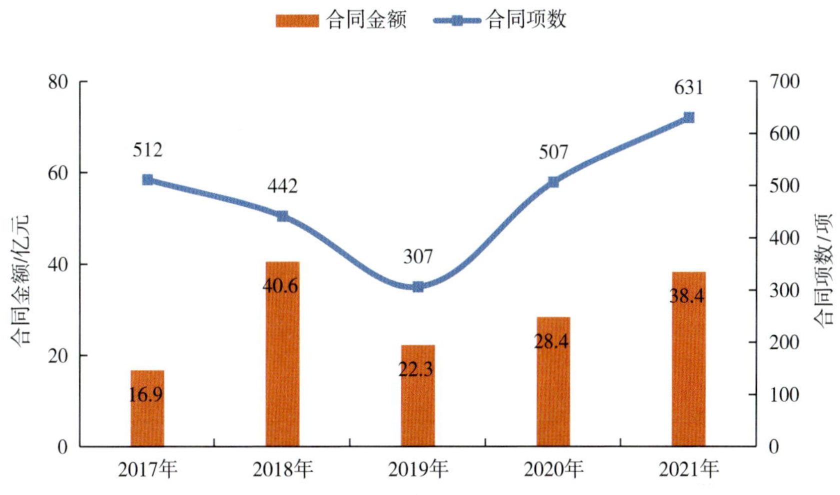

图 3-3-3　中央所属科研院所受财政资助项目成果以转让、许可、作价投资方式转化的合同金额和合同项数

（二）中央财政资助项目成果转化情况

中央所属科研院所受中央财政资助项目成果以转让、许可、作价投资方式转化的合同金额和合同项数均明显增长。2021 年，中央所属科研院所受中央财政资助项目成果以转让、许可、作价投资方式转化的合同金额为 35.6 亿元，比上一年增长 30.3%，占中央所属科研院所受全国财政资助项目成果以转让、许可、作价投资方式转化总合同金额（38.4 亿元）的 92.7%；合同项数为 577 项，比上一年增长 32.3%，占中央所属科研院所受全国财政资助项目以转让、许可、作价投资方式转化的总合同项数（631 项）的 91.4%（图 3-3-4）。

图 3-3-4　中央所属科研院所受中央财政资助项目成果以转让、许可、作价投资方式转化的合同金额和合同项数

三、地方所属科研院所科技成果转化

（一）全国财政资助项目成果转化情况

地方所属科研院所受全国财政资助项目成果以转让、许可、作价投资方式转化的合同金额显著增长，合同项数明显增长。2021 年，地方所属科研院所受全国财政资助项目成果以转让、许可、作价投资方式转化的合同金额为 6.8 亿元，比上一年增长 46.7%，占地方所属科研院所受全国财政资助项目成果以转让、许可、作价投资方式转化总合同金额（18.6 亿元）的 36.3%；合同项数为 822 项，比上一年增长 23.0%，占地方科研院所受全国财政资助项目成果以转让、许可、作价投资方式转化总合同项数（2772 项）的 29.7%（图 3-3-5）。

2021 年，地方所属科研院所受全国财政资助项目成果以转让、许可、作价投资方式转化的合同金额排名居前 3 位的省份分别是上海市（2.4 亿元）、浙江省（0.8 亿元）、北京市（0.7 亿元）（图 3-3-6）。

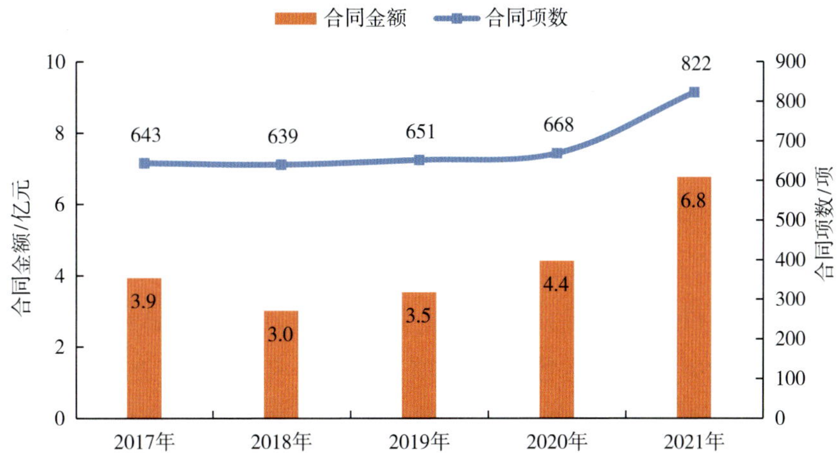

图 3-3-5 地方所属科研院所受财政资助项目成果以转让、许可、作价投资方式转化合同金额和合同项数

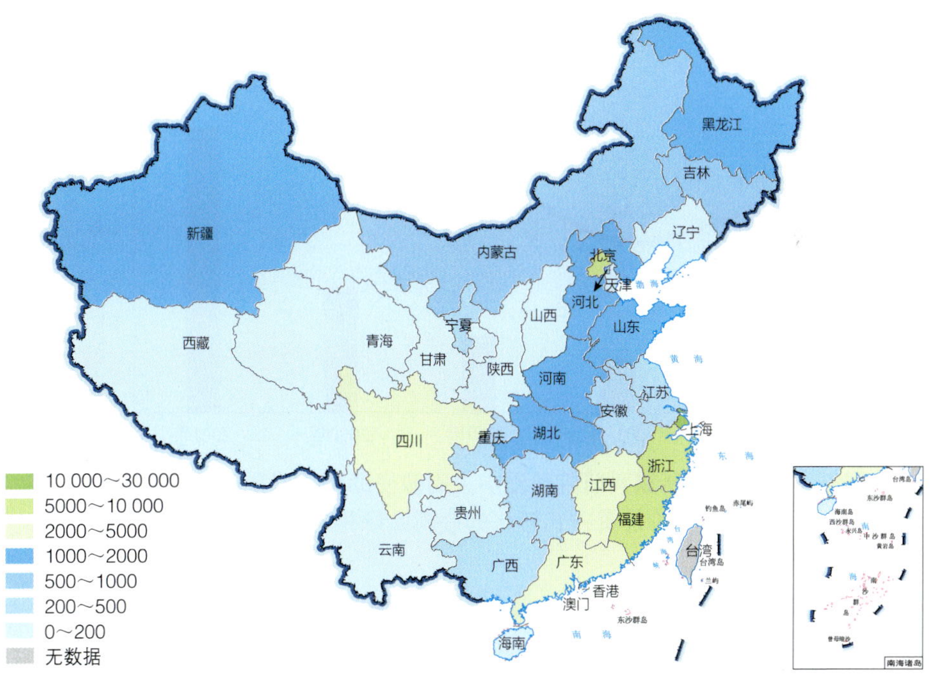

图 3-3-6 地方所属科研院所受财政资助项目成果以转让、许可、作价投资方式转化的合同金额（单位：万元）区间分布

（二）中央财政资助项目成果转化情况

地方所属科研院所受中央财政资助项目成果以转让、许可、作价投资转化的合同金额增长 1.3 倍，合同项数有所增长。2021 年，地方所属科研院所受中央财政资助项目成果以转让、许可、作价投资方式转化的合同金额为 4.7 亿元，比上一年增长 1.3 倍，占地方所属科研院所受全国财政资助项目成果以转让、许可、作价投资方式转化总合同金额（6.8 亿元）的 69.2%；合同项数为 302 项，比上一年增长 17.2%，占地方所属科研院所受全国财政资助项目成果以转让、许可、作价投资方式转化合同总项数（822 项）的 36.7%（图 3–3–7）。

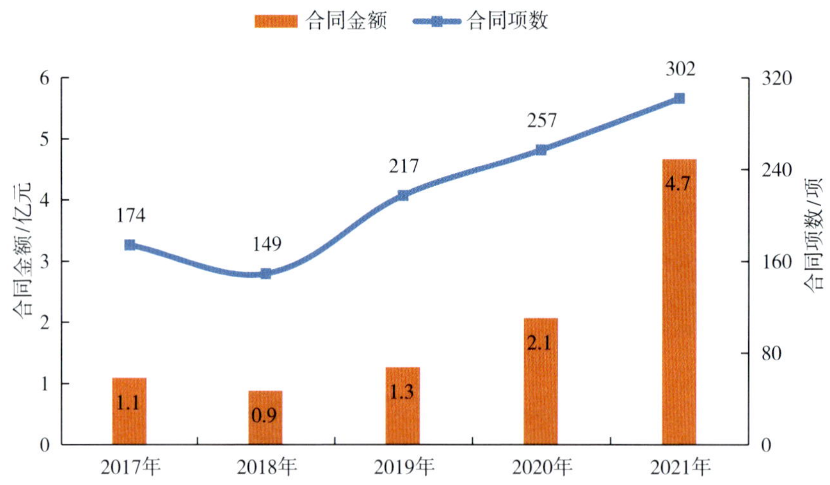

图 3–3–7　地方所属科研院所受中央财政资助项目成果以转让、许可、作价投资方式转化的合同金额和合同项数

2021 年，地方所属科研院所受中央财政资助项目成果以转让、许可、作价投资方式转化的合同金额排名居前 3 位的省份分别是上海市（2.4 亿元）、浙江省（0.7 亿元）、北京市（0.7 亿元）（图 3–3–8）。

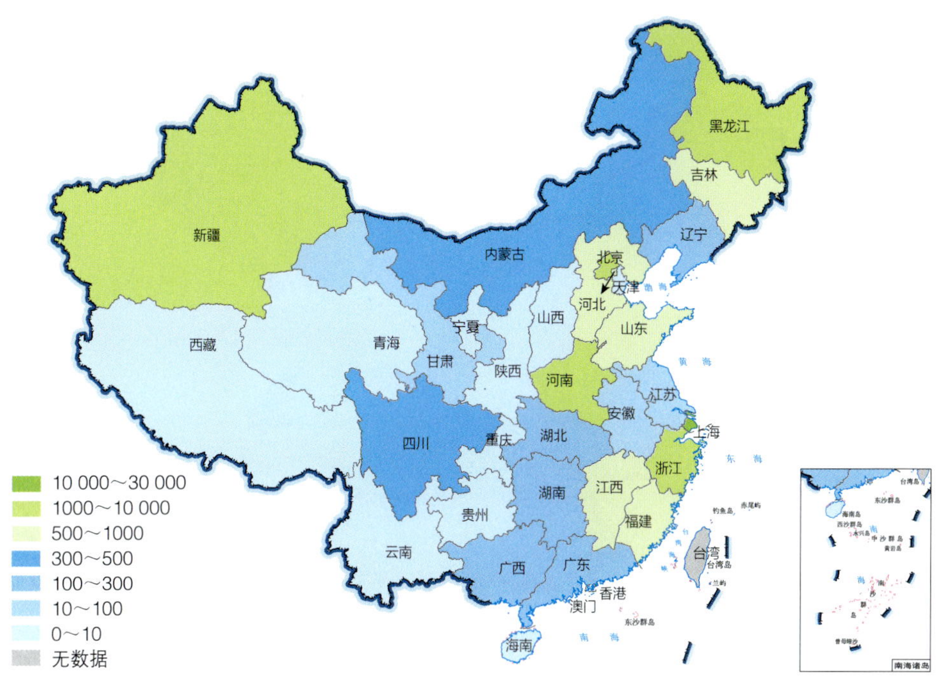

图 3-3-8　地方所属科研院所受中央财政资助项目成果以转让、许可、作价投资方式转化的合同金额（单位：万元）区间

四、辖区内科研院所科技成果转化

（一）全国财政资助项目成果转化情况

按照科研院所所在地统计，2021 年各地方辖区内科研院所受全国财政资助项目成果以转让、许可、作价投资方式转化的合同金额排名居前 3 位的省份分别是上海市（15.1 亿元）、吉林省（12.1 亿元）、北京市（7.5 亿元）（图 3-3-9）。

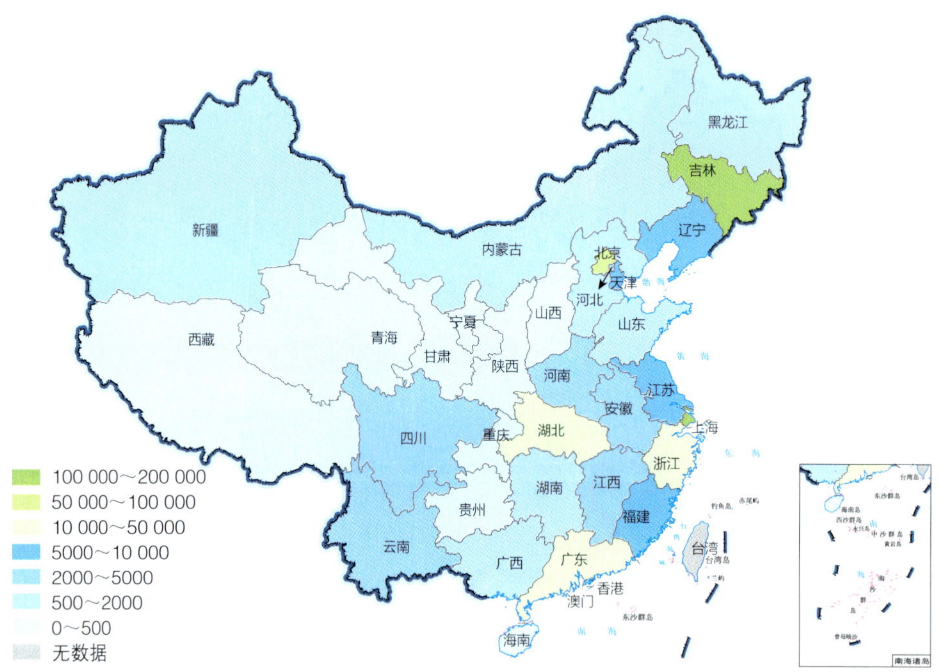

图 3-3-9　各地方辖区内科研院所受财政资助项目成果以转让、许可、作价投资方式转化的合同金额（单位：万元）区间分布

（二）中央财政资助项目成果转化情况

2021 年各地方辖区内的科研院所受中央财政资助项目成果以转让、许可、作价投资方式转化的合同金额排名居前 3 位的省份分别是上海市（14.7 亿元）、吉林省（12.1 亿元）、北京市（7.4 亿元）（图 3-3-10）。

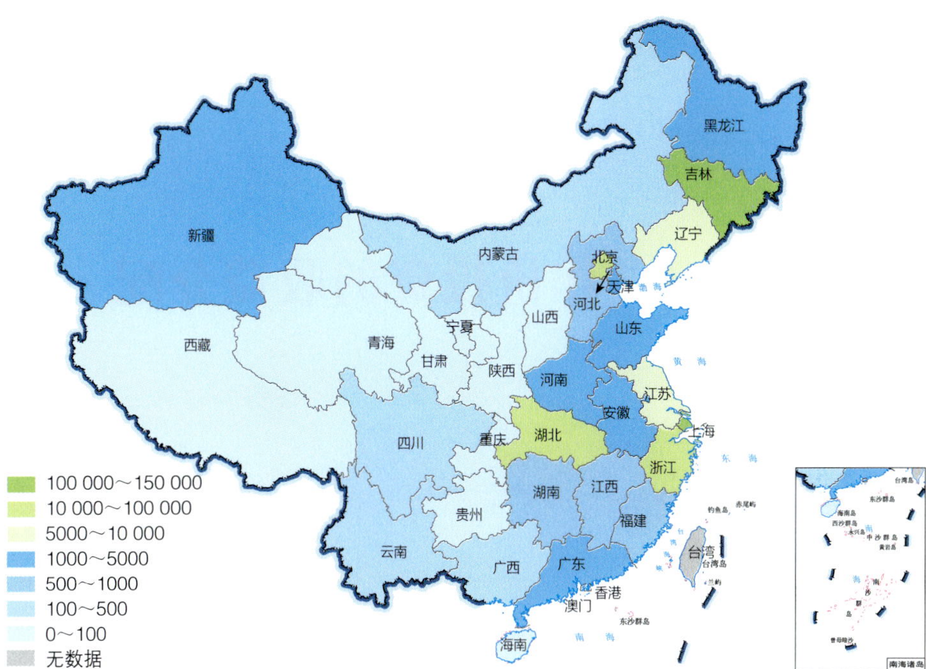

图 3-3-10　各地方辖区内科研院所受中央财政资助项目成果以转让、许可、作价投资方式转化的合同金额（单位：万元）区间分布

第四章
转让、许可、作价投资的收益分配

一、总体情况

（一）现金和股权收益分配

科研院所以转让、许可、作价投资方式转化的现金和股权总收入有所增长，个人获得的现金和股权奖励显著增长。2021 年，科研院所当年实际完成分配的现金和股权总收入为 62.8 亿元，比上一年增长 18.7%；个人获得的现金和股权奖励金额为 32.0 亿元，比上一年增长 50.0%，奖励个人金额超过 1 亿元的科研院所有 5 家；研发与转化主要贡献人员获得的现金和股权奖励金额为 28.9 亿元，比上一年增长 42.9%（图 3–4–1）。

2021 年，科研院所个人获得的现金和股权奖励占现金和股权收入的比重为 51.0%，比上一年（41.7%）增长 26.3%（图 3–4–2）；研发与转化主要贡献人员获得的奖励占奖励个人金额的比重为 90.2%，比上一年（94.6%）下降 4.7%，符合《中华人民共和国促进科技成果转化法》和《实施〈中华人民共和国促进科技成果转化法〉若干规定》的比重要求。奖励人次为43 512人次，比上一年增长23.3%；人均奖励金额为7.4万元，比上一年增长 21.6%。

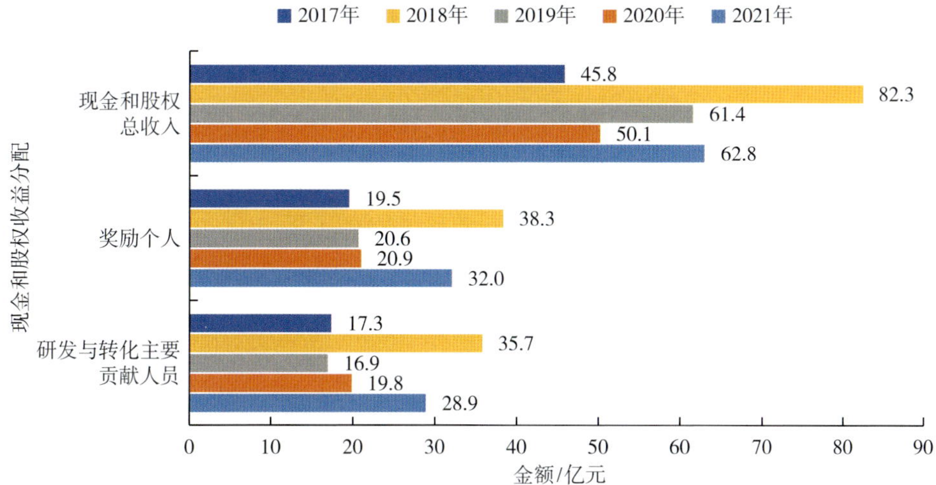

图 3-4-1　科研院所以转让、许可、作价投资方式转化科技成果实现的现金和股权收益分配情况

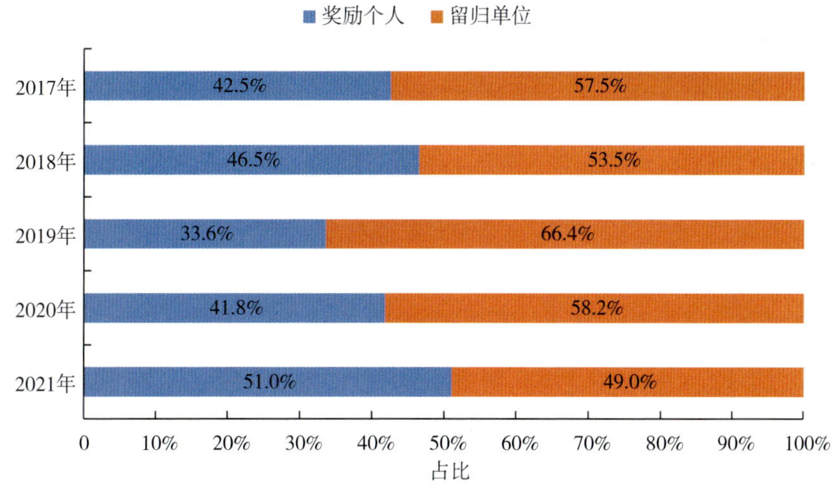

图 3-4-2　科研院所以转让、许可、作价投资方式转化科技项目成果实现的现金和股权收益奖励个人和留归单位占比

（二）现金收益分配

科研院所以转让、许可方式转化科技成果获得的现金收入明显增长，个人获得的现金奖励大幅增长。2021 年，科研院所当年实际完成分配的转让、许可现金收入总金额为 33.3 亿元，比上一年增长 25.7%；个人获得的现金奖励金额为 16.3 亿元，比上一年增长 65.2%，奖励个人金额超过 1 亿元的科研院所有 2 家；研发与转化主要贡献人员获得的现金奖励金额为 13.4 亿元，比上一年增长 53.6%（图 3-4-3）。

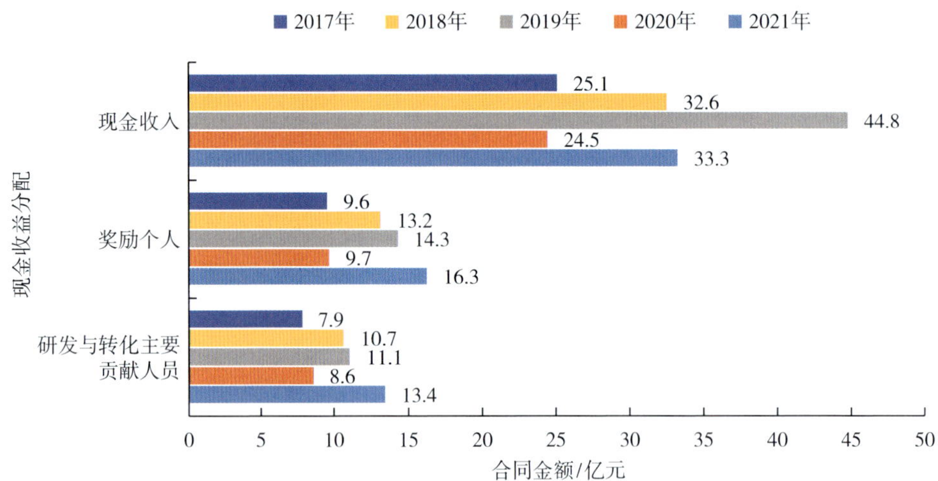

图 3-4-3 科研院所以转让、许可方式转化科技成果实现的现金收益奖励分配情况

2021 年，科研院所个人获得的现金奖励占现金收入的比重为 49.0%，比上一年（39.7%）增长 23.2%（图 3-4-4）；研发与转化主要贡献人员获得的奖励占奖励个人金额的比重为 82.4%，比上一年（88.7%）下降 7.0%。奖励人次为 42 248 人次，比上一年增长 23.4%；人均奖励金额为 3.9 万元，比上一年增长 33.9%。

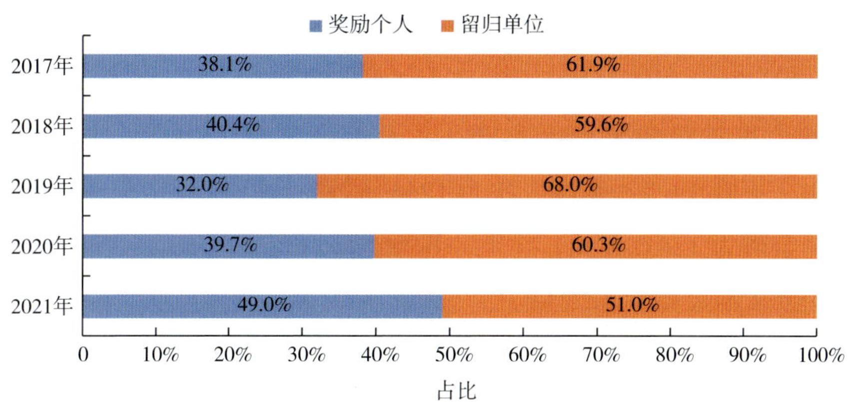

图 3-4-4　科研院所以转让、许可方式转化科技成果实现的现金收益奖励个人和留归单位占比

（三）股权收益分配

科研院所以作价投资方式转化科技成果实现的股权收入有所增长，个人获得的股权奖励明显增长。2021 年，科研院所当年实际完成分配的作价投资股权收入为 29.6 亿元，比上一年增长 12.1%；个人获得的股权奖励金额为 15.8 亿元，比上一年增长 36.8%，奖励个人金额超过 1 亿元的科研院所有 3 家；研发与转化主要贡献人员获得的股权奖励金额为 15.5 亿元，比上一年增长 34.7%（图 3- 4-5）。

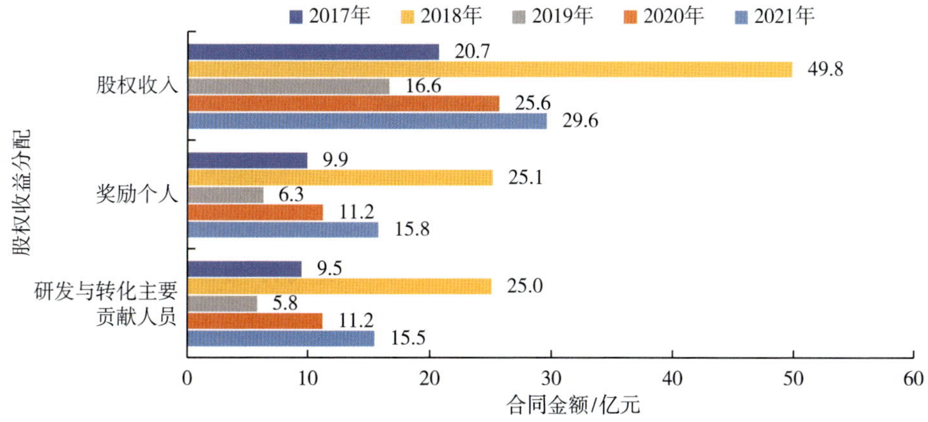

图 3-4-5　科研院所以作价投资方式转化科技成果实现的股权收益分配情况

2021 年，科研院所个人获得的股权奖励占股权收入的比重为 53.3%，比上一年（43.7%）增长 22.0%（图 3–4–6）；研发与转化主要贡献人员获得的奖励占奖励个人金额的比重为 98.2%，比上一年（99.8%）下降 1.6%。奖励人次为 1264 人次，比上一年增长 19.4%；人均奖励金额为 124.6 万元，比上一年增长 14.6%，人均股权奖励金额是人均现金奖励金额的 32.3 倍。

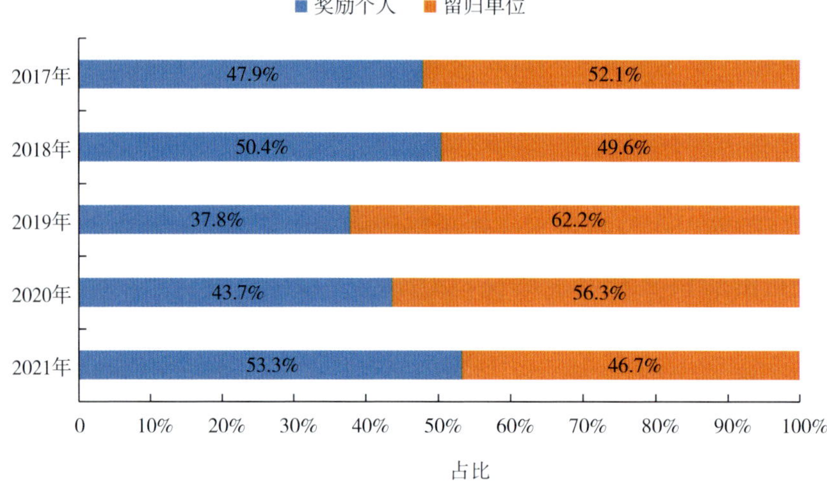

图 3–4–6　科研院所以作价投资方式转化科技成果实现的股权收益奖励个人和留归单位占比

二、中央所属科研院所收益分配

（一）现金和股权收益分配

中央所属科研院所以转让、许可、作价投资方式转化科技成果获得的现金和股权收入明显增长，个人获得的现金和股权奖励显著增长。2021 年，中央所属科研院所当年实际完成分配的现金和股权收入总金额为 51.9 亿元，比上一年增长 36.0%；个人获得的现金和股权奖励金额为 26.0 亿元，比上一年增长 59.6%；研发与转化主要贡献人员获得的现金和股权奖励金额为 23.9 亿元，比上一年增长 51.8%（图 3-4-7）。

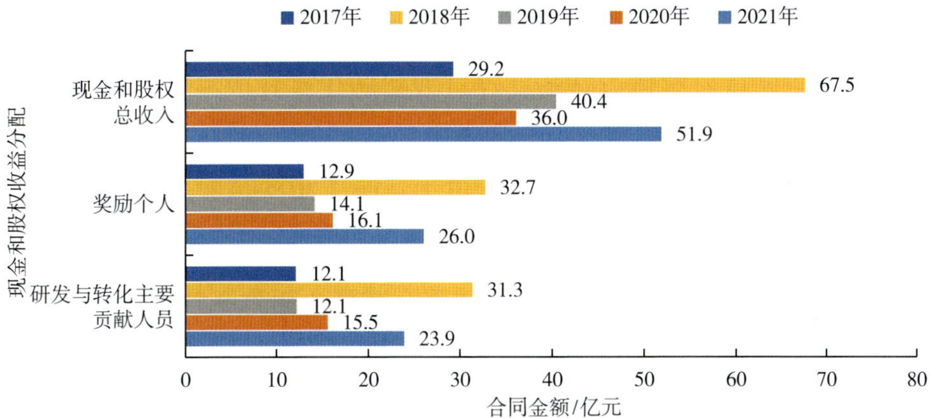

图 3-4-7　中央所属科研院所以转让、许可、作价投资方式转化科技成果实现的现金和股权收益分配情况

2021 年，中央所属科研院所个人获得的现金和股权奖励占现金和股权收入的比重为 50.1%，比上一年（44.6%）增长 12.5%（图 3-4-8）；研发与转化主要贡献人员获得的奖励占奖励个人金额的比重为 91.8%，

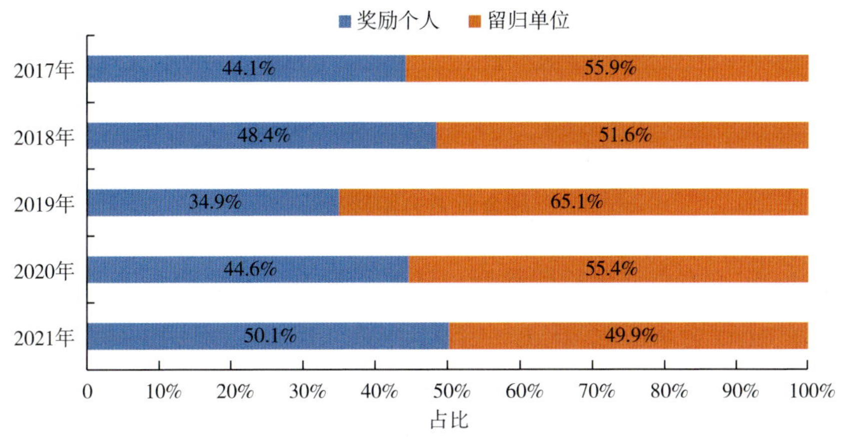

图 3-4-8　中央所属科研院所以转让、许可、作价投资方式转化科技成果实现的现金和股权收益奖励个人和留归单位分配占比

比上一年（96.6%）有所下降。奖励人次为 14 099 人次，比上一年增长 23.2%；人均奖励金额为 18.4 万元，比上一年增长 29.5%。

（二）现金收益分配

中央所属科研院所以转让、许可方式转化科技成果获得的现金收入大幅增长，个人获得的现金奖励增长 1.0 倍。2021 年，中央所属科研院所当年实际完成分配的转让、许可现金收入为 24.3 亿元，比上一年增长 78.5%；个人获得的现金奖励金额为 11.3 亿元，比上一年增长 1.0 倍；研发与转化主要贡献人员获得的现金奖励金额为 9.5 亿元，比上一年增长 88.7%（图 3-4-9）。

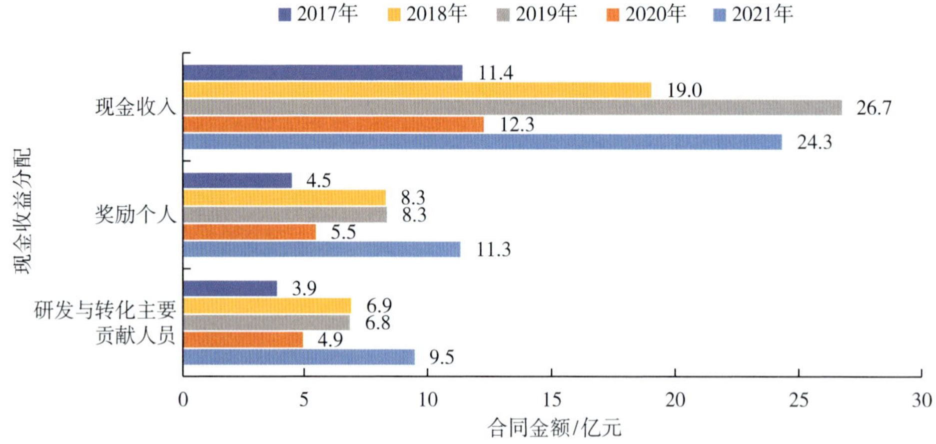

图 3-4-9　中央所属科研院所以转让、许可方式转化科技成果实现的现金收益分配情况

2021 年，中央所属科研院所以转让、许可方式奖励个人的现金占现金收入的比重为 46.6%，比上一年（44.6%）增长 4.4%（图 3-4-10）；研发与转化主要贡献人员获得的奖励占奖励个人金额的比重为 83.6%，比上一年（90.3%）下降 7.5%。奖励人次为 12 996 人次，比上一年增长 20.7%；人均奖励金额为 8.7 万元，比上一年增长 68.9%。

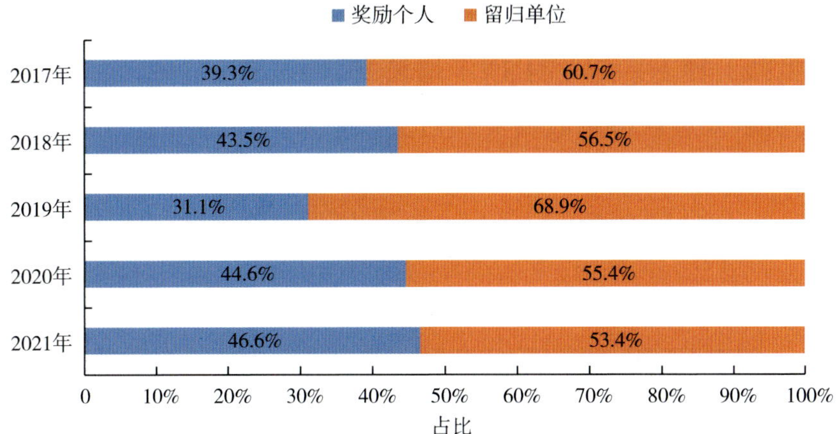

图 3-4-10　中央所属科研院所以转让、许可方式转化科技成果的现金收益奖励个人和留归单位占比

（三）股权收益分配

中央所属科研院所以作价投资方式获得的股权收入有所增长，个人获得的股权奖励明显增长。2021 年，中央所属科研院所当年实际完成分配的作价投资股权收入总金额为 27.6 亿元，比上一年增长 14.1%；个人获得的股权奖励金额为 14.7 亿元，比上一年增长 36.7%；研发与转化主要贡献人员获得的股权奖励金额为 14.4 亿元，比上一年增长 34.5%（图 3-4-11）。

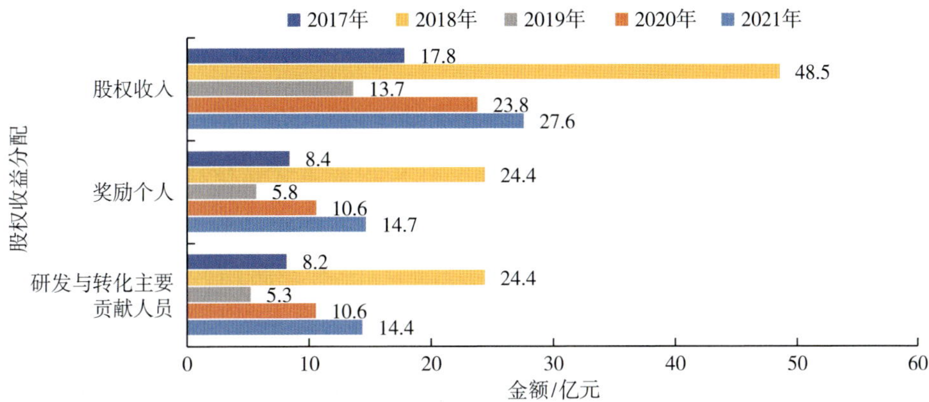

图 3-4-11　中央所属科研院所以作价投资方式转化科技成果实现的股权收益分配情况

2021 年，中央所属科研院所个人获得的股权奖励占股权收入的比重为 53.3%，比上一年（44.5%）增长 19.7%（图 3-4-12）；研发与转化主要贡献人员获得的股权奖励占奖励个人金额的比重为 98.1%，比上一年（99.8%）下降 1.7%。奖励人次为 1103 人次，比上一年增长 72.4%；人均奖励金额为 133.3 万元，比上一年下降 20.7%。

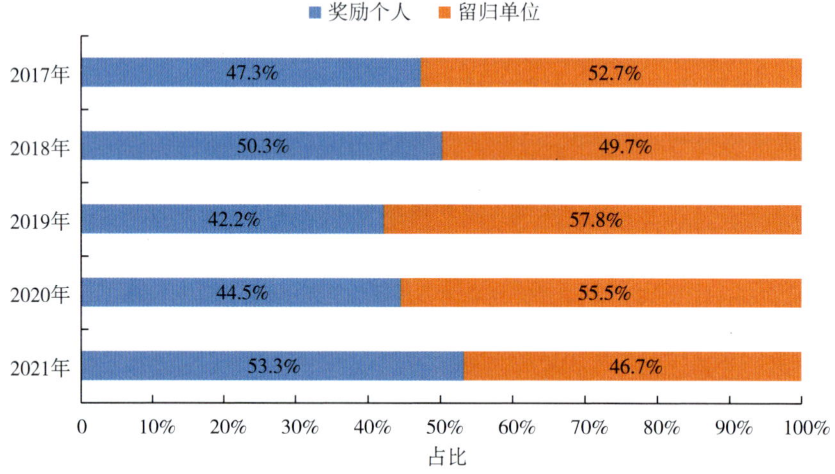

图 3-4-12　中央所属科研院所以作价投资方式转化科技成果实现的股权收益奖励个人和留归单位占比

三、地方所属科研院所收益分配

（一）现金和股权收益分配

地方所属科研院所以转让、许可、作价投资方式转化科技成果获得的现金和股权总收入明显下降，个人获得的现金和股权奖励有所增长。2021 年，地方所属科研院所当年实际完成分配的现金和股权总收入为 10.9 亿元，比上一年下降 25.9%；个人获得的现金和股权奖励金额为 6.0 亿元，比上一年增长 17.8%；研发与转化主要贡献人员获得的现金和股权奖励金额为 5.0 亿元，比上一年增长 10.5%（图 3-4-13）。

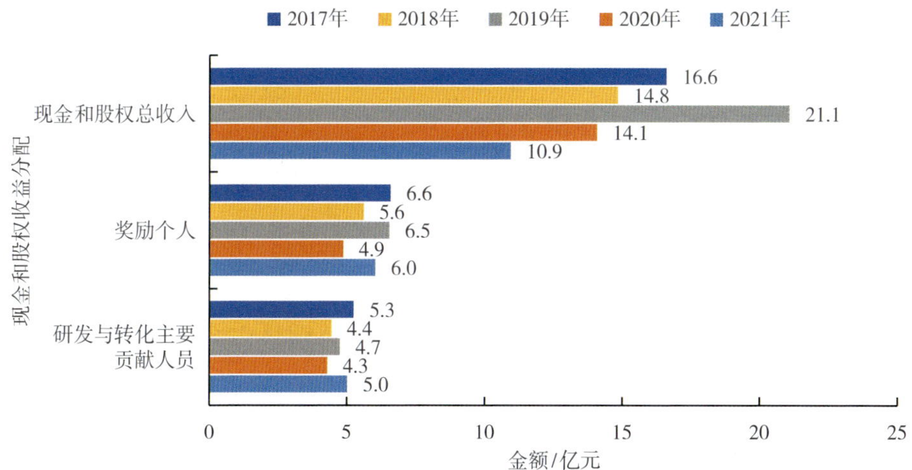

图 3-4-13　地方所属科研院所以转让、许可、作价投资方式转化科技成果实现的现金和股权收益分配情况

2021 年，地方所属科研院所以转让、许可、作价投资方式转化科技成果个人获得的现金和股权奖励占现金和股权收入的比重为 55.1%，比上一年（34.6%）增长 59.3%（图 3-4-14）；研发与转化主要贡献人

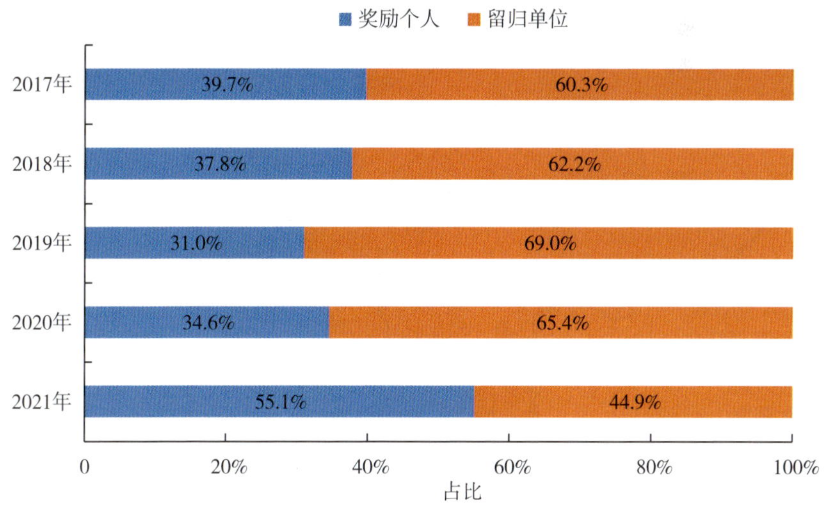

图 3-4-14　地方所属科研院所以转让、许可、作价投资方式转化科技成果实现的现金和股权收益奖励个人和留归单位占比

员获得的奖励占奖励个人金额的比重为 83.3%，比上一年（88.2%）下降 5.6%。奖励人次为 29 413 人次，比上一年增长 23.3%；人均奖励金额为 2.1 万元，比上一年下降 4.5%。

2021 年，地方所属科研院所以转让、许可、作价投资方式转化科技成果，当年实际完成分配的现金和股权收入金额排名居前 3 位的省份分别是广东省（2.5 亿元）、黑龙江省（0.9 亿元）、浙江省（0.9 亿元）（图 3–4–15）；奖励个人金额排名居前 3 位的省份分别是广东省（0.9 亿元）、黑龙江省（0.8 亿元）、北京市（0.5 亿元）（图 3–4–16）；奖励研发与转化主要贡献人员金额的排名居前 3 位的省份分别是黑龙江省（0.7 亿元）、广东省（0.6 亿元）、安徽省（0.5 亿元）；奖励人次排名居前 3 位的省份分别是广东省（3516 人次）、江苏省（3294 人次）、广西壮族自治区（3024 人次）。

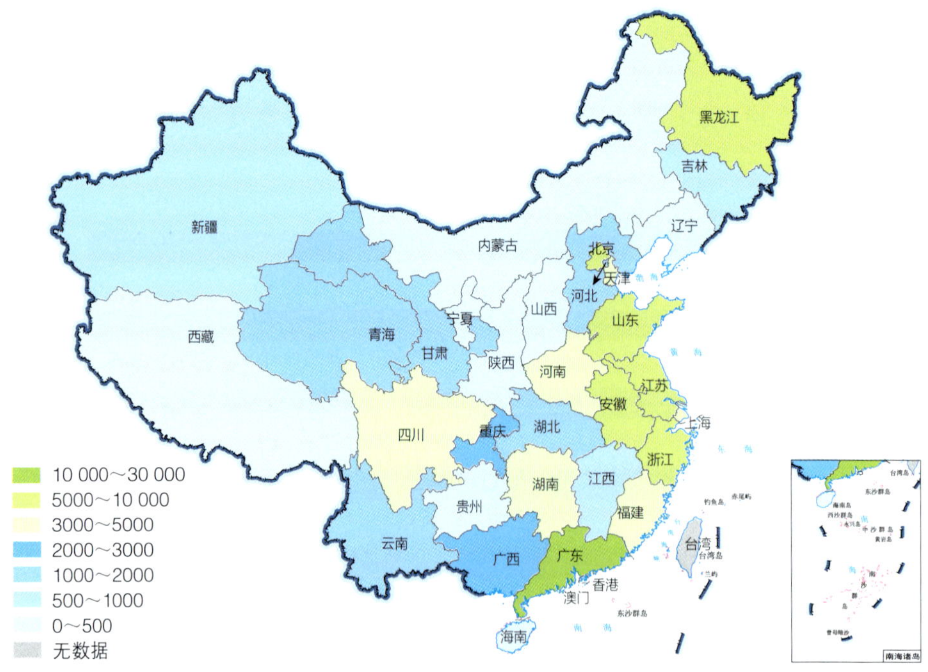

图 3–4–15　地方所属科研院所以转让、许可、作价投资方式转化科技成果实现的现金和股权收入（单位：万元）区间分布

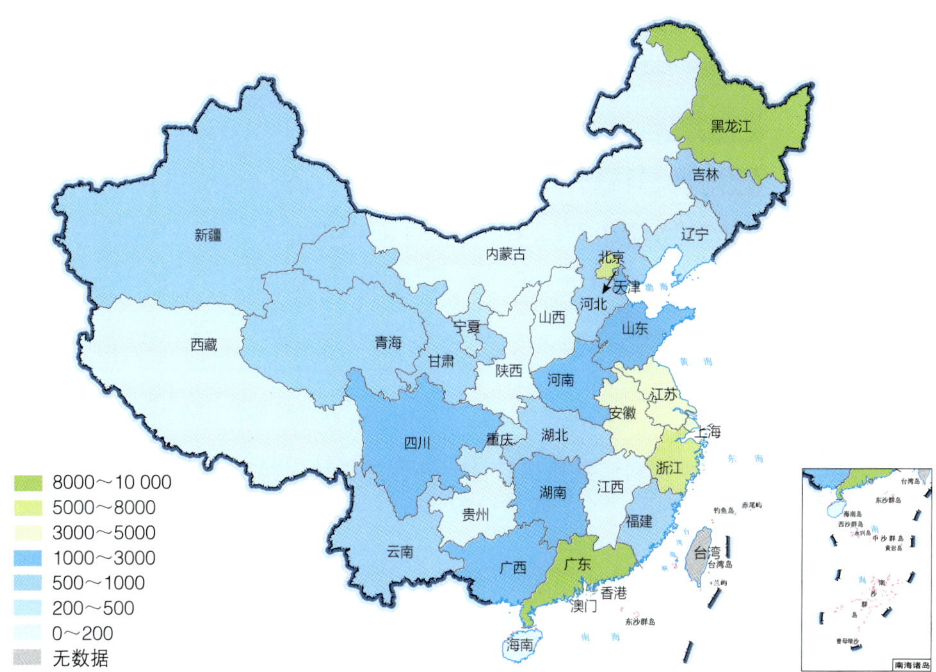

图 3-4-16　地方所属科研院所以转让、许可、作价投资方式转化科技成果实现的现金和股权金额（单位：万元）区间分布

（二）现金收益分配

地方所属科研院所以转让、许可方式转化科技成果获得的现金收入明显下降，个人获得的现金奖励有所增长。2021 年，地方所属科研院所当年实际完成分配的转让、许可现金收入为 9.0 亿元，比上一年下降 27.6%；个人获得的现金奖励金额为 5.0 亿元，比上一年增长 15.2%；研发与转化主要贡献人员获得的现金奖励金额为 4.0 亿元，比上一年增长 6.3%（图 3-4-17）。

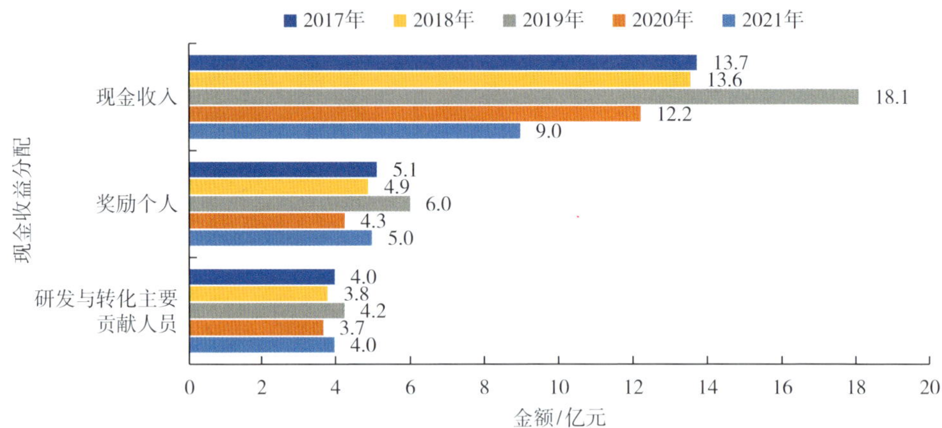

图 3-4-17　地方所属科研院所以转让、许可方式转化科技成果实现的现金收益分配情况

2021 年，地方所属科研院所以转让、许可方式转化科技成果个人获得的现金奖励占现金收入的比重为 55.5%，比上一年（34.8%）增长 59.3%（图 3-4-18）；研发与转化主要贡献人员获得的奖励占奖励个人金额的比重为 79.9%，比上一年（86.6%）下降 7.7%。奖励人次为 29 252 人次，比上一年增长 24.6%；人均奖励金额为 1.7 万元，比上一年下降 7.5%。

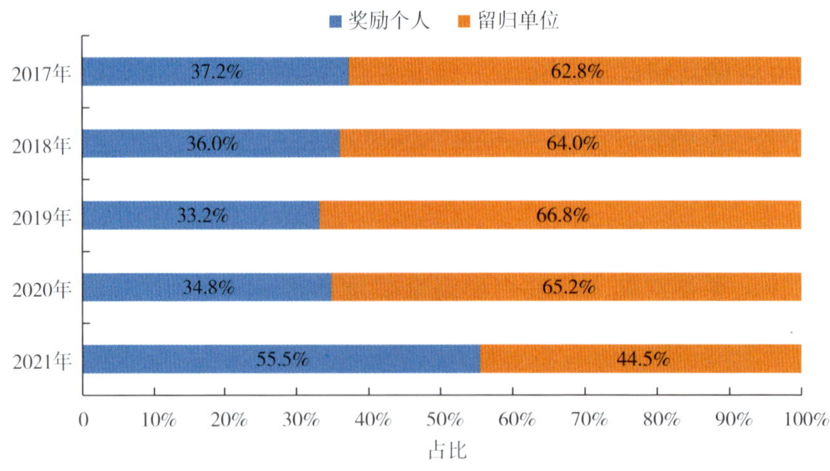

图 3-4-18　地方所属科研院所以转让、许可方式转化科技成果实现的现金收益奖励个人和留归单位占比

（三）股权收益分配

地方所属科研院所以作价投资方式转化科技成果获得的股权收入有所下降，个人获得的股权奖励明显增长。2021 年，地方所属科研院所当年实际完成分配的作价投资股权收入为 2.0 亿元，比上一年下降 14.8%；个人获得的股权奖励金额为 1.1 亿元，比上一年增长 37.2%；研发与转化主要贡献人员获得的股权奖励金额为 1.0 亿元，比上一年增长 37.6%（图 3-4-19）。

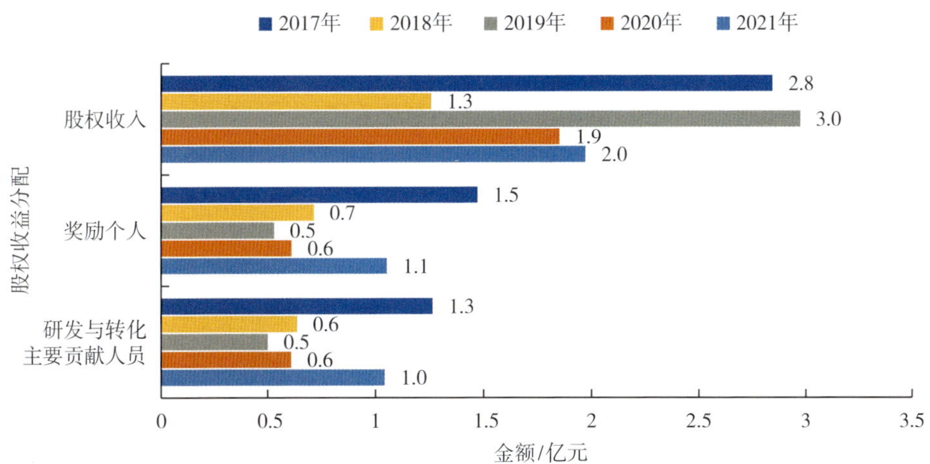

图 3-4-19　地方所属科研院所以作价投资方式转化科技成果实现的股权收益分配情况

2021 年，地方所属科研院所以作价投资方式转化科技成果个人获得的股权奖励占股权收入的比重为 53.4%，比上一年（33.0%）增长 61.7%（图 3-4-20）；研发与转化主要贡献人员获得的奖励占奖励个人金额的比重为 99.1%，比上一年（99.7%）下降 0.7%。奖励人次为 161 人次，比上一年下降 71.0%；人均奖励金额为 65.4 万元，比上一年增长 3.7 倍。

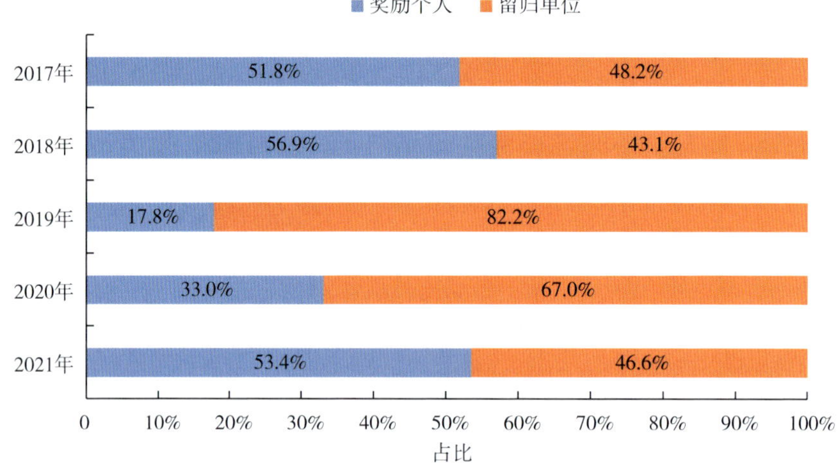

图 3-4-20　地方所属科研院所以作价投资方式转化科技成果实现的股权收益奖励个人和留归单位占比

四、辖区内科研院所收益分配

按科研院所所在地统计，2021 年，各地方辖区内科研院所以转让、许可、作价投资方式转化科技成果当年实际完成分配的现金和股权收入金额排名居前 3 位的省份分别是北京市（14.9 亿元）、吉林省（12.4 亿元）、辽宁省（8.2 亿元）；奖励个人金额排名居前 3 位的省份分别是北京市（8.4 亿元）、吉林省（6.2 亿元）、辽宁省（4.1 亿元）（图 3-4-21）；奖励研发与转化主要贡献人员金额排名居前 3 位的省份分别是北京市（7.6 亿元）、吉林省（6.2 亿元）、辽宁省（4.1 亿元）；奖励人次排名居前 3 位的省份分别是北京市（6710 人次）、江苏省（5158 人次）、上海市（4341 人次）。

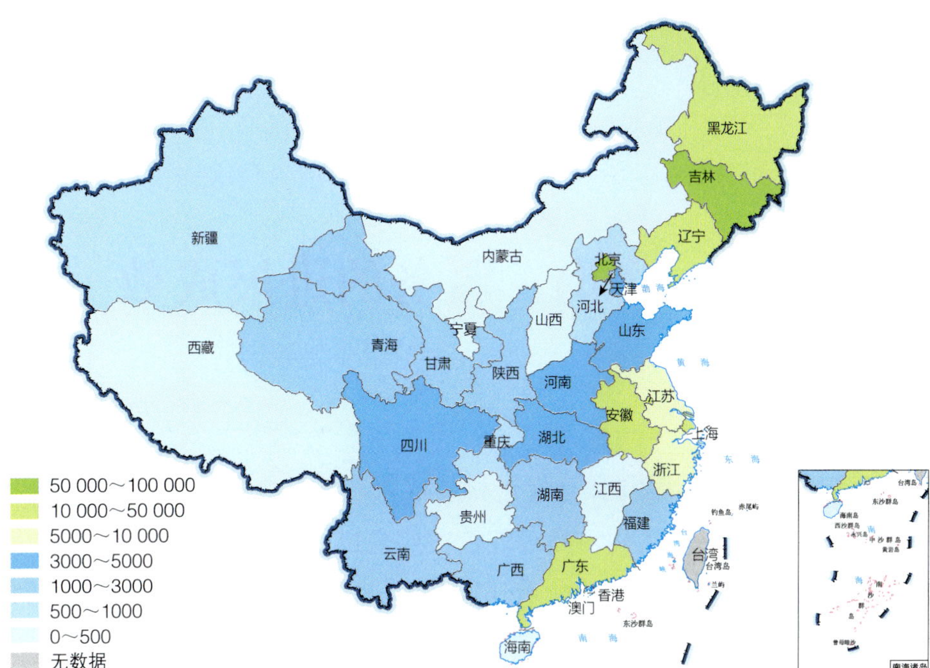

图 3-4-21　各地方辖区内科研院所以转让、许可、作价投资转化科技成果奖励个人的现金和股权金额（单位：万元）区间分布

第五章

技术开发、咨询、服务的进展成效

《实施〈中华人民共和国促进科技成果转化法〉若干规定》指出，国家设立的研究开发机构、高等院校按照规定格式报送的科技成果转化年度报告中，应包括签订的技术开发合同、技术咨询合同、技术服务合同等产学研合作情况。统计发现，2021 年 2171 家科研院所输出技术、服务能力不断强化，技术开发、咨询、服务数量和质量稳步提升。

一、总体情况

技术开发、咨询、服务合同金额和合同当年到账金额均有所增长，合同项数明显增长。2021 年，科研院所签订技术开发、咨询、服务合同金额为 398.1 亿元，比上一年增长 11.0%（图 3–5–1），占科研院所以转让、许可、作价投资和技术开发、咨询、服务方式转化科技成果的总合同金额的 80.3%（2020 年占比为 79.4%）；合同项数为 289 733 项，比上一年增长 21.2%，占科研院所以转让、许可、作价投资技术开发、咨询、服务方式转化科技成果的总合同项数的 98.5%（2020 年占比为 98.4%）（图 3–5–2）；合同当年到账金额为 287.0 亿元，比上一年增长 13.5%。

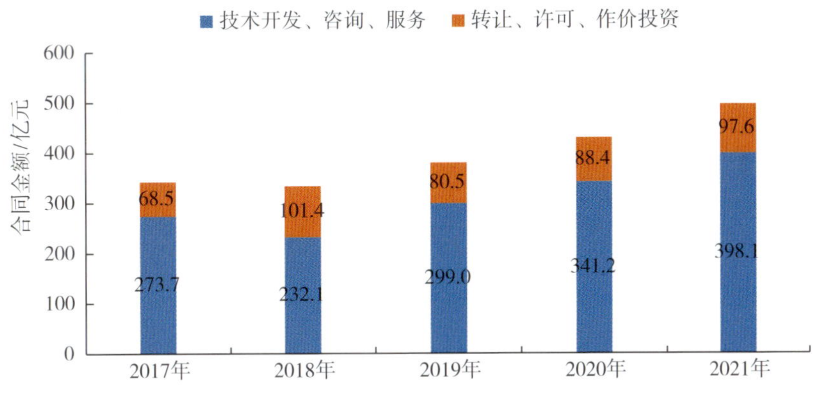

图 3-5-1　科研院所以多种方式转化科技成果的合同金额

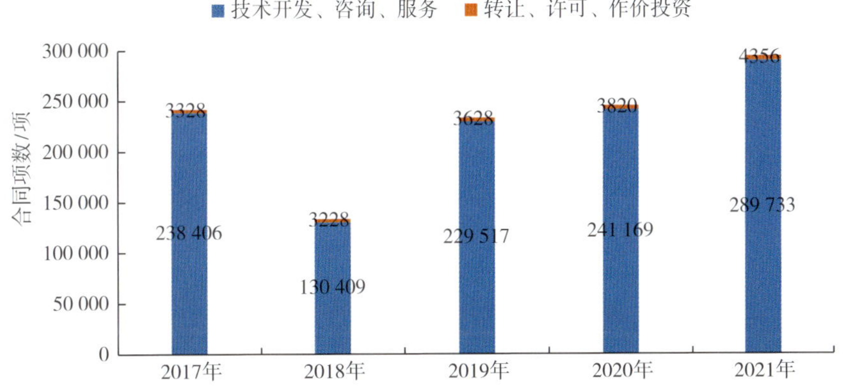

图 3-5-2　科研院所以多种方式转化科技成果的合同项数

平均合同金额比上一年略有下降。2021 年，科研院所以技术开发、咨询、服务方式转化科技成果的平均合同金额为 13.7 万元，比上一年下降 8.4%。表 3-5-1 给出了科研院所以技术开发、咨询、服务方式转化科技成果的总合同金额区间分布。

表 3-5-1　科研院所以技术开发、咨询、服务方式转化科技成果的总合同金额区间分布

合同金额区间	合同项数 / 项	合同项数占比	合同金额 / 万元	合同金额占比
1 亿元（含）以上	10	0.0%	168 177.7	4.2%

续表

合同金额区间	合同项数 / 项	合同项数占比	合同金额 / 万元	合同金额占比
1000 万元（含）～1 亿元	266	0.1%	511 938.7	12.9%
100 万元（含）～1000 万元	5879	2.0%	1 466 282.2	36.8%
100 万元以下	283 578	97.9%	1 834 743.6	46.1%
总计	289 733	/	3 981 142.1	/

2021 年，科研院所以技术开发、咨询、服务方式转化科技成果单项合同金额 1 亿元及以上的合同有 10 项（表 3-5-2），5000 万元及以上的有 20 项，1000 万元及以上的有 276 项。

表 3-5-2　科研院所以技术开发、咨询、服务方式转化科技成果单项合同金额 1 亿元及以上的成果分布

序号	单位名称	成果项数 / 项
1	中国工程物理研究院总体工程研究所	2
2	山东省药学科学院	1
3	中国科学院大连化学物理研究所	1
4	深圳华大生命科学研究院	1
5	之江实验室	1
6	浙江省海洋水产研究所	1
7	广东省水利水电科学研究院	1
8	青岛市勘察测绘研究院（山东省城市测量 GPS 工作站、青岛市基础地理信息与遥感中心）	1
9	清华大学天津高端装备研究院	1

二、中央所属科研院所以技术开发、咨询、服务方式转化科技成果

中央所属科研院所技术开发、咨询、服务方式签订的合同金额、

合同项数和合同当年到账金额均有所增长。2021 年，中央所属科研院所签订的技术开发、咨询、服务合同金额为 260.1 亿元，比上一年增长 11.3%；合同项数为 49 624 项，比上一年增长 11.7%（图 3-5-3）；合同当年到账金额为 188.5 亿元，比上一年增长 18.2%。

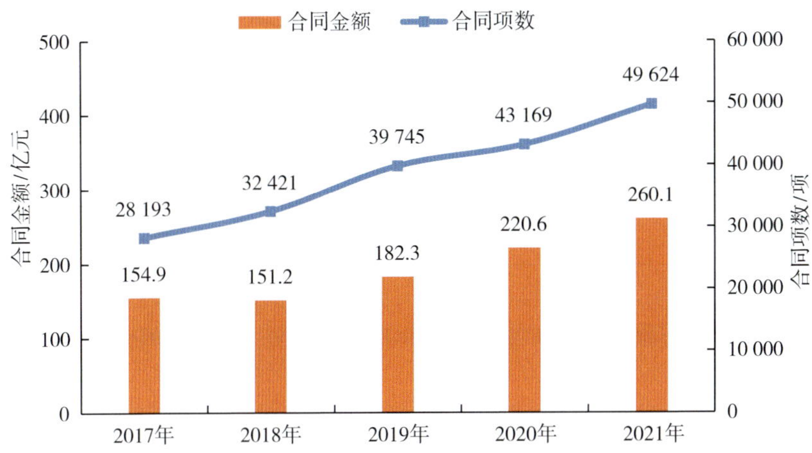

图 3-5-3　中央所属科研院所签订的技术开发、咨询、服务合同金额和合同项数

三、地方所属科研院所以技术开发、咨询、服务方式转化科技成果

地方所属科研院所以技术开发、咨询、服务转化科技成果的合同金额有所增长，合同项数明显增长，合同当年到账金额略有增长。2021 年，地方所属科研院所签订的技术开发、咨询、服务合同金额为 138.0 亿元，比上一年增长 10.5%；合同项数为 240 109 项，比上一年增长 23.3%（图 3-5-4）；合同当年到账金额为 98.5 亿元，比上一年增长 5.3%。

2021 年，各地方所属的科研院所签订的技术开发、咨询、服务总合同金额排名居前 3 位的省份分别是广东省（34.9 亿元）、浙江省（17.2 亿元）、山东省（12.7 亿元）（图 3-5-5），总合同项数排名居前 3 位的省份分别是广东省（159 183 项）、浙江省（22 257 项）、重庆市（11 665 项）。

图 3-5-4　地方所属科研院所签订的技术开发、咨询、服务合同金额和合同项数

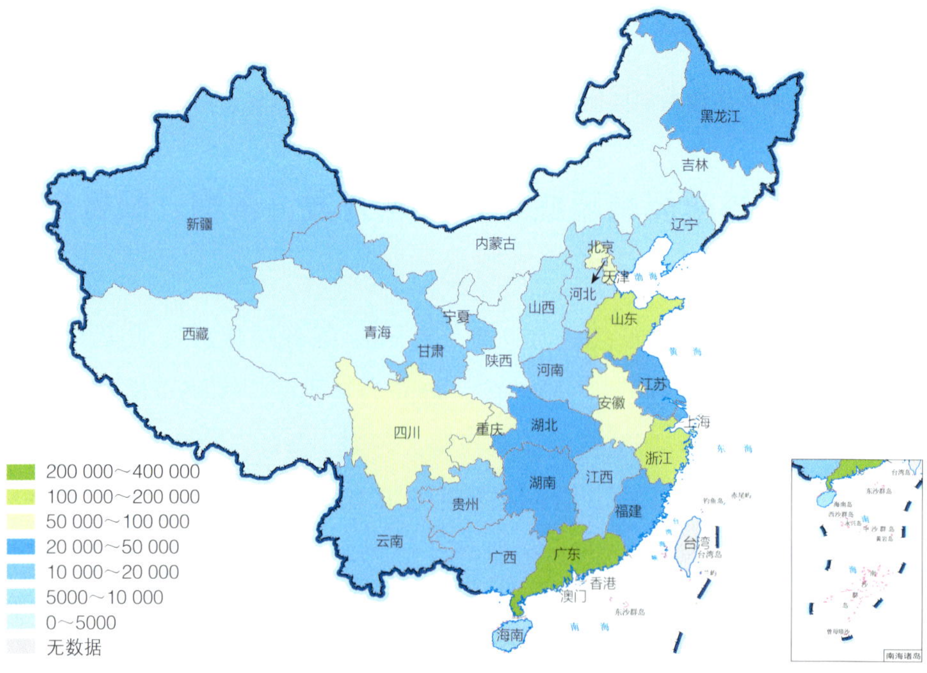

图 3-5-5　地方所属科研院所签订的技术开发、咨询、服务合同金额（单位：万元）区间分布

四、辖区内科研院所以技术开发、咨询、服务方式转化科技成果

按照科研院所所在地统计，2021 年各地方辖区内科研院所以技术开发、咨询、服务方式转化科技成果的合同金额排名居前 3 位的省份分别是北京市（115.2 亿元）、广东省（53.4 亿元）、上海市（25.5 亿元）（图 3–5–6）；合同项数排名居前 3 位的省份分别是广东省（161 853 项）、浙江省（24 400 项）、北京市（22 700 项）。

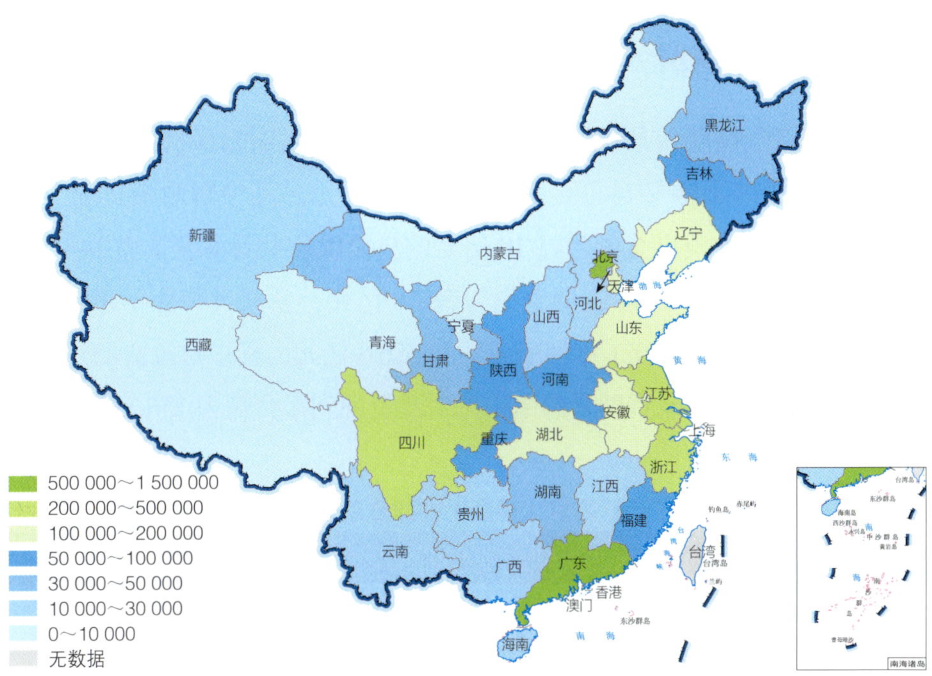

图 3–5–6　各地方辖区内科研院所以技术开发、咨询、服务方式转化科技成果的合同金额（单位：万元）区间分布

第六章 新立项的科技计划项目

一、总体情况

2021 年，科研院所新获立项批复的科技计划项目（课题）总金额（包括财政资助金额和自筹金额）为 750.8 亿元，其中财政资助金额为 620.1 亿元，财政资助金额超过 10 亿元的科研院所共计 6 家（表 3–6–1）。财政资助金额中中央财政资助金额为 387.0 亿元。新获批和往年获批科技计划项目（课题）在 2021 年到账金额为 586.6 亿元，其中财政资助到账金额为 513.8 亿元。财政资助金额中中央财政资助到账金额为 336.2 亿元。

表 3–6–1　2021 年科技计划项目（课题）财政资助金额超过 10 亿元的科研院所

序号	单位名称
1	中国科学院空天信息创新研究院
2	中国科学院长春光学精密机械与物理研究所
3	中国科学院声学研究所
4	中国科学院微电子研究所
5	中国航发沈阳发动机研究所
6	中国科学院国家空间科学中心

二、中央所属科研院所新立项的科技计划项目

2021 年，中央所属科研院所新获立项批复的科技计划项目（课题）总金额为 557.4 亿元，其中财政资助金额为 465.3 亿元。财政资助金额中中央财政资助金额为 350.0 亿元。新获批和往年获批科技计划项目（课题）在 2021 年到账金额为 467.4 亿元，其中财政资助到账金额为 409.8 亿元。财政资助金额中中央财政资助到账金额为 310.3 亿元。

三、地方所属科研院所新立项的科技计划项目

2021 年，地方所属科研院所新获立项批复的科技计划项目（课题）总金额为 193.4 亿元，其中财政资助金额为 154.8 亿元。财政资助金额中中央财政资助金额为 37.1 亿元。新获批和往年获批科技计划项目（课题）在 2021 年到账金额为 119.2 亿元，其中财政资助到账金额为 104.0 亿元。财政资助金额中中央财政资助到账金额为 25.9 亿元。

四、辖区内科研院所新立项的科技计划项目

按照科研院所所在地统计，2021 年各地方辖区内科研院所新获立项批复的科技计划项目（课题）总金额排名居前 3 位的省份分别是北京市（312.3 亿元）、广东省（89.9 亿元）、吉林省（45.1 亿元）（图 3-6-1）。

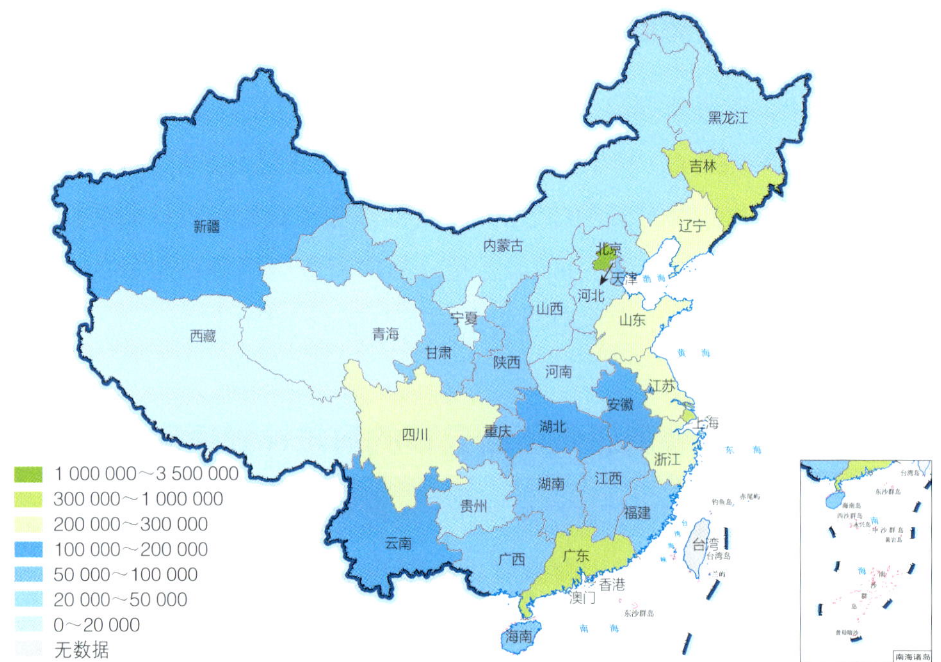

图 3-6-1　2021 年各地方辖区内科研院所新获立项批复的科技计划项目（课题）总金额（单位：万元）区间分布

第七章
兼职及离岗创业和创设参股公司

一、兼职及离岗创业人员

兼职从事科技成果转化和离岗创业人员数量有所增长。截至 2021 年底，科研院所兼职从事科技成果转化和离岗创业人员数量为 4491 人，比截至上一年底增长 11.2%。其中，中央所属科研院所兼职从事成果转化和离岗创业人员数量为 2388 人，比截至上一年底增长 16.9%；地方所属科研院所兼职从事成果转化和离岗创业人员数量为 2103 人，比截至上一年底增长 5.2%（图 3-7-1）。

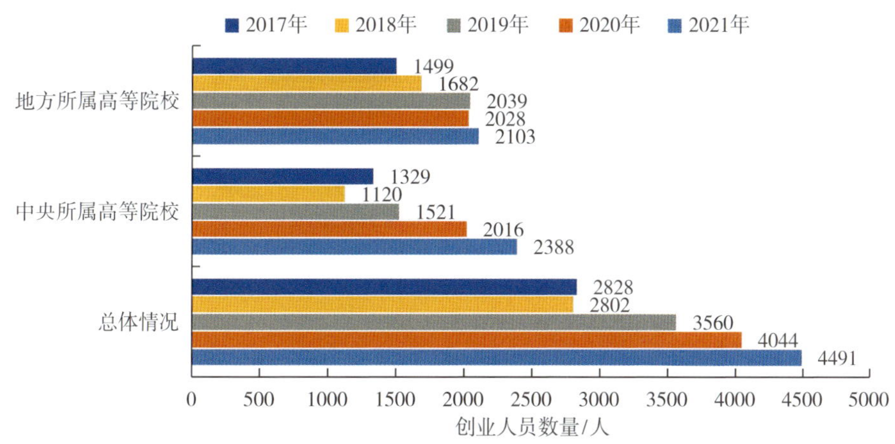

图 3-7-1　科研院所兼职从事成果转化和离岗创业人数

2171 家科研院所平均每家兼职从事成果转化和离岗创业人员数量为 2.1 人，其中中央所属科研院所平均每家兼职从事成果转化和离岗创业人员数量为 4.8 人，地方所属科研院所平均每家兼职从事成果转化和离岗创业人员数量为 1.3 人。

二、创设和参股公司

创设和参股公司数量明显增长。截至 2021 年底，科研院所创设和参股公司数量为 1305 家，比截至上一年底增长 22.9%。其中，中央所属科研院所创设和参股公司数量为 531 家，比截至上一年底增长 42.4%；地方所属科研院所创设和参股公司数量为 774 家，比截至上一年底增长 10.1%（图 3–7–2）。

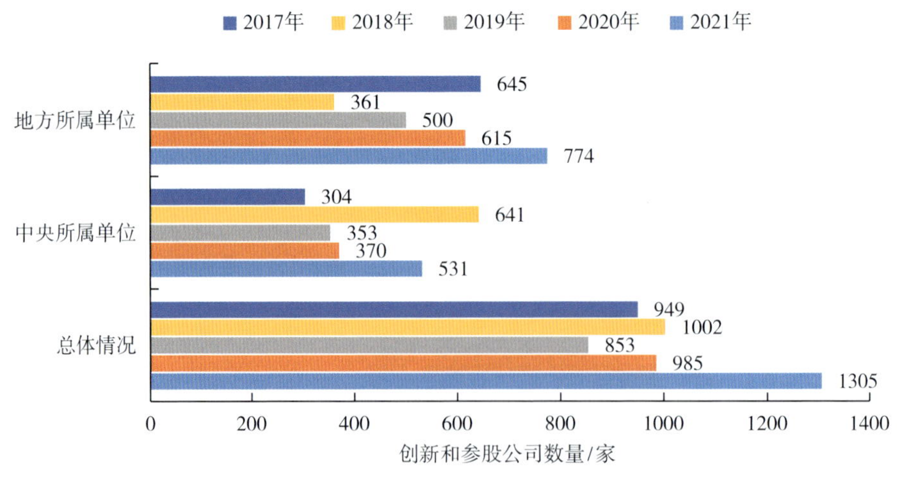

图 3–7–2 科研院所创设和参股公司数量

2171 家科研院所平均每家创设和参股公司为 0.6 家，其中中央所属科研院所平均每家创设和参股公司为 1.1 家，地方所属科研院所平均每家创设和参股公司为 0.5 家。

第八章
技术转移机构与人才建设

一、技术转移机构

（一）科研院所自建

自建科技成果转移转化机构的科研院所占比有所增长。截至 2021 年底，279 家科研院所自建了技术转移机构，占科研院所总数（2171 家）的 12.9%（图 3–8–1），比截至上一年底增长 13.2%。该 279 家科研院所累计共自建了 428 家技术转移机构，比截至上一年底增长 29.4%。

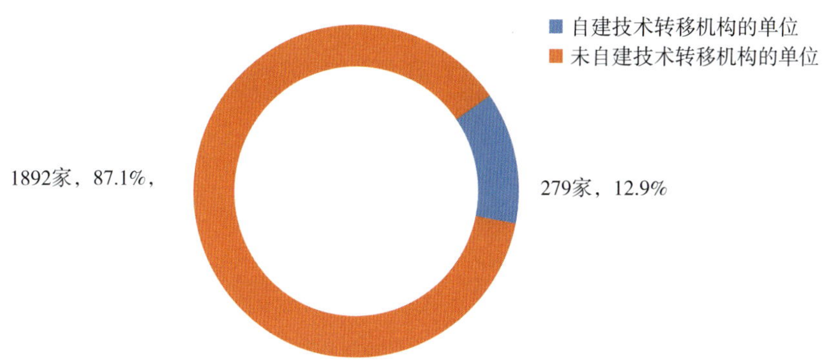

图 3–8–1　自建技术成果转移机构的科研院所数量和占比情况

（二）与市场化技术转移机构合作

截至 2021 年底，349 家科研院所与市场化转移机构合作开展科技成果转化，占科研院所总数的 16.1%（图 3–8–2），比截至上一年底增长 6.8%。该 349 家科研院所累计与 1454 家市场化技术转移机构合作开展科技成果转化活动，比截至上一年底增长 57.5%。

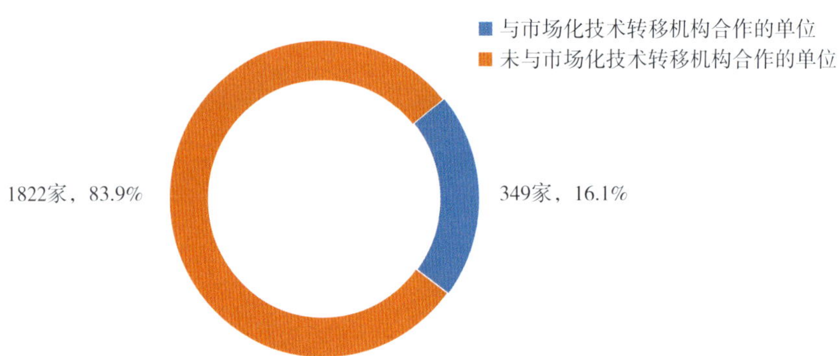

图 3–8–2　与市场化技术成果转移机构合作的科研院所数量和占比情况

（三）机构作用认可

2021 年，2171 家科研院所中 39.8%（共 863 家）的认为技术转移机构在科技成果转移转化过程中发挥重要作用；17.7%（共 384 家）的认为发挥一般作用；6.8%（共 147 家）的认为发挥很小作用；35.8%（共 777 家）的认为未发挥作用（图 3–8–3）。

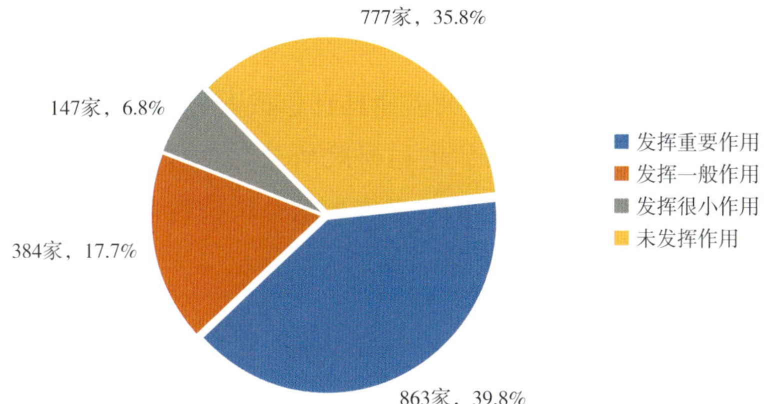

图 3–8–3　科研院所对技术转移机构的作用认可

279 家有自建技术转移机构的科研院所中，77.1%（共 215 家）认为的技术转移机构在科技成果转移转化过程中发挥重要作用；17.2%（共 48 家）的认为发挥一般作用；2.9%（共 8 家）认为发挥很小作用；2.9%（共 8 家）的认为未发挥作用（图 3–8–4）。

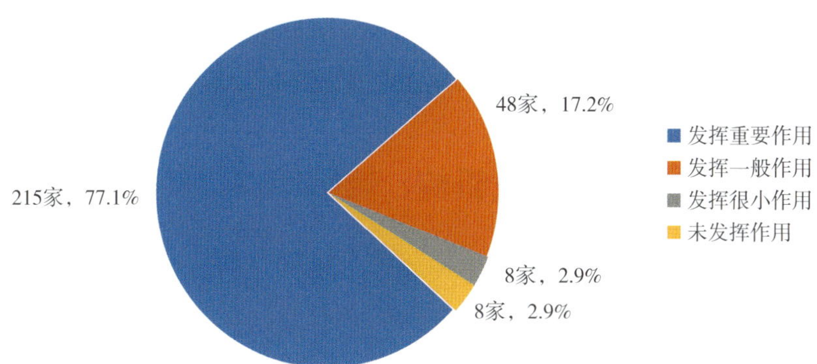

图 3–8–4　有自建技术转移机构的科研院所对技术转移机构的作用认可

二、技术转移人员

截至 2021 年底，891 家科研院所具有专职从事科技转化工作人员，比截至上一年底增长 10.0%，占科研院所总数（2171 家）的 41.0%。该 891 家科研院所累计拥有 7667 名专职从事科技转化工作人员，人员数量比截至上一年底增长 13.6%（图 3-8-5）。

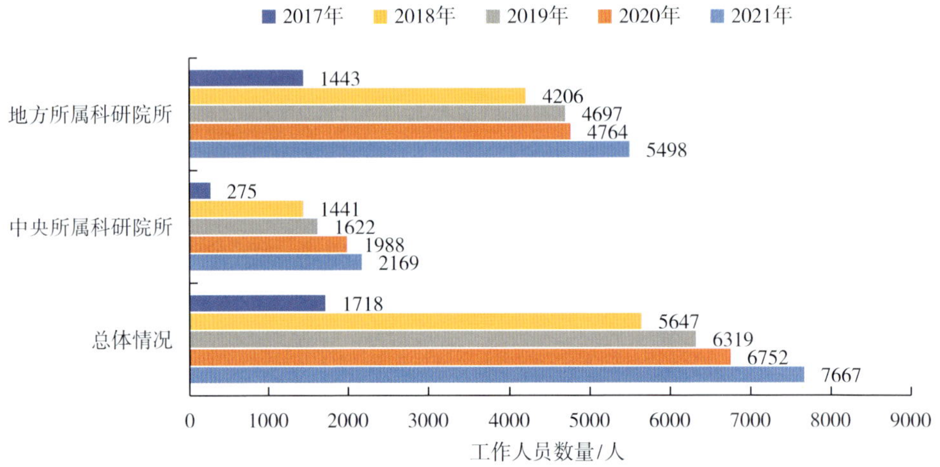

图 3-8-5　科研院所专职从事科技转化工作人员数量

三、与企业共建研发机构、转移机构、转化服务平台

科研院所与企业共建研发机构、转移机构、转化服务平台数量有所增长，对促进科技成果和科技研发供需的有效对接发挥了重要作用。截至 2021 年底，由科研院所（413 家）与企业共建的研发机构、转移机构、转化服务平台总数为 1960 个，比截至上一年底增长 16.6%。其中，由中央所属科研院所与企业共建 450 个，比截至上一年底增长 9.3%；由地方所属科研院所与企业共建 1510 个，比截至上一年底增长 19.1%（图 3-8-6）。

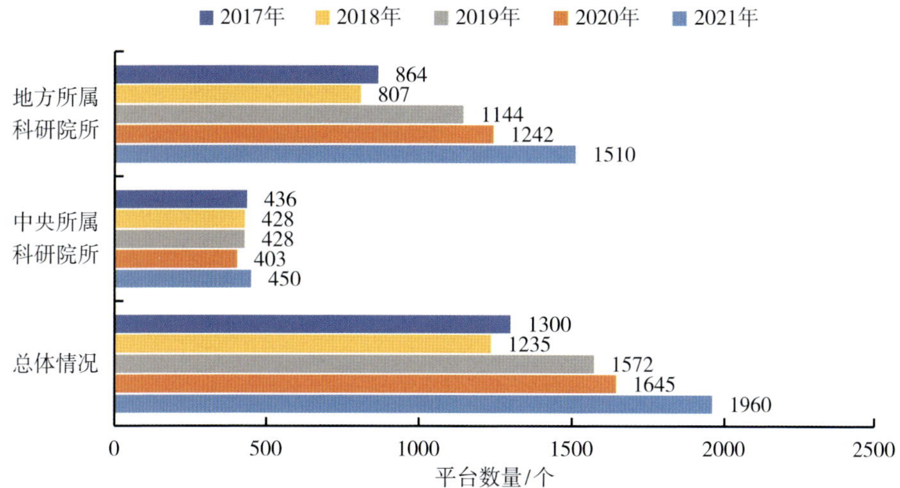

图 3-8-6　科研院所与企业共建研发机构、转移机构、转化服务平台数量

2171 家科研院所平均与企业共建研发机构、转移机构、转化服务平台数量为 0.9 家，其中中央所属科研院所平均与企业共建研发机构、转移机构、转化服务平台数量和地方所属科研院所平均与企业共建研发机构、转移机构、转化服务平台数量均为 0.9 家。

附　录

附录 1 2017—2022 年涉及科技成果转化主要政策法规[①]

编号	文件名称	发文号
1	中共中央办公厅 国务院办公厅印发《关于加强科技伦理治理的意见》	
2	中共中央办公厅 国务院办公厅印发《关于新时代进一步加强科学技术普及工作的意见》	
3	中共中央办公厅 国务院办公厅印发《关于加强新时代高技能人才队伍建设的意见》	
4	国务院关于印发“十四五”数字经济发展规划的通知	国发〔2021〕29 号
5	国务院关于印发“十四五”国家应急体系规划的通知	国发〔2021〕36 号
6	国务院关于印发计量发展规划（2021—2035 年）的通知	国发〔2021〕37 号
7	国务院关于印发气象高质量发展纲要(2022—2035 年)的通知	国发〔2022〕11 号
8	国务院关于印发广州南沙深化面向世界的粤港澳全面合作总体方案的通知	国发〔2022〕13 号
9	国务院关于支持山东深化新旧动能转换推动绿色低碳高质量发展的意见	国发〔2022〕18 号
10	国务院办公厅关于印发“十四五”中医药发展规划的通知	国办发〔2022〕5 号
11	国务院办公厅转发国家发展改革委国家能源局关于促进新时代新能源高质量发展实施方案的通知	国办函〔2022〕39 号
12	科技部办公厅关于营造更好环境支持科技型中小企业研发的通知	国科办区〔2022〕2 号

① 按发布年份排序。

续表

编号	文件名称	发文号
13	科技部办公厅等关于允许在中关村国家自主创新示范区核心区（海淀园）的中央高等院校、科研机构及企事业单位等适用《北京市促进科技成果转化条例》的通知	国科办区〔2022〕116 号
14	科技部办公厅　贵州省人民政府办公厅关于印发《“科技入黔”推动高质量发展行动方案》的通知	国科办区〔2022〕87 号
15	科技部办公厅　教育部办公厅　财政部办公厅　人力资源社会保障部办公厅印发《〈关于扩大高校和科研院所科研相关自主权的若干意见〉问答手册》的通知	国科办政〔2022〕5 号
16	科技部　中央宣传部　中国科协关于印发《“十四五”国家科学技术普及发展规划》的通知	国科发才〔2022〕212 号
17	科技部等八部门印发《关于开展科技人才评价改革试点的工作方案》	国科发才〔2022〕255 号
18	科技部等九部门关于印发《“十四五”东西部科技合作实施方案》的通知	国科发区〔2022〕25 号
19	科技部　财政部关于印发《企业技术创新能力提升行动方案（2022—2023 年）》的通知	国科发区〔2022〕220 号
20	“十四五”技术要素市场专项规划	国科发区〔2022〕263 号
21	“十四五”国家高新技术产业开发区发展规划	国科发区〔2022〕264 号
22	科技部等九部门关于印发《科技支撑碳达峰碳中和实施方案（2022—2030 年）》的通知	国科发社〔2022〕157 号
23	水利部关于印发水利部重大科技项目管理办法的通知	
24	市场监管总局关于加强民生计量工作的指导意见	国市监计量发〔2022〕23 号
25	市场监管总局等 16 部门关于印发贯彻实施《国家标准化发展纲要》行动计划的通知	国市监标技发〔2022〕64 号
26	国家知识产权局办公室关于印发专利开放许可试点工作方案的通知	国知办函运字〔2022〕448 号

续表

编号	文件名称	发文号
27	国家知识产权局办公室关于面向企业开展 2022 年度知识产权强国建设示范工作的通知	国知办函运字〔2022〕497 号
28	国家知识产权局关于印发《推动知识产权高质量发展年度工作指引（2022）》的通知	国知发运字〔2022〕15 号
29	国家知识产权局关于知识产权政策实施提速增效　促进经济平稳健康发展的通知	国知发运字〔2022〕25 号
30	国家知识产权局　工业和信息化部《关于知识产权助力专精特新中小企业创新发展若干措施的通知》	国知发运字〔2022〕38 号
31	国务院知识产权战略实施工作部际联席会议办公室关于印发《知识产权强国建设纲要和“十四五”规划实施年度推进计划》的通知	国知战联办〔2021〕16 号
32	国家发展改革委　国家能源局联合印发《氢能产业发展中长期规划（2021—2035 年）》	水国科〔2022〕122 号
33	国家发展改革委　国家能源局关于印发《“十四五”现代能源体系规划》的通知	发改能源〔2022〕210 号
34	国家发展改革委　国家卫生健康委　国家中医药局关于印发有序扩大国家区域医疗中心建设工作方案的通知	发改社会〔2022〕527 号
35	国家发展改革委　商务部关于深圳建设中国特色社会主义先行示范区放宽市场准入若干特别措施的意见	发改体改〔2022〕135 号
36	关于进一步提高科技型中小企业研发费用税前加计扣除比例的公告	财政部　税务总局　科技部公告 2022 年第 16 号
37	财政部　税务总局　科技部关于加大支持科技创新税前扣除力度的公告	财政部　税务总局　科技部公告 2022 年第 28 号
38	财政部关于下达 2022 年中央引导地方科技发展资金预算的通知	财教〔2022〕88 号
39	工业和信息化部　国家发展和改革委员会关于产业用纺织品行业高质量发展的指导意见	工信部联消费〔2022〕44 号

续表

编号	文件名称	发文号
40	十一部门关于开展“携手行动” 促进大中小企业融通创新（2022—2025 年）的通知	工信部联企业〔2022〕54 号
41	五部门关于推动轻工业高质量发展的指导意见	工信部联消费〔2022〕68 号
42	工业和信息化部 财政部 商务部 国务院国有资产监督管理委员会 国家市场监督管理总局关于印发加快电力装备绿色低碳创新发展行动计划的通知	工信部联重装〔2022〕105 号
43	工业和信息化部办公厅关于开展“一起益企”中小企业服务行动的通知	工信厅企业函〔2022〕58 号
44	交通运输部 科学技术部关于印发《交通领域科技创新中长期发展规划纲要（2021—2035 年）》的通知	交科技发〔2022〕11 号
45	交通运输部关于印发《交通运输部促进科技成果转化办法》的通知	交科技发〔2022〕67 号
46	教育部关于印发《加强碳达峰碳中和高等教育人才培养体系建设工作方案》的通知	教高函〔2022〕3 号
47	教育部办公厅 工业和信息化部办公厅 国家知识产权局联合印发《关于组织开展“千校万企”协同创新伙伴行动的通知》	教科信厅函〔2022〕26 号
48	教育部办公厅 国家知识产权局办公室 科技部办公厅关于组织开展“百校千项”高价值专利培育转化行动的通知	教科信厅函〔2022〕42 号
49	教育部 财政部 国家发展改革委关于深入推进世界一流大学和一流学科建设的若干意见	教研〔2022〕1 号
50	教育部关于印发《绿色低碳发展国民教育体系建设实施方案》的通知	教发〔2022〕2 号
51	人力资源社会保障部办公厅关于印发《国有企业科技人才薪酬分配指引》的通知	人社厅发〔2022〕54 号
52	人力资源社会保障部 市场监管总局 统计局关于颁布《中华人民共和国职业分类大典（2022 年版）》的通知	人社部发〔2022〕68 号

续表

编号	文件名称	发文号
53	中华人民共和国国民经济和社会发展第十四个五年规划和 2035 年远景目标纲要	
54	中华人民共和国科学技术进步法（2021 年修订）	中华人民共和国主席令第 103 号
55	行政事业性国有资产管理条例	国令第 738 号
56	全国人民代表大会常务委员会关于修改《中华人民共和国种子法》的决定	
57	中共中央　国务院印发《国家标准化发展纲要》	
58	中共中央办公厅　国务院办公厅印发《关于加快推进乡村人才振兴的意见》	
59	政府工作报告——2021 年 3 月 5 日在第十三届全国人民代表大会第四次会议上	
60	中共中央　国务院印发《知识产权强国建设纲要（2021—2035 年）》	
61	国务院关于加快建立健全绿色低碳循环发展经济体系的指导意见	国发〔2021〕4 号
62	国务院关于落实《政府工作报告》重点工作分工的意见	国发〔2021〕6 号
63	国务院关于印发全民科学素质行动规划纲要（2021—2035 年）的通知	国发〔2021〕9 号
64	国务院印发关于推进自由贸易试验区贸易投资便利化改革创新若干措施的通知	国发〔2021〕12 号
65	国务院关于印发“十四五”国家知识产权保护和运用规划的通知	国发〔2021〕20 号
66	国务院关于印发 2030 年前碳达峰行动方案的通知	国发〔2021〕23 号
67	国务院印发《关于开展营商环境创新试点工作的意见》	国发〔2021〕24 号
68	国务院办公厅关于对 2020 年落实有关重大政策措施真抓实干成效明显地方予以督查激励的通报	国办发〔2021〕17 号

续表

编号	文件名称	发文号
69	国务院办公厅关于印发全国深化“放管服”改革着力培育和激发市场主体活力电视电话会议重点任务分工方案的通知	国办发〔2021〕25 号
70	国务院办公厅关于完善科技成果评价机制的指导意见	国办发〔2021〕26 号
71	国务院办公厅关于改革完善中央财政科研经费管理的若干意见	国办发〔2021〕32 号
72	国务院办公厅关于进一步支持大学生创新创业的指导意见	国办发〔2021〕35 号
73	科技部　深圳市人民政府关于印发《中国特色社会主义先行示范区科技创新行动方案》的通知	国科发区〔2020〕187 号
74	科技部　国家发展改革委　工业和信息化部　人民银行　银保监会　证监会关于印发《长三角 G60 科创走廊建设方案》的通知	国科发规〔2020〕287 号
75	科技部印发《关于加强科技创新促进新时代西部大开发形成新格局的实施意见》的通知	国科发区〔2020〕336 号
76	科技部　财政部印发《国家技术创新中心建设运行管理办法（暂行）》的通知	国科发区〔2021〕17 号
77	科技部　财政部关于印发《国家科技成果转化引导基金创业投资子基金变更事项管理暂行办法》的通知	国科发区〔2021〕46 号
78	科技部成果转化与区域创新司　教育部科学技术与信息化司关于首批高校专业化国家技术转移机构建设试点启动的通知	国科区函〔2021〕77 号
79	科技部　中国农业银行印发《关于加强现代农业科技金融服务创新支撑乡村振兴战略实施的意见》的通知	国科发农技〔2021〕95 号
80	科技部办公厅　国家开发银行办公室关于开展重大科技成果产业化专题债有关工作的通知	国科办区〔2021〕108 号
81	人力资源社会保障部关于进一步加强高技能人才与专业技术人才职业发展贯通的实施意见	人社部发〔2020〕96 号

续表

编号	文件名称	发文号
82	人力资源社会保障部　财政部　科技部关于事业单位科研人员职务科技成果转化现金奖励纳入绩效工资管理有关问题的通知	人社部发〔2021〕14号
83	人力资源社会保障部　司法部关于深化公共法律服务专业人员职称制度改革的指导意见	人社部发〔2021〕59号
84	人力资源社会保障部　教育部关于深化实验技术人才职称制度改革的指导意见	人社部发〔2021〕62号
85	人力资源社会保障部　财政部　国家税务总局　国务院港澳事务办公室《关于支持港澳青年在粤港澳大湾区就业创业的实施意见》	人社部发〔2021〕75号
86	十部门关于印发《5G应用“扬帆”行动计划（2021—2023年）》的通知	工信部联通信〔2021〕77号
87	工业和信息化部　人民银行　银保监会　证监会关于加强产融合作推动工业绿色发展的指导意见	工信部联财〔2021〕159号
88	国务院促进中小企业发展工作领导小组办公室关于印发提升中小企业竞争力若干措施的通知	工信部企业〔2021〕169号
89	财政部　工业和信息化部关于支持“专精特新”中小企业高质量发展的通知	财建〔2021〕2号
90	财政部办公厅　国家知识产权局办公室关于实施专利转化专项计划　助力中小企业创新发展的通知	财办建〔2021〕23号
91	关于印发《国家科技成果转化引导基金管理暂行办法》的通知	财教〔2021〕176号
92	交通运输部　科学技术部关于科技创新驱动加快建设交通强国的意见	交科技发〔2021〕80号
93	关于深入组织实施创业带动就业示范行动的通知	发改办高技〔2021〕244号
94	关于加快推动制造服务业高质量发展的意见	发改产业〔2021〕372号
95	国家发展改革委　商务部关于支持海南自由贸易港建设放宽市场准入若干特别措施的意见	发改体改〔2021〕479号

续表

编号	文件名称	发文号
96	国家发展改革委　科技部关于深入推进全面创新改革工作的通知	发改高技〔2021〕484 号
97	国家发展改革委等部门关于推广“十三五”时期产业转型升级示范区典型经验做法的通知	发改振兴〔2021〕1454 号
98	专利权质押登记办法	国家知识产权局公告第 461 号
99	国家知识产权局　中国科学院　中国工程院　中国科学技术协会关于推动科研组织知识产权高质量发展的指导意见	国知发运字〔2021〕7 号
100	国家知识产权局　公安部印发《关于加强协作配合强化知识产权保护的意见》的通知	国知发保字〔2021〕12 号
101	国家知识产权局　中国银保监会　国家发展改革委关于印发《知识产权质押融资入园惠企行动方案（2021—2023 年）》的通知	国知发运字〔2021〕17 号
102	国家知识产权局关于印发《知识产权公共服务能力提升工程工作方案》的通知	国知发服函字〔2021〕104 号
103	国家知识产权局办公室　教育部办公厅关于印发《高校知识产权信息服务中心建设实施办法（修订）》的通知	国知办发服字〔2021〕23 号
104	国家知识产权局办公室　教育部办公厅　科技部办公厅关于印发《产学研合作协议知识产权相关条款制定指引（试行）》的通知	国知办发运字〔2021〕41 号
105	教育部关于印发《高等学校碳中和科技创新行动计划》的通知	教科信函〔2021〕30 号
106	农业农村部办公厅关于开展全国农业科技现代化先行县共建工作的通知	农办科〔2021〕10 号
107	中国银保监会关于银行业保险业支持高水平科技自立自强的指导意见	银保监发〔2021〕46 号
108	中国银保监会办公厅关于 2021 年进一步推动小微企业金融服务高质量发展的通知	银保监办发〔2021〕49 号

续表

编号	文件名称	发文号
109	中华人民共和国民法典	2020 年中华人民共和国主席令第 45 号
110	《中华人民共和国专利法》（2020 年新修订）	2020 年中华人民共和国主席令第 55 号
111	国家科学技术奖励条例	中华人民共和国国务院令第 731 号
112	中共中央关于制定国民经济和社会发展第十四个五年规划和二〇三五年远景目标的建议	
113	中共中央办公厅　国务院办公厅印发《深圳建设中国特色社会主义先行示范区综合改革试点实施方案（2020—2025 年）》	
114	中共中央　国务院关于构建更加完善的要素市场化配置体制机制的意见	
115	国务院关于深化北京市新一轮服务业扩大开放综合试点建设国家服务业扩大开放综合示范区工作方案的批复	国函〔2020〕123 号
116	中共中央　国务院关于新时代加快完善社会主义市场经济体制的意见	
117	国务院办公厅关于提升大众创业万众创新示范基地带动作用进一步促改革稳就业强动能的实施意见	国办发〔2020〕26 号
118	国务院关于促进国家高新技术产业开发区高质量发展的若干意见	国发〔2020〕7 号
119	国务院办公厅关于推广第三批支持创新相关改革举措的通知	国办发〔2020〕3 号
120	国务院关于 2019 年度国家科学技术奖励的决定	国发〔2020〕2 号
121	关于开展双创示范基地创业就业“校企行”专项行动的通知	发改办高技〔2020〕310 号

续表

编号	文件名称	发文号
122	科技部　财政部　发展改革委关于印发《中央财政科技计划（专项、基金等）绩效评估规范（试行）》的通知	国科发监〔2020〕165 号
123	科技部办公厅关于加快推动国家科技成果转移转化示范区建设发展的通知	国科办区〔2020〕50 号
124	科技部　教育部印发《关于进一步推进高等学校专业化技术转移机构建设发展的实施意见》的通知	国科发区〔2020〕133 号
125	科技部等 9 部门印发《赋予科研人员职务科技成果所有权或长期使用权试点实施方案》的通知	国科发区〔2020〕128 号
126	科技部办公厅　财政部办公厅　教育部办公厅　中科院办公厅　工程院办公厅　自然科学基金委办公室关于印发《新形势下加强基础研究若干重点举措》的通知	国科办基〔2020〕38 号
127	科技部　财政部印发《关于推进国家技术创新中心建设的总体方案（暂行）》的通知	国科发区〔2020〕93 号
128	科技部关于贯彻落实《法治政府建设实施纲要（2015—2020 年）》情况的报告	
129	科技部印发《关于科技创新支撑复工复产和经济平稳运行的若干措施》的通知	国科发区〔2020〕67 号
130	科技部印发《关于破除科技评价中"唯论文"不良导向的若干措施（试行）》的通知	国科发监〔2020〕37 号
131	教育部　科技部印发《关于规范高等学校 SCI 论文相关指标使用　树立正确评价导向的若干意见》的通知	教科技〔2020〕2 号
132	教育部　国家知识产权局　科技部关于提升高等学校专利质量　促进转化运用的若干意见	教科技〔2020〕1 号
133	科技部　农业农村部　教育部　财政部　人力资源社会保障部　银保监会　中华全国供销合作总社印发《关于加强农业科技社会化服务体系建设的若干意见》的通知	国科发农〔2020〕192 号

续表

编号	文件名称	发文号
134	农业农村部办公厅关于开展国家农业科技示范展示基地建设的通知	农办科〔2020〕6 号
135	国家知识产权局办公室关于进一步提升企业知识产权管理体系贯标认证质量的通知	国知办函运字〔2020〕953 号
136	国家知识产权局办公室关于印发《知识产权信息公共服务工作指引》的通知	国知办发服字〔2020〕43 号
137	国家铁路局关于印发《铁路行业科技创新基地管理办法（试行）》的通知	国铁科法规〔2020〕38 号
138	教育部关于公布《第五轮学科评估工作方案》的通知	
139	国务院办公厅关于支持国家级新区深化改革创新加快推动高质量发展的指导意见	国办发〔2019〕58 号
140	中共中央办公厅　国务院办公厅印发《关于促进劳动力和人才社会性流动体制机制改革的意见》	
141	国务院办公厅关于印发科技领域中央与地方财政事权和支出责任划分改革方案的通知	国办发〔2019〕26 号
142	科技部教育部关于印发《国家大学科技园管理办法》的通知	国科发区〔2019〕117 号
143	科技部印发《关于促进新型研发机构发展的指导意见》的通知	国科发政〔2019〕313 号
144	科技部等 6 部门印发《关于扩大高校和科研院所科研相关自主权的若干意见》的通知	国科发政〔2019〕260 号
145	科技部印发《关于新时期支持科技型中小企业加快创新发展的若干政策措施》的通知	国科发区〔2019〕268 号
146	财政部关于修改《事业单位国有资产管理暂行办法》的决定	财政部令第 100 号
147	财政部关于进一步加大授权力度促进科技成果转化的通知	财资〔2019〕57 号

续表

编号	文件名称	发文号
148	人力资源社会保障部农业农村部关于深化农业技术人员职称制度改革的指导意见	人社部发〔2019〕114 号
149	中共自然资源部党组关于激励科技创新人才的若干措施	自然资党发〔2019〕2 号
150	中共国家林业和草原局党组关于实施激励科技创新人才若干措施的通知	林发〔2019〕22 号
151	人力资源社会保障部关于进一步支持和鼓励事业单位科研人员创新创业的指导意见	人社部发〔2019〕137 号
152	关于推动先进制造业和现代服务业深度融合发展的实施意见	发改产业〔2019〕1762 号
153	交通运输部办公厅关于公布 2019 年度交通运输重大科技创新成果库入库成果的通知	交办科技函〔2019〕1647 号
154	中共中央办公厅　国务院办公厅印发《关于分类推进人才评价机制改革的指导意见》的通知	中办发〔2018〕6 号
155	中共中央办公厅　国务院办公厅印发《关于进一步加强科研诚信建设的若干意见》	中办发〔2018〕23 号
156	中共中央办公厅　国务院办公厅印发《关于深化项目评审、人才评价、机构评估改革的意见》	中办发〔2018〕37 号
157	国务院印发《关于全面加强基础科学研究的若干意见》	国发〔2018〕4 号
158	国务院关于优化科研管理提升科研绩效若干措施的通知	国发〔2018〕25 号
159	国务院关于推动创新创业高质量发展打造“双创”升级版的意见	国发〔2018〕32 号
160	国务院办公厅关于推进农业高新技术产业示范区建设发展的指导意见	国办发〔2018〕4 号
161	国务院办公厅关于印发《知识产权对外转让有关工作办法（试行）》的通知	国办发〔2018〕19 号
162	国务院办公厅关于推广第二批支持创新相关改革举措的通知	国办发〔2018〕126 号

续表

编号	文件名称	发文号
163	国务院办公厅关于抓好赋予科研机构和人员更大自主权有关文件贯彻落实工作的通知	国办发〔2018〕127号
164	科技部等九部门印发《振兴东北科技成果转移转化专项行动实施方案》	国科发创〔2018〕17号
165	科技部国资委印发《关于进一步推进中央企业创新发展的意见》的通知	国科发资〔2018〕19号
166	科技部关于印发《关于技术市场发展的若干意见》的通知	国科发创〔2018〕48号
167	科技部财政部税务总局关于科技人员取得职务科技成果转化现金奖励信息公示办法的通知	国科发政〔2018〕103号
168	财政部税务总局科技部关于科技人员取得职务科技成果转化现金奖励有关个人所得税政策的通知	财税〔2018〕58号
169	国家税务总局关于科技人员取得职务科技成果转化现金奖励有关个人所得税征管问题的公告	国家税务总局公告2018年第30号
170	国家发展改革委关于印发《国家产业创新中心建设工作指引（试行）》的通知	发改高技规〔2018〕68号
171	教育部关于印发《高校科技创新服务“一带一路”倡议行动计划》的通知	教技〔2018〕12号
172	教育部　财政部　国家发展改革委印发《关于高等学校加快“双一流”建设的指导意见》的通知	教研〔2018〕5号
173	教育部关于印发《高等学校科技成果转化和技术转移基地认定暂行办法》的通知	教技〔2018〕7号
174	教育部科学技术司　中关村科技园区管理委员会关于印发《促进在京高校科技成果转化实施方案》的通知	教技司〔2018〕115号
175	工业和信息化部办公厅关于印发《国家制造业创新中心考核评估办法（暂行）》的通知	工信厅科〔2018〕37号
176	工业和信息化部财政部关于印发国家新材料产业资源共享平台建设方案的通知	工信部联原〔2018〕78号

续表

编号	文件名称	发文号
177	财政部　科技部　国资委印发关于扩大国有科技型企业股权和分红激励暂行办法实施范围等有关事项的通知	财资〔2018〕54 号
178	财政部　国家税务总局　科技部关于企业委托境外研究开发费用税前加计扣除有关政策问题的通知	财税〔2018〕64 号
179	财政部　税务总局科技部关于提高研究开发费用税前加计扣除比例的通知	财税〔2018〕99 号
180	财政部　税务总局　科技部　教育部关于科技企业孵化器　大学科技园和众创空间税收政策的通知	财税〔2018〕120 号
181	自然资源部党组关于深化科技体制改革　提升科技创新效能的实施意见	自然资党发〔2018〕31 号
182	交通运输部办公厅关于建立交通运输重大科技创新成果库的通知	交办科技〔2018〕37 号
183	国家卫生健康委员会关于印发国家卫生健康委员会科技重大专项实施管理细则的通知	国卫办科教发〔2018〕15 号
184	食品药品监管总局　科技部联合印发《关于加强和促进食品药品科技创新工作的指导意见》	食药监科〔2018〕14 号
185	国务院关于印发国家技术转移体系建设方案的通知	国发〔2017〕44 号
186	科技部关于印发国家科技成果转移转化示范区建设指引的通知	国科发创〔2017〕304 号
187	教育部办公厅关于进一步推动高校落实科技成果转化政策相关事项的通知	教技厅函〔2017〕139 号
188	教育部等五部门关于深化高等教育领域简政放权放管结合优化服务改革的若干意见	教政法〔2017〕7 号
189	财政部关于印发《中央部门所属高校国有资产处置管理补充规定》的通知	财资〔2017〕72 号
190	财政部关于《国有资产评估项目备案管理办法》的补充通知	财资〔2017〕70 号

续表

编号	文件名称	发文号
191	人力资源社会保障部关于支持和鼓励事业单位专业技术人员创新创业的指导意见	人社部规〔2017〕4号
192	质检总局关于促进科技成果转化的指导意见	国质检科〔2017〕140号
193	交通运输部关于印发《交通运输部促进科技成果转化暂行办法》的通知	交科技发〔2017〕55号
194	国家林业局关于印发《国家林业局促进科技成果转移转化行动方案》的通知	林科发〔2017〕46号
195	国家食品药品监督管理总局关于促进科技成果转化的意见	食药监科〔2017〕71号
196	国家创新驱动发展战略纲要	中发〔2016〕4号
197	中共中央办公厅国务院办公厅印发《关于实行以增加知识价值为导向分配政策的若干意见》的通知	厅字〔2016〕35号
198	国务院关于印发实施《中华人民共和国促进科技成果转化法》若干规定的通知	国发〔2016〕16号
199	国务院办公厅关于印发促进科技成果转移转化行动方案的通知	国办发〔2016〕28号
200	教育部　科技部关于加强高等学校科技成果转移转化工作的若干意见	教技〔2016〕3号
201	关于加强卫生与健康科技成果转移转化工作的指导意见	国卫科教发〔2016〕51号
202	教育部办公厅关于印发《促进高等学校科技成果转移转化行动计划》的通知	教技厅函〔2016〕115号
203	财政部　国家税务总局关于完善股权激励和技术入股有关所得税政策的通知	财税〔2016〕101号
204	财政部　科技部国资委关于印发《国有科技型企业股权和分红激励暂行办法》的通知	财资〔2016〕4号

续表

编号	文件名称	发文号
205	国土资源部关于印发促进科技成果转化暂行办法的通知	国土资发〔2016〕105 号
206	农业部关于印发《农业部深入实施〈中华人民共和国促进科技成果转化法〉若干细则》的通知	农科教发〔2016〕7 号
207	中国科学院关于印发《中国科学院促进科技成果转移转化专项行动实施方案》的通知	科发促字〔2016〕37 号
208	中国科学院、科学技术部关于印发《中国科学院关于新时期加快促进科技成果转移转化指导意见》的通知	科发促字〔2016〕97 号
209	中国科学院关于印发《中国科学院科技成果转移转化　重点专项项目管理办法》的通知	科发促字〔2016〕138 号
210	国家粮食局关于大力促进粮食科技成果转化的实施意见	国粮储〔2016〕148 号
211	交通运输部关于深化科技体制改革落实创新驱动发展战略的意见	交科技发〔2016〕173 号

附录 2　2021 年高校院所科技成果转化总合同[①] 金额前 50 名

排名	单位名称	合同金额 / 万元
1	清华大学	539 773.94
2	浙江大学	420 283.03
3	上海交通大学	303 352.71
4	北京理工大学	267 515.20
5	四川大学	204 754.81
6	西安交通大学	196 856.70
7	重庆大学	185 025.90
8	复旦大学	175 493.07
9	华中科技大学	169 496.46
10	北京大学	165 521.48
11	东南大学	163 094.86
12	中国科学院长春光学精密机械与物理研究所	162 734.10
13	北京航空航天大学	148 773.14
14	中国水利水电科学研究院	146 586.29
15	山东大学	140 969.54
16	华南理工大学	127 653.43
17	哈尔滨工业大学	123 258.54
18	江南大学	119 091.47

① 附录中科技成果转化“总合同”包含以转让、许可、作价投资和技术开发、咨询、服务 6 种方式转化科技成果的合同。

续表

排名	单位名称	合同金额 / 万元
19	中国环境科学研究院	113 109.89
20	武汉理工大学	111 118.49
21	同济大学	107 998.72
22	西北工业大学	106 607.95
23	武汉大学	105 887.10
24	东北大学	104 732.52
25	中南大学	103 588.87
26	华北电力大学	102 844.09
27	中国科学院上海药物研究所	101 752.20
28	中国药科大学	101 049.60
29	天津大学	99 892.84
30	上海科技大学	93 958.90
31	中国矿业大学	88 927.09
32	南京航空航天大学	86 756.57
33	中国科学院金属研究所	85 756.60
34	广东省科学院	84 537.32
35	中国科学院空天信息创新研究院	84 066.00
36	电子科技大学	82 627.45
37	中国科学院大连化学物理研究所	80 095.84
38	湖南大学	79 746.36
39	上海大学	78 464.29
40	齐鲁工业大学（山东省科学院）	75 537.87
41	西南交通大学	73 629.20

续表

排名	单位名称	合同金额 / 万元
42	北京科技大学	71 215.16
43	扬州大学	70 836.78
44	苏州大学	69 569.12
45	中国科学院合肥物质科学研究院	67 726.67
46	西安电子科技大学	67 494.88
47	大连理工大学	65 122.56
48	南京理工大学	65 066.15
49	生态环境部南京环境科学研究所	64 500.00
50	华东理工大学	63 669.94

附录 3　2021 年高校院所以转让、许可、作价投资方式转化科技成果合同金额前 50 名

排名	单位名称	合同金额 / 万元
1	中国科学院长春光学精密机械与物理研究所	123 150.00
2	复旦大学	102 308.58
3	上海交通大学	99 698.61
4	上海科技大学	89 518.90
5	清华大学	82 133.30
6	中国科学院上海药物研究所	68 420.00
7	中国科学院金属研究所	64 851.00
8	中国药科大学	53 440.00
9	四川大学	43 118.71
10	中南大学	43 014.87
11	中国科学院微生物研究所	38 976.60
12	中国科学院脑科学与智能技术卓越创新中心	38 150.00
13	中国科学院动物研究所	33 155.00
14	中国科学院合肥物质科学研究院	32 626.67
15	齐鲁工业大学（山东省科学院）	31 630.67
16	武汉大学	27 587.10
17	中国科学院大连化学物理研究所	25 960.50
18	湖南大学	25 219.36
19	上海大学	23 510.00

续表

排名	单位名称	合同金额 / 万元
20	北京大学	23 373.76
21	中国科学院分子细胞科学卓越创新中心	22 899.20
22	江南大学	22 300.05
23	山东大学	18 522.81
24	上海市公共卫生临床中心	18 080.00
25	中国科学院深圳先进技术研究院	17 276.24
26	华东理工大学	17 083.09
27	西北工业大学	16 997.67
28	中山大学	16 941.07
29	中国科学院空天信息创新研究院	16 680.00
30	中国科学院微电子研究所	15 818.00
31	西安交通大学	15 172.59
32	中国科学院天津工业生物技术研究所	15 070.00
33	南京航空航天大学	14 560.31
34	江西中医药大学	14 429.60
35	中国民航科学技术研究院（中国民用航空局航空安全技术中心）	14 140.98
36	暨南大学	13 751.74
37	东北大学	13 748.52
38	北京理工大学	13 715.20
39	深圳华大生命科学研究院	13 586.89
40	中国科学院过程工程研究所	13 226.54
41	武汉理工大学	12 802.71

续表

排名	单位名称	合同金额 / 万元
42	浙江理工大学	11 419.94
43	重庆理工大学	10 639.98
44	上海海洋大学	10 104.50
45	中国科学院上海硅酸盐研究所	10 072.00
46	中国科学院理化技术研究所	9880.00
47	浙江大学	9683.13
48	首都医科大学	9036.60
49	中国科学院上海营养与健康研究所	8993.00
50	北京大学深圳研究生院	8855.00

附录 4　2021 年高校院所以技术开发、咨询、服务方式转化科技成果合同金额前 50 名

排名	单位名称	合同金额 / 万元
1	清华大学	457 640.64
2	浙江大学	410 599.90
3	北京理工大学	253 800.00
4	上海交通大学	203 654.10
5	重庆大学	184 107.90
6	西安交通大学	181 684.11
7	华中科技大学	163 425.80
8	四川大学	161 636.10
9	东南大学	158 860.29
10	中国水利水电科学研究院	146 495.29
11	北京航空航天大学	144 787.60
12	北京大学	142 147.72
13	山东大学	122 446.73
14	华南理工大学	119 194.60
15	哈尔滨工业大学	115 479.04
16	中国环境科学研究院	112 591.89
17	同济大学	106 723.92
18	华北电力大学	101 192.00
19	武汉理工大学	98 315.78

续表

排名	单位名称	合同金额 / 万元
20	江南大学	96 791.42
21	天津大学	94 761.08
22	东北大学	90 984.00
23	西北工业大学	89 610.28
24	中国矿业大学	88 067.09
25	广东省科学院	81 511.28
26	电子科技大学	80 600.00
27	武汉大学	78 300.00
28	复旦大学	73 184.49
29	南京航空航天大学	72 196.26
30	西南交通大学	71 023.43
31	扬州大学	69 193.78
32	苏州大学	68 620.70
33	北京科技大学	68 207.75
34	中国科学院空天信息创新研究院	67 386.00
35	生态环境部南京环境科学研究所	64 500.00
36	中南大学	60 574.00
37	西安电子科技大学	60 411.48
38	南京理工大学	60 058.98
39	江苏大学	58 619.67
40	中国石油大学（华东）	58 029.48
41	厦门大学	57 499.54
42	大连理工大学	56 756.56

续表

排名	单位名称	合同金额 / 万元
43	浙江工业大学	56 390.78
44	中国农业大学	56 251.18
45	西南石油大学	55 314.25
46	上海大学	54 954.29
47	湖南大学	54 527.00
48	生态环境部华南环境科学研究所	54 435.00
49	中国科学院大连化学物理研究所	54 135.34
50	吉林大学	54 110.80

附录 5　2021 年各地方辖区内的高校院所科技成果转化总合同金额排名

排名	省（自治区、直辖市）	合同金额 / 万元
1	北京市	3 189 272.56
2	江苏省	1 632 886.36
3	上海市	1 508 602.20
4	广东省	1 121 086.13
5	浙江省	1 087 173.08
6	湖北省	876 728.86
7	陕西省	773 537.02
8	四川省	768 775.38
9	山东省	735 147.66
10	辽宁省	597 041.18
11	湖南省	424 174.47
12	天津市	423 151.12
13	重庆市	377 728.04
14	安徽省	340 045.22
15	吉林省	296 619.00
16	黑龙江省	283 183.50
17	河南省	268 439.88
18	福建省	241 278.78
19	江西省	149 145.80

续表

排名	省（自治区、直辖市）	合同金额 / 万元
20	甘肃省	134 279.53
21	河北省	128 579.69
22	山西省	121 079.62
23	云南省	89 783.80
24	广西壮族自治区	69 494.79
25	贵州省	57 275.40
26	新疆维吾尔自治区	50 413.50
27	海南省	28 467.73
28	内蒙古自治区	28 303.10
29	青海省	9667.84
30	宁夏回族自治区	5882.75
31	西藏自治区	1080.19

附录 6　2021 年高等院校科技成果转化总金额前 50 名

排名	单位名称	合同金额 / 万元
1	清华大学	539 773.94
2	浙江大学	420 283.03
3	上海交通大学	303 352.71
4	北京理工大学	267 515.20
5	四川大学	204 754.81
6	西安交通大学	196 856.70
7	重庆大学	185 025.90
8	复旦大学	175 493.07
9	华中科技大学	169 496.46
10	北京大学	165 521.48
11	东南大学	163 094.86
12	北京航空航天大学	148 773.14
13	山东大学	140 969.54
14	华南理工大学	127 653.43
15	哈尔滨工业大学	123 258.54
16	江南大学	119 091.47
17	武汉理工大学	111 118.49
18	同济大学	107 998.72
19	西北工业大学	106 607.95
20	武汉大学	105 887.10

续表

排名	单位名称	合同金额 / 万元
21	东北大学	104 732.52
22	中南大学	103 588.87
23	华北电力大学	102 844.09
24	中国药科大学	101 049.60
25	天津大学	99 892.84
26	上海科技大学	93 958.90
27	中国矿业大学	88 927.09
28	南京航空航天大学	86 756.57
29	电子科技大学	82 627.45
30	湖南大学	79 746.36
31	上海大学	78 464.29
32	齐鲁工业大学（山东省科学院）	75 537.87
33	西南交通大学	73 629.20
34	北京科技大学	71 215.16
35	扬州大学	70 836.78
36	苏州大学	69 569.12
37	西安电子科技大学	67 494.88
38	大连理工大学	65 122.56
39	南京理工大学	65 066.15
40	华东理工大学	63 669.94
41	厦门大学	62 759.57
42	中山大学	61 448.91
43	江苏大学	60 964.88

续表

排名	单位名称	合同金额 / 万元
44	中国石油大学（华东）	60 621.17
45	中国农业大学	59 883.86
46	浙江工业大学	58 031.03
47	北京交通大学	57 568.46
48	吉林大学	56 985.61
49	西南石油大学	56 462.58
50	浙江理工大学	55 263.37

附录 7　2021 年科研院所科技成果转化总合同金额前 50 名

排名	单位名称	合同金额 / 万元
1	中国科学院长春光学精密机械与物理研究所	162 734.10
2	中国水利水电科学研究院	146 586.29
3	中国环境科学研究院	113 109.89
4	中国科学院上海药物研究所	101 752.20
5	中国科学院金属研究所	85 756.60
6	广东省科学院	84 537.32
7	中国科学院空天信息创新研究院	84 066.00
8	中国科学院大连化学物理研究所	80 095.84
9	中国科学院合肥物质科学研究院	67 726.67
10	生态环境部南京环境科学研究所	64 500.00
11	深圳华大生命科学研究院	61 749.41
12	生态环境部华南环境科学研究所	54 435.00
13	广东省水利水电科学研究院	51 717.58
14	中国工程物理研究院总体工程研究所	51 700.00
15	中国科学院沈阳自动化研究所	49 225.00
16	中国科学院上海高等研究院	49 199.85
17	长江水利委员会长江科学院	45 340.22
18	中国科学院过程工程研究所	43 921.32
19	清华大学天津高端装备研究院	43 866.08
20	水利部交通运输部国家能源局南京水利科学研究院	43 651.71

续表

排名	单位名称	合同金额 / 万元
21	中国科学院微生物研究所	43 394.27
22	珠江水利委员会珠江水利科学研究院	41 172.00
23	中国科学院深圳先进技术研究院	39 716.88
24	中国科学院半导体研究所	39 444.00
25	中国科学院脑科学与智能技术卓越创新中心	39 359.00
26	中国科学院工程热物理研究所	37 908.00
27	交通运输部天津水运工程科学研究所	35 829.59
28	中国科学院动物研究所	35 810.93
29	中国科学院西安光学精密机械研究所	31 112.00
30	中国科学院微电子研究所	30 184.79
31	深圳清华大学研究院	29 840.97
32	中国科学院武汉病毒研究所	28 867.93
33	中国科学院地理科学与资源研究所	27 487.31
34	中国科学院分子细胞科学卓越创新中心	27 275.41
35	中国科学院理化技术研究所	26 485.29
36	江苏省农业科学院	25 787.65
37	中国安全生产科学研究院	25 691.42
38	中国民航科学技术研究院（中国民用航空局航空安全技术中心）	25 103.03
39	浙江省农业科学院	24 792.50
40	黄河水利委员会黄河水利科学研究院	24 618.00
41	中国科学院上海硅酸盐研究所	24 569.20
42	青岛市勘察测绘研究院（山东省城市测量 GPS 工作站、青岛市基础地理信息与遥感中心）	23 579.00

续表

排名	单位名称	合同金额 / 万元
43	生态环境部环境工程评估中心	23 461.98
44	中国航空工业集团公司沈阳飞机设计研究所	23 033.85
45	广东省农业科学院	22 823.63
46	安徽省（水利部淮河水利委员会）水利科学研究院（安徽省水利工程质量检测中心站）	22 672.70
47	中国科学院声学研究所	22 456.74
48	交通运输部科学研究院	22 312.89
49	重庆地质矿产研究院	22 208.00
50	中国科学院上海应用物理研究所	22 206.86

附录 8　名词解释

1. 科技成果：按照《中华人民共和国促进科技成果转化法》第二条，科技成果是指通过科学研究与技术开发所产生的具有实用价值的成果。

2. 科技成果转化：按照《中华人民共和国促进科技成果转化法》第二条，科技成果转化是指为提高生产力水平而对科技成果所进行的后续试验、开发、应用、推广直至形成新技术、新工艺、新材料、新产品，发展新产业等活动。

3. 科技成果转让：通过所有权转移等转让方式进行科技成果转化。按照《民法典》第八百六十二条，技术转让合同是合法拥有技术的权利人，将现有特定的专利、专利申请、技术秘密的相关权利转让与他人所订立的合同。

4. 科技成果许可：以许可使用等方式进行科技成果转化。按照《民法典》第八百六十二条，技术许可合同是合法拥有技术的权利人，将现有特定的专利、技术秘密的相关权利许可他人实施、使用所订立的合同。

5. 科技成果作价投资：以技术折算一定价值对外投资的科技成果转化，包括以专利作价入股、以技术作价投资创设新公司、以技术作价投资参股公司等方式。

6. 技术开发、咨询和服务合同：按照《民法典》第八百五十一条，技术开发合同是当事人之间就新技术、新产品、新工艺、新品种或者新材料及其系统的研究开发所订立的合同；按照《民法典》第八百七十八条，技术咨询合同是当事人一方以技术知识为对方就特定技术项目提供可行性论证、技术预测、专题技术调查、分析评价报告等所订立的合同，技术服务合同是当事人一方以技术知识为对方解决特定技术问题所订立的合同，不包括承揽合同和建设工程合同。

7. 研发与转化主要贡献人员：在研究开发和科技成果转化中做出主要贡献的人员。

8. 兼职和离岗创业人员：经单位审批程序批准，在外兼职或进行离岗创业（且保留人事关系）的人员。

9. 创设和参股公司：研究开发机构、高等院校及其科技人员可以采取多种方式转化高新技术成果，创办高新技术企业和参股公司。

附录 9　科技成果转化年度报告指标体系

一、单位基本情况

单位名称				邮政编码	
地　　址	省（自治区、直辖市）市（县）区路（街道）号				
单位性质		单位类型		单位网址	
法定代表人		电　　话		传　　真	
联系人	姓　　名			所在部门、职务	
	手机号码			办公电话	
	电子邮件			传　　真	

二、科技成果转移转化情况

（一）科技成果转移转化总体情况

序号	项　目		2021 年度		
			总计	其中：	
				财政资助	中央财政资助
一	以转让方式转化科技成果	合同项数 / 项			
		合同金额 / 万元			
		当年到账金额 / 万元			
二	以许可方式转化科技成果	合同项数 / 项			
		合同金额 / 万元			
		当年到账金额 / 万元			

续表

序号	项　目		2021 年度		
			总计	其中：	
				财政资助	中央财政资助
三	以作价投资方式转化科技成果	合同项数 / 项			
		作价金额 / 万元			
小计	以上一、二、三项小计	总合同项数 / 项			
		总合同金额 / 万元			
	以上一、二项小计	当年到账总金额 / 万元			
四	产学研合作情况	技术开发、咨询、服务项目合同数 / 项		—	—
		技术开发、咨询、服务项目合同金额 / 万元		—	—
		技术开发、咨询、服务项目当年到账总金额 / 万元		—	—
合计	以上一、二、三、四项合计	科技成果转让、许可、作价投资项目和技术开发、咨询、服务合同项目数 / 项		—	—
		科技成果转让、许可、作价投资项目和技术开发、咨询、服务项目总合同金额 / 万元		—	—
	以上一、二、四项合计	科技成果转让、许可项目和技术开发、咨询、服务项目当年到账总金额 / 万元		—	—
五	获得财政资金资助的科技项目情况	立项批复的科技项目数 / 项		—	
		立项批复的科技项目（课题）总金额 / 万元			
		项目（课题）资金当年到账金额 / 万元			

续表

序号	项 目		2021 年度		
			总计	其中：	
				财政资助	中央财政资助
六	其他相关指标	与企业共建研发机构、转移机构、转化服务平台数 / 个		—	—
		自建技术转移机构数 / 个		—	—
		专职从事科技成果转化工作人数 / 人		—	—
		与本单位合作开展科技成果转化的市场化转移机构数量 / 个		—	—
		在外兼职从事成果转化人员和离岗创业人员数 / 人		—	—
		创设新公司和参股新公司数 / 个		—	—
		单位认为其他需报告的指标（可不填）		—	—

注：1.“合同项数”为当年新签订的合同总数目。

2.“合同金额”为当年新签订的总合同金额，往年签订的成果转化合同当年发生到账的不计入。若有以销售提成方式约定科技成果转化金额的情况，如“500 万元 + 专利技术药品年销售额 3%”“30 万元 + 每套设备 5 万元销售提成”等，则“合同金额”仅填写“500 万元”、“30 万元”即可，无须折算销售提成。

3.“当年到账金额”为当年新签订和往年签订的合同在当年实际到账的总金额。

4.“财政资助”（序号一至三中）为经费来源中受财政（包括中央财政和地方财政）资助的项目取得的科技成果转化后产生的合同数目、合同金额、当年到账金额。例如，项目获得财政资助额度 100 万元，产生的科技成果在转化时签订的合同金额为 2000 万元，则“合同金额”应填写“2000”万元，与财政资助额度无关。

5.“中央财政资助”（序号一至三中）为“财政资助”中受中央财政资助的项目取

得的科技成果转化后产生的合同数目、合同金额、当年到账金额等数据信息。财政资助包括中央财政资助和地方财政资助，“中央财政资助”的合同数目、合同金额、当年到账金额等数据应小于或等于“财政资助”相关数据。例如，项目获得中央财政资助额度 100 万元，产生的科技成果在转化时签订的合同金额为 2000 万元，则“合同金额”应填写“2000”万元，与中央财政资助额度无关。

6. “获得财政资金资助的科技项目情况”中：

① “立项批复的科技项目数”为当年新获立项批复的科技计划项目总数目，“总计”部分为中央财政和地方财政资金资助的科技项目数总和，“中央财政资助”为中央财政资金资助的科技项目数。

②“立项批复的科技项目(课题)总金额”仅填写本单位承担部分涉及金额，其中“总计”部分为项目(课题)金额的总和(包括财政资助金额和自筹金额),“财政资助”为项目（课题）总金额中财政资金资助金额，“中央财政资助”为“财政资助”中获得中央财政资金资助金额。

③ “项目（课题）资金当年到账金额”为当年新获批和往年获批的科技计划项目（课题）在当年实际到账的金额，“总计”部分为财政资助资金和自筹资金的到账金额总和，“财政资助”为财政资助的到账金额，“中央财政资助”为中央财政资助的到账金额。

例如，有国家级项目 A，承担单位承担部分的总经费 1000 万元，包括中央财政经费 600 万元、地方财政经费 300 万元、单位自筹及其他渠道资助 100 万元。有省级项目 B，项目金额 500 万元，包括财政经费 300 万元、单位自筹及其他渠道资助 200 万元。则“立项批复的科技计划项目金额”总计 1500 万元，财政资助 1200 万元，中央财政资助 600 万元。

7. “其他相关指标”由单位填报截至当年底的机构、平台、人员、公司的数量。

8. “单位认为其他需报告指标”由单位自行判断填报，可以填标准制定等相关情况。

9. 表中“—”的地方不用填内容。

（二）科技成果转化清单

表 1 以转让、许可、作价投资方式转化成果

序号	合同名称	对应成果名称	合同金额（万元）	当年到账金额（万元）	转化方式	定价方式	是否评估	转化去向	转化至单位名称（选填）	转化至单位所在地	该成果应用的行业领域	受财政资助类型（可多选）	是否为当年新签订合同
1													
2（可加页）													

注：1. 本表中需填写如下两个方面相关信息：

（1）当年新签订的以转让、许可、作价投资方式转化成果的合同相关信息；

（2）往年签订但当年有到账的以转让、许可、作价投资方式转化成果的合同相关信息。

2. “对应成果名称”为某项已签订合同涉及的科技成果名称，若某项合同含有成果数太多，可列举几项主要成果名称，如：×× 等 ×× 项成果。

3. “合同金额”为某项成果转化当年新签订的单项合同金额，若某项成果转化当年签订多份合同，则应列出每份合同相关信息。“合同金额”一项只填写当年新签订的合同金额信息，往年签订的成果转化合同当年发生到账的，“合同金额”一项填“0”。若有以销售提成方式约定科技成果转化金额的情况，如“500 万元 + 专利技术药品年销售额 3%”“30 万元 + 每套设备 5 万元销售提成”等，则“合同金额”仅填写“500 万元”“30 万元”即可，无须折算销售提成。

4. “当年到账金额”为某项成果转化当年新签订或往年签订的合同在当年实际到账金额，若某项成果转化当年有多份合同到账，则应列出每份合同当年到账相关信息，请填写具体数字。以作价投资方式转化科技成果的当年到账金额只填写实际现金到账金额，如分红、股权退出变现。

5. “转化方式”为某项已签订合同中约定的转化方式，若是单一转化方式，请选“转让”、“许可”或“作价投资”；若是多种转化方式的组合，请选择“其他”。

6. “是否评估”指采取协议定价、挂牌交易、拍卖及其他定价方式对科技成果定价时，是否进行过评估。

7.“转化去向”请选择该项合同中对应科技成果的转化去向。“中小微企业”和“大型企业”标准参考《统计上大中小微型企业划分办法（2017）》（国统字〔2017〕213号），“国有企业”标准参考《关于划分企业登记注册类型的规定调整的通知》（国统字〔2011〕86号），非国有企业均归类为“其他企业”。

8.“转化至单位名称”为选填项，若转化至单位名称较敏感，可不填。

9.“该成果应用的行业领域”标准参考《国民经济行业分类与代码》（GB/T 4754—2017）中门类分类标准。

10.“受财政资助类型”为某项合同内对应成果在研发及转化过程中受中央财政及地方财政资助类型。受“中央财政”资助类型可多选，若受五大类科技计划之外的中央财政资助则选“其他”，并填写具体科技计划名称，若未受到中央财政资助，请选“无”；若受到地方财政资助，请填写受“地方财政资助科技计划名称”，或未受到地方财政资助，请填写“无”。

11. 本表当年新签订合同的“合同项数”与“（一）科技成果转移转化总体情况”中的一、二、三项小计“合同总项数”相同。

12. 本表当年新签订合同的“合同金额”的合计与“（一）科技成果转移转化总体情况”中的一、二、三项小计“总合同金额”相同。

13. 本表当年新签订合同的“受财政资助类型”中财政资助金额、中央财政资助金额分别与“（一）科技成果转移转化总体情况”中的一、二、三项小计对应“财政资助”“中央财政资助”金额相同。

14. 往年签订但当年有到账的合同：“合同金额”填“0”，“当年到账金额”如实填写。

表 2　技术开发、咨询、服务项目

序号	技术开发、咨询、服务项目名称	合同金额 / 万元	当年到账金额 / 万元	是否为新签订合同
1				
2				

注：1. 本表中需填写如下两个方面相关信息：

（1）当年新签订合同中“合同金额”在 100 万元及以上的项目相关信息；

（2）往年签订合同中 “当年到账金额”在 100 万元及以上的项目相关信息。

2. 以上当年新签订项目合同金额合计等于或者小于第二部分（一）中技术开发、咨询、服务项目合同金额。

3. 以上当年到账金额合计等于或者小于第二部分（一）中技术开发、咨询、服务项目当年到账总金额。

4. 往年签订但当年有到账的合同：“合同金额”填“0”，“当年到账金额”如实填写。

三、成果转化收入的分配情况

<table>
<tr><th>序号</th><th colspan="4">项目</th><th>2021 年</th></tr>
<tr><td rowspan="7">一</td><td rowspan="7">现金收入及奖励</td><td rowspan="3">转让、许可的科技成果转化当年实现分配的现金总收入 / 万元</td><td colspan="2">留归单位 / 万元</td><td></td></tr>
<tr><td rowspan="2">奖励个人 / 万元</td><td></td><td></td></tr>
<tr><td>研发与转化主要贡献人员 / 万元</td><td></td></tr>
<tr><td colspan="3">转让、许可的科技成果取得的现金收入奖励人次 / 次</td><td></td></tr>
<tr><td rowspan="2">技术开发、咨询、服务项目当年实现分配的现金总收入 / 万元</td><td colspan="2">留归单位 / 万元</td><td></td></tr>
<tr><td>奖励个人 / 万元</td><td>研发与转化主要贡献人员 / 万元</td><td></td></tr>
<tr><td colspan="3">技术开发、咨询、服务项目取得的现金收入奖励人次 / 次</td><td></td></tr>
</table>

续表

<table>
<tr><th>序号</th><th colspan="4">项目</th><th>2021 年</th></tr>
<tr><td rowspan="4">二</td><td rowspan="4">股权收入及奖励</td><td colspan="3">科技成果作价总金额 / 万元</td><td></td></tr>
<tr><td rowspan="2">作价投资的科技成果转化当年实现分配的股份金额 / 万元</td><td colspan="2">留归单位 / 万元</td><td></td></tr>
<tr><td>奖励个人 / 万元</td><td>研发与转化主要贡献人员 / 万元</td><td></td></tr>
<tr><td colspan="3">股权奖励人次 / 次</td><td></td></tr>
<tr><td rowspan="4">三</td><td rowspan="4">奖励情况小计</td><td colspan="3">以上一、二项单位获得现金和股权收入总额 / 万元</td><td></td></tr>
<tr><td colspan="3">以上一、二项对个人现金、股权奖励总额 / 万元</td><td></td></tr>
<tr><td colspan="3">以转让、许可、作价投资方式转化科技成果单位获得现金、股权收入总额 / 万元</td><td></td></tr>
<tr><td colspan="3">以转让、许可、作价投资方式转化科技成果对个人现金、股权奖励总额 / 万元</td><td></td></tr>
</table>

注：1. 本表只统计以转让、许可、作价投资方式转化科技成果，以及技术开发、咨询、服务项目取得的现金和股份收入中当年实际完成分配的情况，不统计未完成分配的收入。

2. 转让、许可的科技成果转化当年实现分配的现金总收入中，“奖励个人”为科技成果转化净收入中以现金方式奖励给个人的部分；“留归单位”为现金净收入中除去奖励个人以外的部分。

3. 技术开发、咨询、服务项目当年实现分配的现金总收入以“净收入”计算，为合同到账金额扣除劳务费、材料费、差旅费、技术合同签订费等成本。其中，“奖励个人”为给予个人的现金奖励、绩效奖金、项目验收后供个人或其所在团队继续使用的科研经费等；“留归单位”为管理费、单位收益等。各单位可根据单位实际政策和财务制度申报，如事先按照一定比例扣除。

4. 作价投资的科技成果转化当年实现分配的股权总收入中，“奖励个人”为科技成果转化总收入中以股权方式奖励给个人的部分；“留归单位”为股权总收入中除去奖励个人以外的部分。

5. “研发与转化主要贡献人员”为在研究开发和科技成果转化中作出主要贡献的人员，原则上该指标应不低于“奖励个人”的 50%。

6. 第二栏中“股份奖励人次”中如果是一个人代持团队的股份，请按照团队实际人数填报。
7. “单位获得现金和股权收入总额”是现金和股权收入“留归单位”部分的合计；“对个人现金、股权奖励总额”是现金和股权收入“奖励个人”部分的合计。
8. “以转让、许可、作价投资方式转化科技成果单位获得现金、股权收入总额”是转让、许可的科技成果转化现金收入和作价投资的科技成果转化股权收入“留归单位”部分的合计；“以转让、许可、作价投资方式转化科技成果对个人现金、股权奖励总额”是转让、许可的科技成果转化现金收入和作价投资的科技成果转化股权收入“奖励个人”部分的合计。

四、成效、问题与建议

1. 取得的成效与经验

（1）单位取得科技成果的数量总体情况

单位取得科技成果的数量总体情况（如专利总数量、授权专利数、有效专利数、当年新增专利数、当年新增软件著作权数、当年发表论文数、当年获得科技奖励情况等）。

（2）在成果转化方面取得成效和工作经验

包括规章制度体系建设及执行情况（如科技成果转化管理机构、审批流程、奖励机制、尽职调查程序和考核评价体系等）、项目运作流程、科技成果转化年度报告制度建设情况等。

（3）技术转移机构和技术转移队伍情况

包括技术转移机构在科技成果转化过程中发挥的作用、单位内部技术转移机构人才队伍建设等情况。

2. 成果转化典型案例

介绍 2 ~ 3 个近 3 年内科技成果转化的典型案例。重点填报国家和各级科技计划产生的重大科技成果转化案例、国家及各省市开展赋权改革试点工作中产生的具有代表性或特色做法的成果转化案例、发挥了抗击疫情或者复工复产作用的典型案例。

案例内容主要包括成果的特点、前期研发投入（如财力、人力、物力等）、研发周期、转化方式及过程、定价方式（如协议定价、挂牌交易、拍卖等，定价过程中是否进行过评估等）、转化收益（如合同金额、到账金额等）、单位内部或外部的第三方技术转移机构发挥的作用、收益分配情况（包括奖励比例、奖励金额及奖励人次等），转化成果应用领域、产生的经济和社会效益、对国家战略的贡献，转化过程中遇到的相关问题及处理方式等。

3. 问题与建议

在开展成果转化过程中面临的问题和障碍，相关政策建议。